這樣說，孩子願意配合與改變

How to Talk When Kids Won't Listen

Whining, Fighting, Meltdowns, Defiance, and Other Challenges of Childhood

喬安娜・法伯 Joanna Faber、茱莉・金 Julie King 著
林步昇 譯
艾蜜莉・溫伯利 Emily Wimberly 繪

40年不敗的親職專家心法，100個家庭實證故事，
幫你掌握對孩子不暴氣的溝通策略，
有效化解哭訴、吵架、崩潰、忤逆等最挑戰的27種教養難題

目錄

PART 2 疑難雜症篇

第一單元 每天帶小孩都像一場硬仗

第二單元 孩子莫名地動手動腳

第三單元 孩子的各種焦慮、恐懼與大崩潰

第四單元 孩子的態度有夠差——愛抱怨、哀哀叫、講不聽等各種難搞行為

第五單元 化解衝突

前言

各位讀者好，歡迎翻開本書，在此先為大家做個導覽。本書第一部是以圖解的方式，大略說明各項基本溝通方法，陪伴你熬過帶小孩的日子，無論面對學步兒或剛踏入青春期的孩子，都會派得上用場。我們在每章結尾都收錄了演練題，讓你在模擬的情境之中練習溝通技巧。本書第二部分是讀者經常詢問的熱門教養話題。我們也分享了家長與老師提供的故事，回答與孩子衝突有關的難題。

一如既往，我們最期待收到讀者的回饋，請直接寫信到 info@how-to-talk.com 或前往我們的官方網站 how-to-talk.com，分享個人經驗與問題。說不定，你分享的故事會出現在我們的下一本書中喔！

註：真實姓名與其他足以辨識身分的資訊會適時修改，以保護我們心累的讀者（但偶爾我們會應讀者要求使用本名）。我們也盡量挑選符合其文化或族群身分*的化名。

---

* 本書所收錄的家長來信，部分是綜合了不同讀者提出的類似問題。

PART
1

基本溝通方法

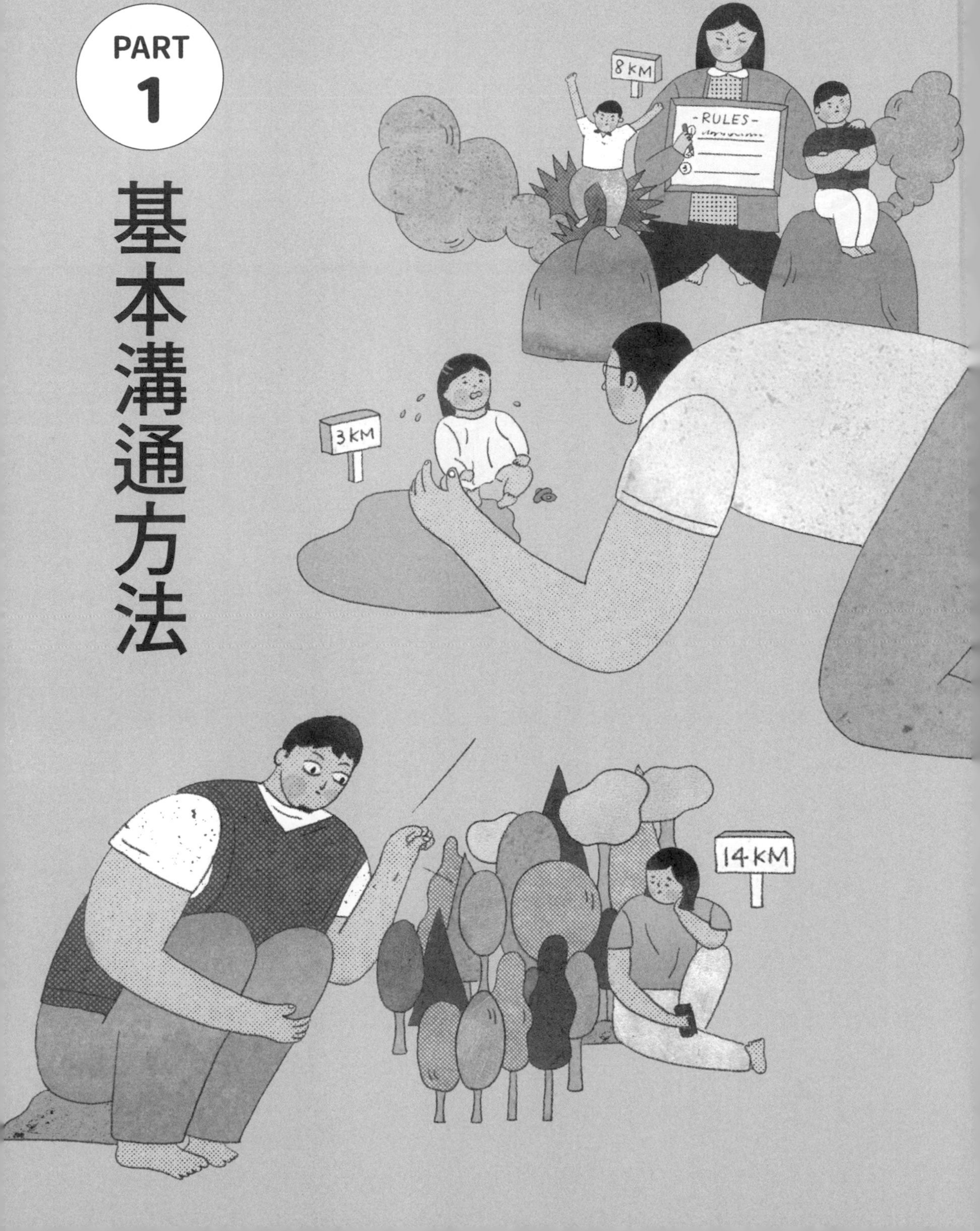

如果你聽過如何與孩子相處的建議，想必對於以下忠告並不陌生：凡事溫柔又堅定，標準一致但要有彈性，給予支持但不管閒事，還有設定明確的底線，也別忘記給予無條件的關愛，建立良好關係，展現同理心，喔對了，還有務必要保持冷靜！

誰能反駁以上這些常識般的大道理呢？畢竟聽起來好像都行得通，尤其是孩子還沒成為自己生活的一部分之前，感覺應該不會太難。

想當然耳，我們這些有了親生骨肉的爸媽不久便發現，上述理論似乎並不管用，設想以下情況：兩歲孩子因為拿到的杯子顏色不對就開始尖叫；五歲孩子寫功課時，畫不出B開頭的物品（又偏偏不想只畫ball（球））而崩潰哭鬧；追求潮流的十二歲孩子朝你咆哮，說全世界你最不通情理，其他爸媽都會買超貴名牌運動鞋給小孩；剛剛拿到駕照的十六歲孩子不管惡劣天氣不准開車的規定，硬要冒著暴風雪開車趕往派對……你每天都像在打仗，感受不到親情的溫暖。

「那我現在該怎麼辦啊？」

如果你問過自己這個問題，太好了，本書就適合你讀下去！過去數十年來，我們一直都在教導家長、教育工作者、其他與孩子相處或工作的成年人，如何處理上述讓人心累的情況——每天各種讓你氣到想撞牆的時刻——同時又懂得大處著眼（好，偶爾可以不必管什麼大處，但只能暫時偷懶喔！）。你會在本書中獲得許多實用的方法，有助處理成年人與孩子之間難以避免的衝突。

第一章

處理感受：為什麼孩子就不能開開心心的啊？

你以前一想到有孩子的生活——我是說孩子真正進入你的家庭之前，你八成只想到美好的一面：

理想中的孩子

實際上可能卻是……

如今你大概早就發現，理想與現實天差地別，有了孩子後的生活截然不同：

我們遇到衝突或逆境時，都會想要重溫腦海中的幸福畫面。但即使我們勇往直前、充滿善意地設法幫忙或解決問題，到頭來卻可能弄巧成拙。

為什麼我們明明在努力安撫孩子，他們有時卻變得更加激動？我們好心想給予安慰，教孩子明白這不過是人生道路上的小小絆腳石，完全可以直接開車輾過，不必為了避開而把整輛車開到水溝裡。不會有事的！但他們接收到的訊息截然不同：「你不能要什麼就有什麼，我才不管你的心情呢，因為沒有重要到值得去操心。」這等於讓孩子的難過加倍，先是吃不到營養棒倍感失望，再來是發覺沒有人在乎自己難過，進而帶來孤單的感受。

的確，對於成年人來說，沒有營養棒根本稱不上是什麼世界末日。但對於失望的孩子來說，少了這個點心就好比成年人的日常鳥事一樣煩心，譬如有個機車同事老愛向你借筆又不還，我們說：「不要一直發牢騷，沒什麼大不了的！」或是有個大嘴巴的朋友，把你健康亮紅燈的事告訴街坊鄰居，我們說：「你未免反應太大了吧，不要這麼敏感！」又或是修車師傅幫你修理變速器收的費用高於行情，可是一個禮拜後變速器

又壞了，卻說什麼都不肯給退錢，我們說：「是喔，人生就是這樣！不爽也沒用。」

等等，先別對我們發飆，我們只是想要幫個忙，說明你為什麼不必心情低落。

我們自己遭逢失望卻不被當回事，就算事件本身真的微不足道，仍然會覺得十分惱火。旁人要是只想淡化我們的煩惱，我們不但不會得到安慰，反而會心情變得更差，甚至可能對好心想幫忙的人發火。我們的孩子當然也不例外。

即使是訓練有素的專業人士，也會在無意中傷到委屈的孩子：

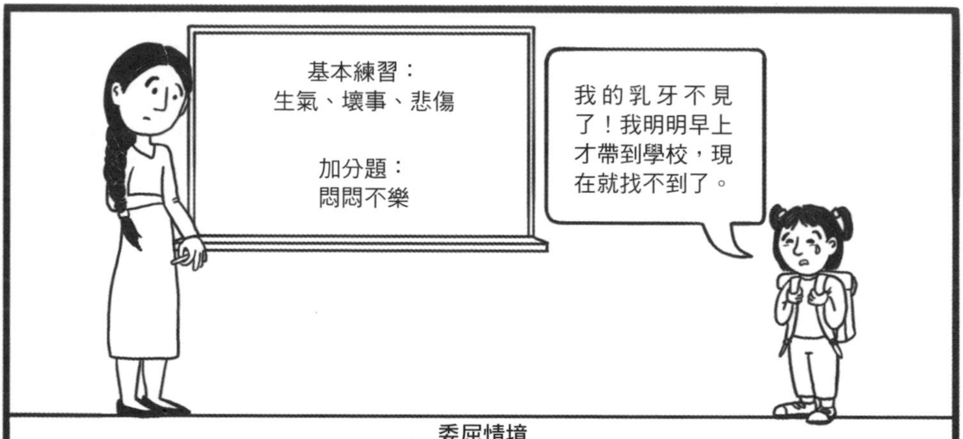
基本練習：
生氣、壞事、悲傷
加分題：
悶悶不樂
我的乳牙不見了！我明明早上才帶到學校，現在就找不到了。

委屈情境

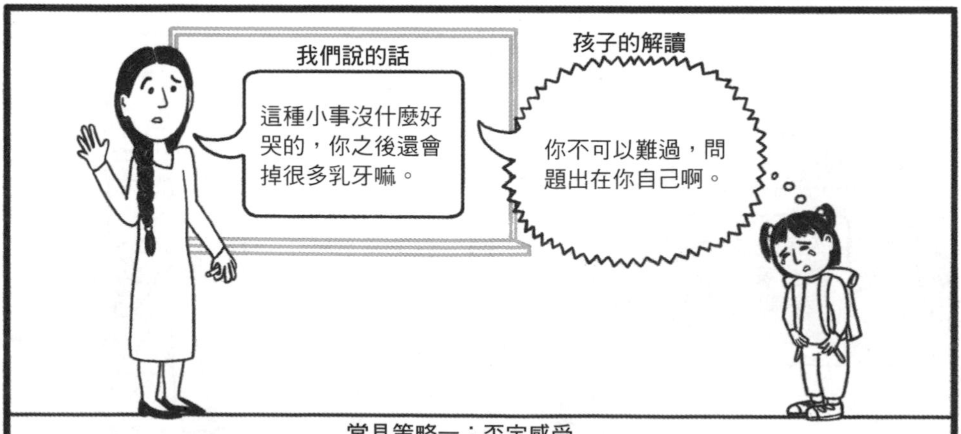
我們說的話
這種小事沒什麼好哭的，你之後還會掉很多乳牙嘛。
孩子的解讀
你不可以難過，問題出在你自己啊。

常見策略一：否定感受

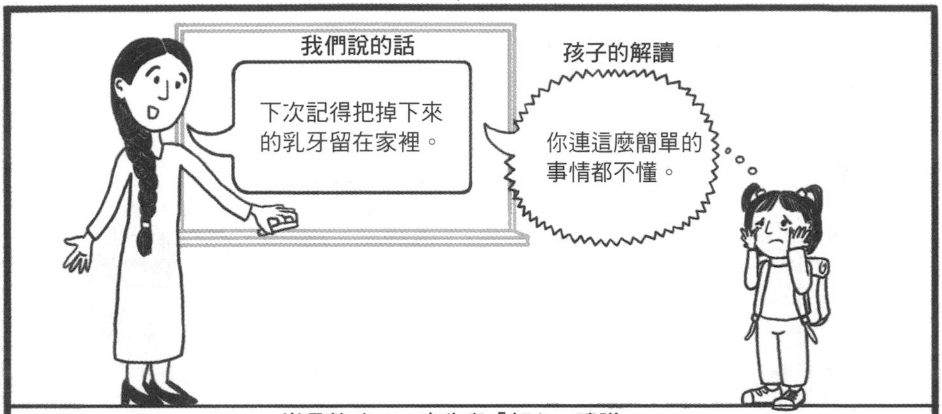

常見策略二：忠告與「好心」建議

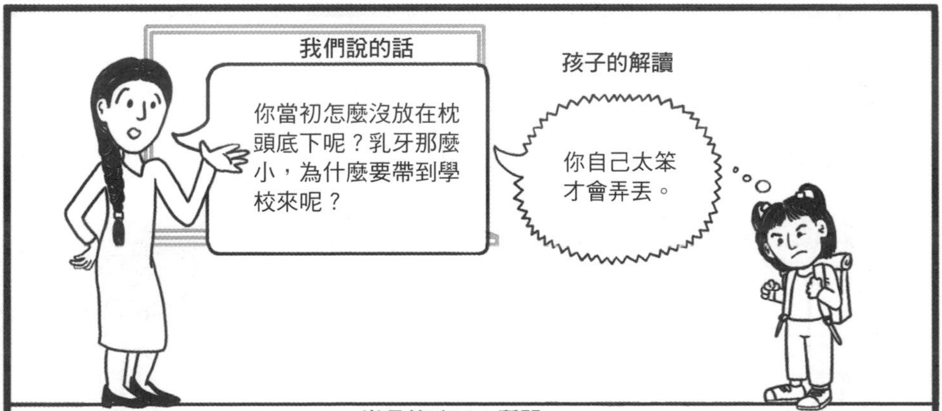

常見策略三：質問

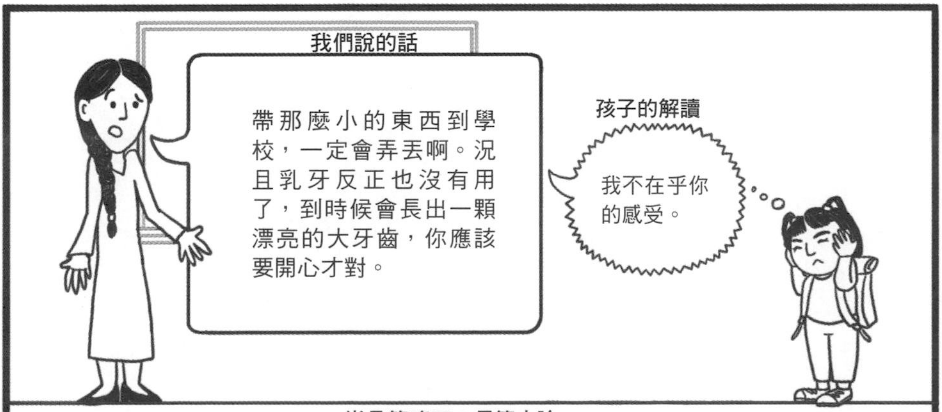

常見策略四：長篇大論

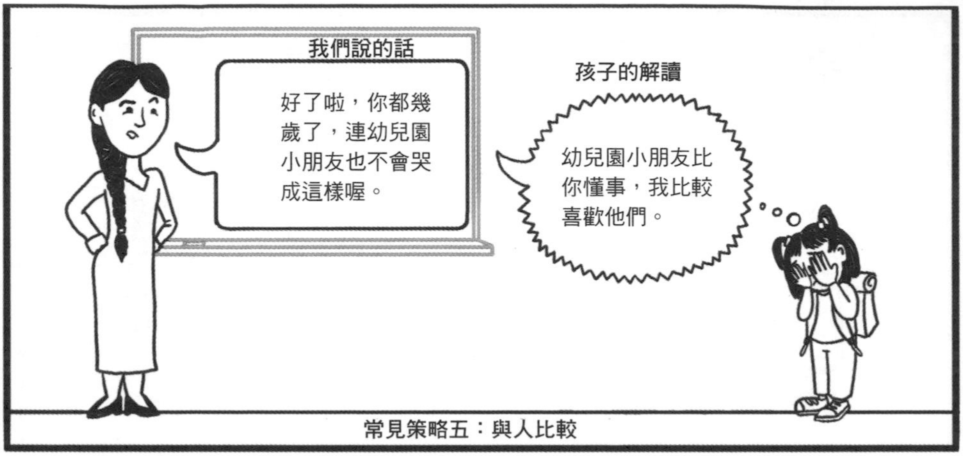
我們說的話
好了啦，你都幾歲了，連幼兒園小朋友也不會哭成這樣喔。
孩子的解讀
幼兒園小朋友比你懂事，我比較喜歡他們。
常見策略五：與人比較

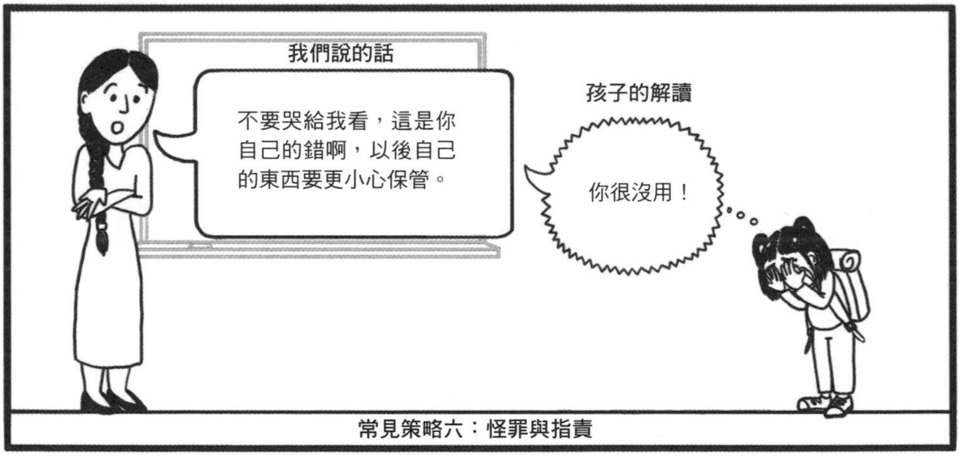
我們說的話
不要哭給我看，這是你自己的錯啊，以後自己的東西要更小心保管。
孩子的解讀
你很沒用！
常見策略六：怪罪與指責

我們急著想給孩子宏觀的視野，他們未來的人生還很長，不能動不動就因為小小挫折就崩潰。為人父母的責任之一，就是幫助孩子了解事情的輕重緩急，不是嗎？但偏偏時機不對。假如你剛買的一雙運動鞋在健身房被偷了，心煩意亂之餘，不會希望朋友提醒你要慶幸自己還有腳可以走路；又或是假如你雙腳長了壞疽被迫截肢時，也不會希望朋友在截肢完隔天就來提醒你其實很幸運，因為還有人可憐到連腿都沒有。當然，到了未來某個時間點，這項觀點一定會派上用場，但此時此刻你八成希望對方有點同情心，而不是一味信心喊話。

理智上我們可能明白，在面對他人的困境時，不該努力說服他們走出陰霾。但我們仍然有強烈的衝動想設法淡化或無視負面情緒，這既是為了我們的孩子，也是為了我們自己。孩子哭訴自己有多悲慘時，我們很自然地想說服他們，表示情況沒有想像中糟糕。他們的反應則是加大哭訴力道，想讓我們相信一切真的「糟透了」。我們帶著挫敗感再做出回應，不知不覺間，每個人都被捲入愈來愈嚴重的崩潰迴圈。我們愈想滅火，火就愈旺。事實證明，我們根本是在提油救火，而不是用水滅火。

媽媽一定覺得我很笨，人家當然想過這個辦法啊，但是根本不會有用。
你好笨！早知道不要跟你說了！
這孩子不教訓一下不行。
沒禮貌！你對朋友說話也這麼難聽，難怪人家不想要坐在你旁邊。
我好難過又心煩
奧莉薇雅說，她中午吃飯想坐在貝姬旁邊，不理我了。
噢，不會又鬧脾氣了吧。
別緊張，她可能只是對貝姬示好嘛，一定是你大驚小怪啦！
最討厭你了！
給我回房間反省！
你不懂啦，這明明很嚴重，我一定要讓她相信我的話。
我才沒有大驚小怪，她根本討厭我！
我一定要說服她，事情沒這麼嚴重，否則她勢必會沮喪一整天。
她才不討厭你，你們兩歲開始就是好朋友啦！為什麼不直接找她聊聊呢？

那該怎麼辦呢？

好吧，無論是努力要孩子正向思考，或是告訴孩子應該要面對現實、不要抱怨芝麻綠豆大的小問題，到頭來都沒什麼用，那現在怎麼辦呢？要戴降噪耳機坐在沙發上嗎？難道我們不管說什麼或做什麼，結果都只會幫倒忙嗎？

你問對問題了！我們要介紹一套方法，孩子鬧脾氣時，就可以派上用場。

方法1　運用詞彙肯定感受

與其一味說孩子很笨、不對、沒禮貌或大驚小怪，先問問自己；孩子當下有什麼感受？是沮喪、失望、生氣、心煩、難過、擔心還是害怕呢？

明白了嗎？

現在告訴孩子你懂他的感受。

我們的意思是，你面對自己真正能同理的朋友時，帶著真情實感所說的那些話：聽起來好可怕喔。噢，那你一定很失

你自己說要留一條營養棒給我的啊！
噢，你一定覺得很失望！你本來超期待可以吃的。
爸爸懂我的感受！
對啊！

望！那也太令人沮喪了吧！感覺你現在真的超級受不了某某（手足／老師／朋友）。

方法2 ▶ 運用書寫肯定感受

文字有種神奇的力量，讓孩子覺得自己受到認真看待。即使孩子年紀太小、不懂閱讀，通常也很開心看到想法被寫下來，再由大人唸給自己聽。書寫的內容也許能以清單呈現，譬如願望清單、購物清單、煩惱清單等等。

方法3 ▶ 運用畫畫肯定感受

強烈的情緒來襲時，畫畫是十分有用的宣泄方法。幸好，我們不是畫家也沒關係，簡單畫個火柴人就可以了！有時孩子

會想主動拿鉛筆、粉筆或蠟筆，向你表達他們難過或生氣的感受。就連早餐的玉米片也可以用來排出悲傷的表情，可以讓孩子知道我們理解他們的感受。

方法4　現實中滿足不了的願望，就用想像來實現

孩子吵著要不可能得到的東西時，我們通常會想反覆說明得不到的原因：「寶貝，剛才已經跟你說過啦，我們現在沒辦法游泳，游泳池今天沒營業，你一直哭也沒有用啊。」這邏輯說理鮮少能說服孩子接受現實。不過假如你改說：「唉，真希望游泳池整個晚上都開放，我們就可以在月光下游泳了！」孩子心情就會比較快好起來。

下次你發覺自己準備撂下冷酷無情的狠話時，不妨先花點時間動腦發揮想像力。告訴孩子，你好希望自己有一根魔杖，可以變出裝滿冰淇淋的浴缸，還需要機器人幫忙打掃，假如有個能凍結時間的時鐘就好了，這樣就可以再玩一百個小時。

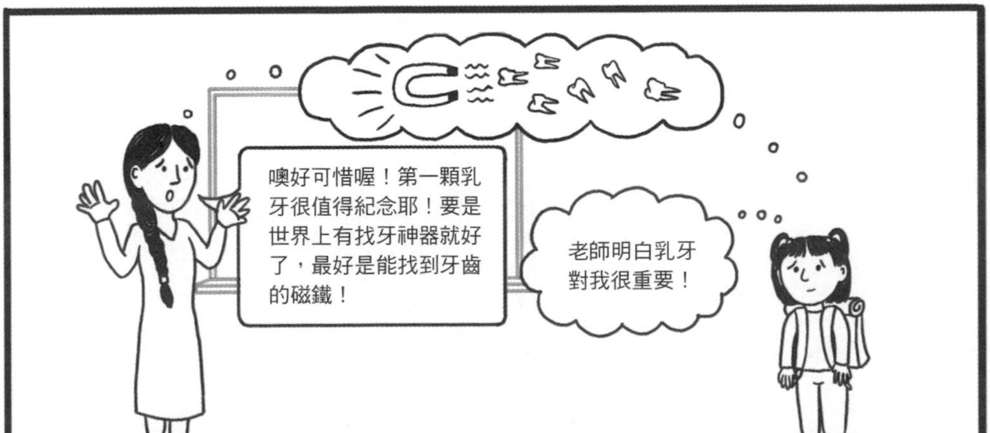

方法5 透過（幾乎）無聲陪伴肯定感受

有時單純發出同情的聲音就夠了，壓下想要說教、提出問題或給予建議的衝動，而是單純傾聽，以「噢！」、「啊！」、「嗯……」、「哎！」等語助詞來回應就可以了。

是沒錯啦，可是……

有時，孩子心情低落會寫在臉上，像是拿在手中的餅乾不小心滑落、碎了一地，還被旁邊伺機的狗狗吃掉。偏偏那又是最後一塊餅乾了，餅乾盒裡空空如也！現在讀了前面有關「肯定感受」的章節後，我們就可以展開搶救心情大作戰，忍住對孩子說教的衝動，避免說出：「真可惜啊寶貝，人生就是這樣！早點面對失望也好。」而是語帶同情地哀嘆：「噢天哪，你本來超想吃那塊餅乾的！明明不想給狗狗吃掉，但是牠跑太快了啦！牠一定是看準時機。好希望我有一根魔杖，馬上變出一盒全新的餅乾喔！我們現在怎麼辦？幫我把『餅乾』寫在購物清單上好不好？我們把字寫大一點，這樣才看得清楚。」

哇，這樣哄孩子的技巧堪稱專業等級，不但成功避免了一場餅乾危機，同時又可以讓孩子練習手眼協調和寫字呢！

但有時想釐清感受實屬難事。孩子動不動就臭臉或生氣，完全令我們措手不及，像是前一刻還聊天聊得好好的，卻忽然陷入驚天動地的風暴之中，讓人傻眼想問：發生什麼事了？

這個嘛，親愛的讀者，我們貼心地整理了常見互動的清單，這些都可能在瞬間從平靜升級為衝突。

我明天連學校都不想去了。
嗯……
說出來感覺真好！可是我應該還是要去上實驗課。
奧莉薇雅叫我中午吃飯不要坐她旁邊了。
噢，怎麼會！
媽媽在意我的感受。
她最近都對我好兇，我以後吃飯要去跟伊娃坐了。
哎！
我想到辦法了，我愛媽媽。
她現在想坐在貝姬旁邊，還說最好的朋友不是我了。
啊！
媽媽懂我有多難過。

其中訣竅在於：留意孩子表達強烈感受的時刻，再不明顯都有蛛絲馬跡可循。

隱諱地表達感受

一、孩子「表面上」在問問題

「為什麼不把小寶寶送回去？」
「我一定要穿長褲嗎？」
「這個功課要怎麼做？」

這些直接的問題，答案也直球對決……就可以了吧？

「因為小寶寶也是家人呀！」
「剛才跟你說了嘛，外面現在很冷！」
「這個喔，你要先擬好大綱。」

但這些答案卻莫名讓孩子更加焦慮。雖然他們可能不懂「反問」的意思，但上面全都是反問的範例。最好先從「肯定問題背後的感受」展開對話：

「小寶寶需要大人很多關注唷！我知道你難免會想念以前沒有寶寶的時候。」

「噢，要是天氣暖和一點就好了！你穿短褲一定比較舒服！」

「這個功課好像很不容易耶，分成一大堆小題目，真不曉得要從哪裡開始寫。」

接納問題背後的感受，也許就足以化解衝突，幫助孩子接受失望、敉平焦慮。不過光這樣也可能不夠。因此，我們寫了第二章和第三章，討論如何進行合作並解決問題。但你跳到後面的章節前，別忘了一切都從基本功開始！我們需要善意來和平化解衝突，肯定孩子的感受便能帶來善意。

二、孩子「表面上」要你提供建議

孩子向我們詢問要不要參加球隊，看起來是千載難逢的機會，讓我們能分享自己得來不易的人生哲理。

為什麼孩子卻氣沖沖走掉，還把房門給甩上呢？

我在考慮要不要參加球隊耶。
當然要參加啊！你不但可以運動、還會交新朋友，對申請大學也很有幫助耶！

喔！因為你現在剛升高中，就會是隊上年紀最小的成員，不曉得自己會不會覺得尷尬。
對啊，說不定我還是動作最慢的那個。
聽起來你對於參加球隊這件事情感到很矛盾唷。
什麼是矛盾？
這樣啊，你國中很喜歡球隊的生活，但是高中的球隊不見得會一樣。還是說，你先參加一兩個禮拜，看看狀況再決定呢？
我們先不要買釘鞋吧，我暫時用那雙舊鞋就可以了。
矛盾的意思就是你同時有兩種不同的心情。你一方面想參加球隊，另一方面又擔心自己不會喜歡。
對呀，隊上有很多我不認識的學長姊。

克制立刻給予建議的衝動，想想孩子其實是在表達感受，最實用的回應就是：先肯定感受本身。可是究竟是什麼感受呢？我們不妨推論看看。

你也許已留意到，對話中的家長*提出了一個建議。假如你花大量時間去接納感受，孩子就可能會接受你好心的建議。這一切都取決於時間點！要是我們劈頭就問：「你為什麼不試試看呢？」孩子很可能會加以反駁或氣沖沖走掉。他們得先覺得有人理解自己，才有心情思考解決方案。

三、孩子誇大其詞

「他根本就是愛哭鬼！每次只要不順他的意就會大哭。」

「我恨死老師了！」

「你每次都不准我去玩！」

我們會本能地想要糾正孩子，設法就事論事：

「你要對弟弟更有耐心啦，你小時候也是這樣啊。」

「你才沒有恨老師，你也知道老師人很好呀。」

「別胡說八道，只不過錯過一場派對罷了，以後還有很多派對可以參加啊。」

---

* 這個對話中的家長正是喬娜，結果她兒子高中四年下來都是越野校隊的成員。學長姊其實沒有看起來那麼可怕。

然而，這些回應非但無法安撫孩子，還莫名激怒了他們。我們不妨試著肯定誇張言詞背後的感受。以下這些開場白有助緩和氣氛，促進更溫和的對話：

「有時候跟弟弟相處真的很辛苦耶，他喜歡拿你的東西，不開心就大吼大叫。」

「老師今天做了什麼事情，把你惹得這麼生氣！」

「感覺這個派對真的對你很重要耶，要是我們有分身就好了。」

並非所有狀況都要先肯定感受！

各位讀者可能會心想：「言下之意好像是一切都與感受有關。這樣未免太累了吧！我們還要不要過日子啊？」

說得有道理！我們都知道在面對強烈情緒時，只要先處理感受就可以避免衝突、節省力氣。但大部分時候，你都可以正常過日子，不必搞得人仰馬翻。

對於孩子真的想知道答案而提出的問題：「媽媽，e-n-o-u-g-h 是什麼單字啊？」，你不必大費周章地說：「感覺你好像很灰心，不確定怎麼唸那一堆奇怪的字母對吧？」你可以直接回答：「enough。」

對於學生直截了當的問題：「老師，我們今天下課可以到外面完嗎？」，你不必深入思考潛台詞：「嗯，室內燈光照久了真的很憂鬱，螢光燈的影響尤其嚴重。」你可以直接回答：「可以啊。」

對於孩子的疑惑：「這裡有真的老虎嗎？」你不一定非得細究其中的感受：「天哪，想到有老虎就好可怕喔！」你只需要提供資訊即可：「沒有，老虎在動物園裡喔！」或假如附近真的有野生老虎徘徊，你就可以說：「對喔！你看到老虎的話，保持冷靜、慢慢離開就好。」

這裡有真的
老虎嗎？

我們工作坊的許多成員都說，想像自己會對朋友說的話，有助於接納孩子的感受。我們與朋友聊天時，往往自然就產生同理心，不會否定他們的感受、不會質疑、不會說教，也不會妄加建議。但即使面對同輩，我們有時也會被本能反應給出賣。

我們今天下課
可以到外面玩
嗎？

喬安娜的經驗分享

不久前，我接到某位朋友的電話，她那陣子要做些健康檢查。她說：「最可怕的是我擔心檢查出癌症。」我本能地想要消弭她的恐懼，腦海浮現「**不可能啦！不要亂想！**」我設法釐清思緒的當下，兩人一度尷尬沉默。最後，我終於能說：「這真的會讓人整天擔心得受不了耶。」

我朋友接著放出了大絕招：「真的！你知道別人怎麼跟我說嗎？他們居然叫我不要亂想！這不是很荒謬嗎？怎麼可能不去想呢？」我也認為這很荒謬，這就好像告訴別人當作房間裡沒有粉紅色大象：愈刻意不想卻愈容易想到。我們都笑了出來，我沒承認自己本來也想和其他那些「荒謬」的人說同樣的話。

我們接納他人困頓當下的負面情緒時，就等於給了對方一份禮物：這世界上至少還有一個人理解他的感受，自己並不孤單。

肯定感受不僅僅是個花招或技巧，而是可以改變人際關係的方法，雖然無法保證我們的孩子會按時遛狗、刷牙或上床睡覺，但至少營造了善意的氛圍，做事也就更加容易和愉快。這也有助孩子培養關心他人、接納他人感受的能力。

但你其實不必光聽我們的片面之詞。約翰．高特曼（John Gottman）這位知名兒童心理學家發表過一項研究[1]＊：他花費數年追蹤、比較了運用不同溝通方式的家長。結果顯示，無論孩子智商高低、父母社會階級或教育水準為何，若是孩子的情緒感受獲得認同與接納，日後就能具備極大的優勢，包

＊編按：原書引用資料出處註，請參考本書最末。

括專注力持續時間較長、學科測驗成績較好、行為問題較少，也與老師、父母與同儕相處得更為融洽。他們對於傳染病的抵抗力較強，就連尿液中的壓力荷爾蒙也較少。因此，如果我們希望孩子有優異的尿液品質（誰不想呢？），就應該設法肯定他們的感受！

情境演練

按照以下情境，運用詞彙、畫畫、想像或默默陪伴，選擇最能肯定孩子感受的回應：

1.「大家都討厭我！」

A.「才沒這回事！爸爸媽媽愛你、阿公阿嬤愛你、老師愛你，就連家裡的貓咪也愛你呀！」

B.「不然呢？你老是擺臭臉又愛哭。沒有人喜歡動不動就哀哀叫的小朋友。」

C.「你好像今天過得很不好耶。」

D.「不要小題大作啦！你每次都大驚小怪。」

2.「我的遙控車壞了！」

A.「哎唷，都是你之前玩得太暴力了，把車子從床邊開下來當然會壞掉。」

B.「噢不會吧，你一定很難過喔，畢竟你真的很喜歡那台遙控車！」

C.「幸好你不會開車，不然還得了。」

D.「不要哭了啦，爸爸明天會再買一台新的給你。」

3.「老師笨死了！」

A.「聽起來你很生老師的氣喔！」
B.「不可以這樣罵老師，這樣很沒禮貌。」
C.「對啊！我在上禮拜寄來的家長同意書裡頭，發現了三個錯別字。有夠笨！」
D.「我相信，老師既然這麼處理，背後一定有原因。」

4. 你的孩子看到有人在遛小狗，忽然大哭起來要你抱抱。

A.「哭什麼哭！沒什麼好怕的。只是一隻小狗，不會咬你啦。」
B.「你摸摸看這隻乖狗狗，牠的毛好軟好好摸唷。」
C.「嚇到了嗎？快點跑回家裡！我會叫鄰居以後到對面遛狗。」
D.「看到狗狗難免會緊張，怕狗狗會咬人對不對？那我們站過來，你剛好看得見牠，但是又不會太近。」

5.「我的數學小考成績好像不及格。」

A.「不要往壞處想嘛！說不定你考得不錯啊。如果沒考好，就去跟老師說你要重考吧。」
B.「啊？之前應該要用功點嘛，我都耳提面命整個禮拜了，可你就是講不聽。」
C.「是喔，你這麼煩惱自己表現不好，分數出來前一定很難受。」
D.「全家人數學都不好，唉只能說你沒有數學的天分啦。」

6. 你的三歲孩子哭個不停，就因為你不准他一個人吃掉整盒冰淇淋。

A.「你想要滿口爛牙嗎？吃下那麼多糖很不健康喔。」

B.「不要這麼貪心，冰淇淋要分給大家啊！」

C.「買冰給你吃還不知道感激。你再胡鬧下去就不准吃冰淇淋囉！」

D.「冰淇淋實在太好吃了，真的很想一個人吃光對不對？你這麼愛吃冰淇淋，要是冰淇淋裝滿整個游泳池，你一定也吃得完！啊，不然我們一起畫出來吧。想像你要跳進一座裝滿冰淇淋的游泳池，還可以畫巧克力碎片唷！」

7.「泰勒罵我笨蛋！」

A.「當耳邊風就好啦，男生講話本來就這副德性，你們是很要好的朋友，他一定是隨口說說而已。」

B.「被好朋友罵有時候真的很不開心耶。」

C.「他怎麼可以這麼惡劣！那接下來這禮拜你都不要理他，看看他有什麼反應！」

D.「他這麼說一定有原因，你有沒有對人家做什麼？」

8.「史蒂芬又拿到畫畫比賽第一名，我連第四名都沒有。」

A.「本來就不可能每次都贏得比賽，你下次再加把勁就好啦。」

B.「這太不公平了吧。你的畫作優秀多了，他畫的東西根本沒人看得懂，評審之中一定有他的

親戚。」

C.「好失望喔！你畫得很認真耶，裡頭藏了很多細節，像是草叢裡面的小昆蟲，還有貓咪的表情很耍寶喔。」

D.「好，說不定你天生就不是當藝術家的料。不是每個人都能畫畫的。你的運動細胞比較好啦！」

9.「不公平！你應該要讓我自己沖馬桶嘛！我想自己沖馬桶！」

A.「誰說人生很公平了？反正你也常常忘記沖，我是怕廁所有臭味呀。」

B.「這有什麼大不了！你下次上廁所再沖就好啦。」

C.「那等一下喔。我先喝一罐汽水，這樣就可以去尿尿，再叫你幫我沖掉囉。」

D.「喔天啊，你真的很想沖馬桶對吧。那我們在馬桶上貼一張標示吧，這樣下次大家都會記得唷。」

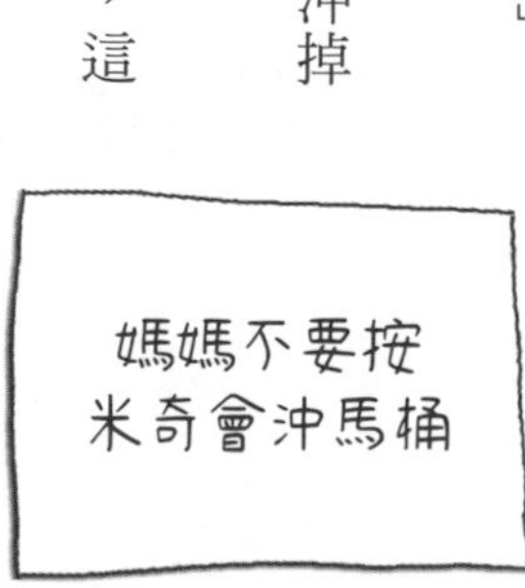

10.「我睡不著，好煩啦。」

A.「先躺下來，全身放鬆看看，早上起來心情就會好點了。」

B.「你以為自己那些事情叫煩惱嗎？等你長大要付房貸就知道了！」

C.「噢這麼可憐，還是我們不要上進階班，壓力太大了。」

D.「你心裡有那麼多煩惱，一定很難睡著。那我去幫你拿張紙，把它們全部寫下來。」

1. 下禮拜要完成科展，好多工作還沒做。
2. 腳踏車鏈壞掉了。
3. 遙控飛機電池要換了。
4. 零用錢不夠，五十塊掉到洗衣機底下。
5. 衣櫃亂七八糟，需要收納空間。

參考答案

1、C
2、B
3、A
4、D
5、C
6、D
7、B
8、C
9、D
10、D

重點整理

處理感受的五大方法

1. 運用詞彙肯定感受。

「有時候跟弟弟相處真的很辛苦。」

「這個功課好像很不容易耶，分成一大堆小題目，真不曉得要從哪裡開始寫。」

2. 運用書寫肯定感受。

「你本來超期待可以吃營養棒的，那我們寫在下次的購物清單上吧。」

「你心裡有很多煩惱喔，一個個說出來，我幫你全部寫下來。」

3. 運用畫畫肯定感受。

「你可能會覺得很傷心，想不想畫眼淚呢？」

「你真的很想媽媽耶，那我們來畫媽媽吧。」

4. 現實中滿足不了的願望，就用想像來實現。

「真希望我有一根魔杖，可以立刻把太陽變出來。」

「那個派對真的對你很重要耶，要是我們有分身就好了。」

5. 透過（幾乎）無聲陪伴肯定感受。

「噢！」、「啊！」、「嗯……」、「哎！」

第二章 懂配合的孩子——是癡人說夢嗎？為什麼孩子就不能乖乖聽話呢？

我們不能整天都只談感受。有時，我們得叫孩子去做他們根本不感興趣的事。多少孩子在乎準時上學、好好洗手、房間整潔或換內衣褲？

表面上，要孩子做事的最有效方法是直接下達指令：

「**把貓放下，穿上外套**。不能等一下，現在就去穿！」

問題在於，接收指令的孩子可能會產生厭煩與反抗等強烈感受。

想像一下，你下班回家，另一半對你說：「好喔，你到家了。喂，不准碰電腦。請你去把外套掛起來，然後洗手，再來擺桌子。我剛才是叫你去看信嗎？給我放下來。快點，晚餐馬上就好了。聽到了沒有？剛才就說了，**馬上去！**」

你有沒有衝動想轉身離開？寧願出去吃披薩店的當日特餐。

我們對孩子發號施令時（即使我們很有禮貌地在命令後面加上一個「請」字），其實是在扯自己後腿。命令、威脅、指責和警告等類似口吻，無法引發孩子願意配合的感受，而讓孩子**想要**配合才是成功的一半。

我們就來看看一些大人常用哪些無效策略來叫孩子做事。但我們也不會見死不救，而是會提供解方當作替代方案，教你培養出願意配合的孩子！

怎麼又是花生醬？
你再給我繼續抱怨，就餓肚子上學吧。
那又怎樣！我等一下再去自動販賣機買就好。

你大概吃相同的午餐吃膩了吧，週末要不要去逛賣場，挑點不一樣的東西呢？
嗯，這個建議聽起來不錯。

無效策略：威脅

與其威脅，**不如給予孩子主導權。**

我們身處互不相讓的情境時，設法讓衝突冷卻比準備吵架更有幫助。威脅通常在孩子耳裡聽起來是質疑，這只會讓態度堅決的孩子立場更加強硬。與其努力想要掌控一切，不如試試看分享主導權。說不定會有意外的驚喜喔！

無效策略：警告

與其警告，不如描述問題。

我們警告孩子壞事即將發生時，等於在表示自己不信任他們、他們的行為不負責任、他們自己想不到辦法、找不到應對方式。警告（以及隨之而來的命令）會削弱個人責任感。

但我們描述問題時，結果恰恰相反。我們等於邀請孩子一起來解決問題，給予他們機會來思考該怎麼做。

假如孩子沒想出解決方案，就**告訴他們可以做什麼，避免說不可以做什麼。**

孩子快把我們逼到抓狂時，我們自然會想直接下達禁令，但孩子不可能真正「停下來」呀！更有用的方法，就是適當疏導孩子的活力，而不是當下禁止。

不准衝來衝去，到時候一定會弄壞東西！
才不會！

你真的活力滿滿耶，不過我擔心東西會被撞壞，那我們要怎麼辦呢？

我們來看你能跳多高喔，試試看你能不能碰到門框上這條膠帶！

無效策略：酸言酸語

與其酸言酸語，**不如寫下便條。**

我們都有過這樣的經驗：一遍又一遍地重複某個指令卻一再被忽視，最後被逼到快抓狂。然後，我們挫敗滿滿地大發雷霆，說出無比刻薄又毫無幫助的氣話。我們實在需要解方，不如就來寫寫便條吧？

文字紀錄具有很多優點。首先，你在初稿中宣泄憤怒之後，就可以重寫並潤飾語氣。其次，便條可以用來叮嚀孩子，你不必自己三令五申。第三，正如有個孩

你知道今天要打足球季後賽，還把釘鞋忘在家裡啊？真是了不起耶。
你好討厭。

我們最愛的足球選手，出門前記得帶釘鞋喔！

子所說：「紙條沒有大聲的問題。」第四，文字本身就具有神奇的魅力，就連還不會閱讀的孩子都覺得有吸引力。

無效策略：怪罪與責備

與其怪罪責備，不如**提供正確資訊**。

你老愛捉弄狗狗，小心牠到時候反咬你一口，到頭來你只會害自己受傷！
才不會呢！

小花不喜歡別人拉牠尾巴，牠喜歡被摸肚肚唷。

我們覺得再明顯不過的事，對孩子來說不見得如此。我們願意提供正確資訊，而不是一味指責時，就是在尊重孩子，相信假如孩子具備適當知識，就會採取負責任的行動。

不妨想想我們大人之間的說話方式，直接下達命令等於是侮辱人，像是：「喂，不准用叉子敲我的桌子！木頭都被你敲出凹痕了！」我們自然會設法找到傳達資訊的方式：「那張桌子的材質是軟木，叉子輕輕一敲就會出現凹痕唷。」大人能決定自己該怎麼辦。

無效策略：反問

與其反問，不如**描述眼前所見**。

我們氣急敗壞時，很容易就提出反問，問題是小孩子聽不懂，大孩子聽了會不爽。我們只要單純描述眼前所見，就可以避免言語帶刺的批評，把重點擺在對的地方。

無效策略：長篇大論地說教

與其說教，不如**說關鍵字詞**。

你又把鞋子脫在門口沒收起來！媽媽到底要跟你說幾次？這樣可能會害家人絆倒。你明知道鞋子應該要擺在鞋櫃裡，非得要我一直提醒你嗎？只要多走兩步就能把鞋子歸定位，這樣你也偷懶！
吵死了隨便啦

鞋子。
鞋子……鞋子怎麼了？喔對，我要把鞋子放回鞋櫃。

很多人都愛滔滔不絕地說教，並從中獲得滿足感，但沒有人喜歡聽別人說教。假如孩子聽了前兩句話還沒放空（畢竟同樣的話他們早就聽過了！），他們很有可能會感到極度厭煩，而不是興起配合的念頭。即使孩子**本來有打算**要把鞋子歸位，也會因為被數落了一頓而失去意願。

不想說教的話，可以改說關鍵字詞。

運用關鍵字詞的好處，就是把注意力集中於問題，讓孩子**提醒自己**該做的事，潛台詞就是：「我相信你知道以後就會處理好。」

小叮嚀：關鍵字詞一定要是名詞，不能是動詞。名詞聽起來才像是善意提醒，例如：「安全帶。」動詞聽起來就會像是討人厭的命令，例如：「動作快！」

無效策略：辱罵

與其辱罵，不如**描述自己的感受**（運用「我」開頭，避免說出「你」）。

我們幫孩子貼上難聽的標籤時，無非是要孩子改善行為，希望他們心想：「喔天哪，我真的很沒禮貌耶，不應該再繼續沒大沒小了。」但現實往往不是如此。孩子聽了只會更生氣，甚至會認同那個負面標籤。假如我們放棄辱罵的方式，好好描述自己的感受，就較有機會獲得孩子（還有大人也是）正向的回應。在描述自己的感受時，務必運用「我」開頭，避免說出「你」。一旦我們說出「你」，孩子就會覺得遭到指控而萌生戒心。

這點執行起來可能有點困難。我們往往用「我」開頭，然後沒過幾秒就脫口而出「你」，辜負了原本的善意。「喂，你這樣戳我很討厭耶。」這句話聽起來很刺耳，不如說「哎，我不喜歡被戳喔」。

無效策略：比較

與其比較，不如**提供選擇**。

不要戳我啦，這樣很沒禮貌，討厭鬼！
我不當討厭鬼你就不會聽我說話。
你才沒禮貌！

哎唷！媽媽不喜歡被戳喔，會痛！
但是你都不聽人家說話。
噢，所以你只是要媽媽聽你說話嗎？那我比較喜歡別人輕輕地碰我的手臂喔。
好喔。

每個小孩（大人也是）內心都有強烈的自主欲望。藉由提供選擇，我們喚起了控制個人命運的自然衝動，也給予孩子做決定的寶貴經驗。

無效策略：發號施令

與其發號施令，不如玩一些把戲（對小孩子尤其有效）。

小叮嚀：這項方法非常強大，但不能在煩躁時執行，你當下得有心情！

把戲1 ▶ 佯裝無生命的物品在說話：孩子不喜歡父母發號施令，但家裡的東西朝他們說話時，他們往往會難以抗拒其中的魅力，即使聲音明顯來自父母的嘴裡。幸好，你不必學腹語也可以使用這項方法！只要刻意變聲就可以囉。

把戲2 ▶ **佯裝笨手笨腳的呆瓜：**我們大人平時老是位居權威的地位，所以一旦假裝不知道自己在幹嘛，改讓年幼孩子當專家來解惑，他們就會覺得很好玩。我們不妨趁他們還小，享受一下這種角色互換的傻氣遊戲，畢竟再過不久，孩子在幾乎各方面都會超越我們了！

走囉，小袋鼠，跳到車上給我看看。

從這裡到車子要跨幾個大步呢？我們來數數看！
OR
你可以倒退走向車子嗎？
OR
我們看誰先跑到車子那裡。好囉……預備……跑！

這位選手的手指伸進袖子裡了，接著手腕也進去了，啊手肘卡住了，等等！穿過去了！我們可以看到袖口露出了指尖，達陣得分！他替隊伍拿下了關鍵分數！全場觀眾歡聲雷動啊！

把戲3　角色扮演：活動之間的轉換對於孩子來說並不容易。假如我們能讓轉換本身變得好玩，就能無痛接軌下一個活動。

把戲4　進行遊戲或挑戰：這是讓活動轉換起來更有吸引力的另一項方法，又不至於剝奪孩子當下的樂趣。

把戲5　運用不同的口音或耍寶的聲音：孩子最愛驚喜，與其下達冷冰冰的命令，試著模仿孩子最愛的卡通人物、機器人或體育主播的說話方式。

上面那些幫倒忙的回答有沒有很耳熟呢？說來遺憾，我們常用的策略往往引發孩子的敵意。即使策略真的「有效」——孩子因為害怕承擔後果而聽我們的話——依然可能造成其他的負面影響。每次我們發號施令、語帶威脅或指責孩子時，都等於在教導他們發號施令、語帶威脅和指責他人。我們說出口的當下似乎很合理，但聽到孩子口中蹦出相同的話，就會覺得有夠難聽（「**好，如果你不准我打電動，我就不寫功課！**」）。

如果我們希望孩子有禮貌、懂尊重，就應該率先樹立榜樣！

當然，這些方法無法逐一對應我們下達命令、指責、威脅等幫倒忙的衝動反應。你可以混搭使用，提供選擇而不下命令、提供資訊而不是說教、描述感受而不責備等等。以上搭配只是拋磚引玉，期盼能激發你的創意。

情境演練

按照以下情境，運用前文建議的方法，填入適當的回應來促使孩子配合。

1. 你叫孩子去洗手準備吃飯，但他偏偏不想停下手邊的事。你分別下了兩次通牒，一次五分鐘、一次一分鐘，但他還是哀哀叫或完全不理你。

幫倒忙的回應：

肯定感受：

提供選擇：

給予孩子主導權：

要個把戲：

2. 你的孩子把外套掛在門把上，結果外套滑到地上，剛剛還害你絆倒。

幫倒忙的回應：

運用關鍵字詞：

描述自己的感受（運用「我」開頭，避免說出「你」）：

描述眼前所見：

3.你看到孩子拿了一杯果汁、一袋餅乾走向客廳的沙發。

幫倒忙的回應：

提供正確資訊：

廚房門口貼上便條：

描述問題：

告訴孩子可以做什麼，避免說不可以做什麼：

4.你正要擺桌子準備吃晚餐，卻發現餐桌上到處散落著進行到一半的美勞作業用品，像是剪刀、麥克筆、圖畫紙、膠帶、紙板、膠水和線繩等。

幫倒忙的回應：

要個把戲：

描述問題：

運用關鍵字詞：

5.加分題：記錄自己能忍耐多久不對孩子發號施令。

你忍耐了多久？

A.二十分鐘

B.一個半小時（但其中一小時孩子在午睡）

C. 一整天

D. ______（自行填入時間）

有沒有注意到自己或孩子心情的轉變呢？

參考答案▼（但回應因人而異）：

1.

幫倒忙的回應：我剛才花了四十五分鐘煮晚餐，直的沒力氣一直叫你了。你要是三十秒內屁股還沒離開那張椅子，就別想吃甜點！

肯定感受：你______進行到一半，真的很難就這樣走開吧。

提供選擇：你還要再一分鐘或五分鐘呢？你想要用洗手乳，還是恐龍肥皂？你想要幫我洗手，還是我幫你洗手？

給予孩子主導權：可不可以麻煩你計時五分鐘，好讓大家知道什麼時候開動呢？

要個把戲：

- 佯裝毛巾在說話：我要來把髒手手洗乾淨！
- 呼—叫—所有—機—器人—來—吃—晚餐。機—器人—需要—能源。跟—我走。

2. **幫倒忙的回應：**到底要我講幾次你才會把外套掛到衣櫃裡？不然外套會髒掉！不要這麼懶惰，掛好外套根本花不到三十秒的時間。我早晚會被你害到摔斷腿！

運用關鍵字詞：外套！

描述自己的感受（運用「我」開頭，避免說出「你」）：我不喜歡看到外套在地上髒掉耶。

描述眼前所見：外套掉到地上囉。

3. **幫倒忙的回應：**給我走回來！不准把食物拿到客廳，你明明知道規矩啊！

提供正確資訊：食物只能在餐桌上吃完喔。

廚房門口貼上便條：離開這裡便禁止飲食！請檢查口袋和鞋子。

描述問題：喔，你想要去客廳休息啊，可是問題來了，我怕沙發上會有食物殘渣或飲料漬耶。

告訴孩子可以做什麼，避免說不可以做什麼：你可以先在廚房吃完零食再去客廳玩。

4. **幫倒忙的回應：**這下好了……餐桌被你弄得亂七八糟，我根本不用擺桌吃晚餐了。為什麼你就不能在房間做美勞作業呢？學學哥哥嘛，那才叫貼心。

耍個把戲：我們得快速整理一下，我要來播（孩子最愛的歌），你覺得有沒有可能在歌播完前把東西收好呢？

描述問題：我需要乾淨的餐桌才能端菜出來唷。

運用關鍵字詞：喬伊，餐桌！

5. 加分題

A. 好的開始。

B. 漸入佳境！

C. 請收下我們的膝蓋！

D. 厲害到我們不知道該說什麼……

重點整理

懂配合的孩子

1. **給予孩子主導權。**

   「你可以看一下旅遊 app，確認我們什麼時候出發才能準時抵達嗎？」

2. **描述問題。**

   「你真的活力充沛耶，可是我怕東西會壞掉，我們要怎麼辦呢？」

3. **告訴孩子可以做什麼，避免說不可以做什麼。**

   「我們來看看你可以跳多高吧。」

4. **寫寫便條。**

   「我最愛的足球選手，出門前記得拿釘鞋喔。」

5. **提供正確資訊。**

   「小花不喜歡別人拉牠尾巴喔。」

6. **描述眼前所見。**

   「噢，牛奶灑到地上了。」

7. **運用關鍵字詞。**

   「鞋子。」

8. **描述自己的感受。**

   「我不喜歡被戳喔。」

9. **提供選擇。**

   「你想要整理廚餘還是把碗盤擺到洗碗機？」

10. **耍個把戲。**

    「從這裡跑到車子那裡，我敢說你絕對贏不了我。好囉，預備，跑！」

第二又二分之一章　這些方法全都沒用！第二章潛藏的重大問題

「你們之前言下之意是，我只要運用這些方法，孩子就會乖乖配合，根本騙人！」

接下來該怎麼辦呢？你可能得在以下兩項策略中擇一使用：

一、採取行動但不帶羞辱

有時，你需要立即行動避免發生重大傷亡（或單純為了保護家具），根本沒有時間多加思考！

你的孩子直直往大馬路衝去，不顧你的警告怎麼辦？管她怎麼放聲大叫、努力抵抗，你都得把牠抱起來帶回室內說：「我不能讓你在馬路上亂跑。太危險了！」

你的孩子拿起畫筆不是塗畫布，反而準備塗沙發、窗簾和貓咪怎麼辦？你會拿走顏料和畫筆，放在孩子碰不到的地方，然後說：「顏料很容易塗得到處都是。我不能讓你亂塗。我看到家具沾了顏料會很難過！」

你的孩子正準備要捶弟弟的肚子？你要把他拖走，然後說：「我不能讓你打弟弟喔！」

即使沒有迫在眉睫的財物損失或受傷，你在嘗試了一些方法但孩子不予理會，就可能會失去耐心。我們並不是要建議你忍住怒火，把前文所有方法都試過一輪。深呼吸，想想會讓你開心的事，像是巧克力、貓咪、在沙灘上漫步等等，再不帶羞辱地採取行動：

你的孩子某次嘗試煮菜後，在廚房留下了爛攤子（儘管他事前很認真地答應過要自己收拾），現在還指望有人載他去朋友家？你可以堅守立場說：「我不想開車載你過去耶，除非你自己把廚房清理乾淨。如果我還得自己清完才能煮晚餐，只會生悶氣，可是我不想要對你生氣。」（嚴格來說，這不算是真的行動，但相信你懂我的意思。有時，出言抵制就很強而有力了！）

在披薩店裡，你的孩子不斷在長凳之間跳來跳去，無視你表達其他顧客可能的感受（「這樣跳會打擾了餐廳其他客人喔」），也不顧你給的選擇（「你在裡面就要坐著，或者可以去外面跳」）。你就可以告訴孩子：「那我們現在要回家囉，其他客人才能好好吃飯。」

原則是**採取行動來保護其他人與財物**，有時還要保護人際關係。我們的意思並不是孩子就不再哭訴不服。但如果我們不採取行動，孩子就會以為自己可以忽略大人，因為大人只是說說而已。我們到頭來就會因為心累或惱怒而屈服。

我們採取行動時的用詞很重要。注意，在這些情境中，我們都沒有辱罵孩子（像是「別這麼懶。你可不可以不要這麼自私，有沒有考慮過別人的需要？」、「你沒辦法赴約是你自己害的。你說話不算話，留下爛攤子」），遭到訓斥的孩子只會全力捍衛自己或加以反駁！（譬如「不公平，又不是只有我會忘記，你每次都要怪我！」）因此，我們要專注於自己的價值觀，語帶堅定與尊重地讓孩子曉得我們的底限，同時也要肯定他們的感受、提供正確資訊並描述自己的感受。假如我們成功抗拒使用侮辱或指責字眼的誘惑，孩子就更有可能聽進我們所說的話。

二、問自己「為什麼？」

你有空反思時，問問自己：孩子在想什麼？為什麼百般抗拒我的「合理」期待？

阻礙孩子配合的常見問題（與解方）

- 你的孩子可能情緒高漲，因此不想配合。你要做的是：**肯定感受**。

記得第一章有關肯定感受的討論嗎？如果你的孩子一再拒絕配合特定要求，不妨試著了解他的感受。

你每天早上都要為了出門上學而與孩子翻臉嗎？如果你先懂得接納感受，說不定就會發現這項技巧十分實用。

誰知道孩子會有什麼反應呢？說不定，你會發覺孩子不想上學是因為討厭在學校上廁所，說不定孩子在擔心考試，說不定孩子怕家中小寶寶在他不在時弄亂拼圖或拿來咬，又說不定他打電動到一半很難停下來，所以早上最好換個休閒活動。

無論如何，肯定感受絕對有好處，甚至有助找到創意十足的解決方案。

- 你的孩子可能太餓、太累，或有太多事要忙而無法配合：**滿足基本需求——飲食、睡眠和休息時間。**

你的孩子是否經常在晚上鬧脾氣呢？每當孩子累了或餓了，再多花言巧語也比不上吃點零食或小睡一覺，對於年幼孩子來說更是如此。

我們曾協助一位家長引導三歲的孩子諾蘭。諾蘭每天晚上都很失控，莫名地大吼大叫、拳打腳踢、亂丟東西、把水倒到浴缸外。他父母嘗試了各種不同策略，但都無濟於事。最後他們才明白，諾蘭最近在幼兒園都不午睡，所以到了下午五點，就變得不可理喻。他們開始大幅提早哄他上床睡覺的時間，晚上鬧劇也隨之消失。

大孩子也是如此。

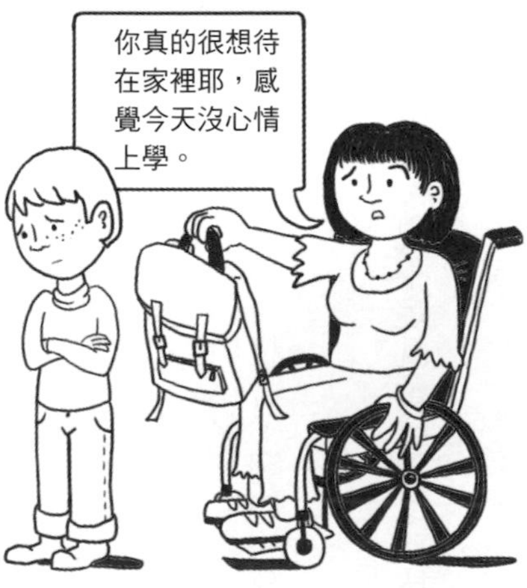

部分學校直接為青少年提供免費午餐，避免登記為低收入戶的汙名。學校也調整了上課時間，好讓青少年有更多睡眠，學生行為與學業成績都有顯著改善。考試分數、出席率、畢業率紛紛提高，失序行為隨之減少。兩個簡單的方案，就解決了複雜的問題。一般人飢餓或過勞時，實在很難集中精神完成功課或安靜下來。[1]

如果孩子受到太強烈的感官刺激或覺得情緒疲憊，最好想辦法先幫助孩子恢復平時狀態，不要提出更多要求或從事其他活動。一位媽媽與我們分享了以下這則故事：

> 我的六歲女兒阿瑪雅放學回家後，妹妹齊亞娜開心得不得了，迫不及待地想找姊姊玩。我曾鼓勵阿瑪雅多陪齊亞娜，但經常適得其反，她最後都對齊亞娜發火或動手推她。我後來才意識到，阿瑪雅經歷過上學一整天的壓力後，需要獨自放鬆一下。我只要頭一個小時顧好齊亞娜，阿瑪雅隨後就會又溫柔又有耐心地陪妹妹玩。我的意思並不是小學一年級一整天下來是多嚴重的創傷，但對於我內向的女兒來說，很多事都不大容易，還要遵守一大堆規定、應付一大群小朋友、擔心自己能否寫完功課、能否得到老師的肯定……這些都會累積成壓力。

- 孩子的發展歷程可能不符合你的期待：**調整期待，改變環境，不要改變孩子。**

「但他明明就準備好了。他可以＿＿＿＿，只是看他要不要做，像今天早上就可以啊！」

我們以為，孩子只要能做到某件事一次，之後就應該能「一直」做到。但事實往往並非如此！

僅僅因為孩子早上起床後可以自己上廁所，並不代表他在玩耍或吃飯而分心時，也可以及時趕到廁所。她可能需要溫柔的提醒，或最好在下午就穿學習褲。

僅僅因為孩子可以在大人監督下溫柔地與鄰居的貓咪玩耍，並不代表他已準備好照顧自己的貓咪了——要是真的養了貓，他不管開心或沮喪，都要溫柔地對待牠。也許再等一年會更適合，儘管他當下急著想要養貓。

「但以他的年齡，他應該要有這個能力啊……！」

個人發展歷程不見得絕對會完全按照圖表的曲線。

就算「大多數」幼兒園孩子都能坐著聽講十分鐘而不扭來扭去，也不代表眼前的孩子辦得到。說故事時，他可能要大人允許才會站起來走動。

也許大多數五年級學生已準備好參加為期三天兩夜的校外露營，但你的孩子卻還沒準備好，她可能一想到要離家過夜就焦慮萬分。

也許部分七年級學生能清楚掌握所有作業，並在房間內獨自寫完功課，偏偏你的孩子需要你協助把功課分門別類，同時也需要你的陪伴與支持。

- 每天生活像是打仗，毫無樂趣可言：**花時間重建親子關係。**

我們很容易滿腦子只剩下管教孩子、催促他們做該做的事，因為我們難以逃避現實：這就是親職教養的重要一環，但這並不足以維持親情。

你有沒有遇過這樣的鄰居：他只有在遇到問題或想抱怨時，才會打電話給你？即使那個鄰居很有禮貌，你看到來電顯示上的號碼時，是否感到心略微一沉？有點不太想接電話？

如果我們對待孩子的方式，老是在糾正他們或要他們聽命行事，孩子早晚會沒動機配合，甚至不想與我們互動。我們可能需要時間重建親子關係，出於「單純好玩」的心態與孩子一同參加活動。

放下你手邊在忙的事，坐下來陪孩子閱讀故事、蓋積木大樓、背著孩子走、用棉被搭洞穴、玩摔角、用葡萄乾做成眼球再戳進花生醬裡、用水管圍出小池子、打電動、聽孩子最愛的音樂等諸如此類的活動。重點是陪著孩子做他們喜歡做的事。時間到了再告訴孩子：「爸爸／媽媽好喜歡跟你玩喔，明天等小寶寶午睡再來玩吧。」最好能安排確切的時段，讓孩子可以好好期待。

假如這些點子一點幫助都沒有，代表你可能遇到更棘手的問題，需要更複雜的解決方案。至於要如何解決更麻煩的衝突，請繼續閱讀第三章。

情境演練

按照以下情境，選擇適當的回應，可以是採取行動、肯定感受、調整期待與照顧基本需求，或等孩子恢復平時狀態、重建親子關係。

1.你的孩子又粗魯地對待貓咪，你整個早上提醒他要溫柔點已不下十次了。

A.反正貓有九條命，你自顧自地玩起填字遊戲來轉移注意力。

B.問孩子：「假如有人拉著你一條腿把你倒吊起來，你會有什麼感受？」

C.直接說：「我現在要把毛毛帶到我房間囉，牠需要休息一下，你可以去拿貓咪玩偶來玩。」

（隨後鎖上臥房的門。）

D.告訴孩子：「你真的不配養寵物！跟毛毛說再見吧，明天我要把她送回收容所了。」

2.你的孩子老是把學校講義、課本和體育用品擺在餐桌上。你先是描述問題（「我要擺桌子，準備吃晚餐囉！」），也表達了你的感受（「我不喜歡在餐桌上看到體育用品耶！」），如今已失去耐心了！

A.把他的東西全都扔進一個大垃圾袋，然後大聲說你要把東西當垃圾丟掉。

B.小心翼翼地把他的東西集中在桌子一側、疊成搖搖欲墜的一座小山，設法把盤子擺在曲棍球桿上以便吃晚餐。

C.聘請幫傭。

D.直接說：「我的耐心用完囉！我要把這些東西全都丟到你房間！」把所有東西都丟到孩子房間裡唯一乾淨的地方，譬如床上。

3.每天晚上，平時溫和的孩子都會變成小怪獸。只要沒看到心愛的藍色杯子，他就哭得一把鼻涕一把眼淚，還把飯菜丟得到處都是，你要幫他穿睡衣時，他又放聲尖叫。

A.講道理給孩子聽，說明懂事有多重要。

B.考慮大幅提前就寢時間，或重拾午睡習慣。

C.告訴孩子：「你現在沒有吃甜點的權利囉！亂扔食物的小孩不能吃冰淇淋。」

D.上網訂購一打藍色杯子，順便買一套全新彩虹獨角獸睡衣。支付隔日到貨費用四十三點六五美元。

4.你不希望孩子把功課留到最後一刻才寫。他放學回家後，你給了他時間休息吃零食，但催他拿出作業簿時，他卻開始哭給你看。

A.幫孩子寫功課，他則坐在你身旁用平板電腦看影片（你可能得複習一下長除法）。

B.說明數學能力在日常生活中有多重要，提醒他養成不良習慣與學業落後的種種危險。

C.別指望孩子在學校規規矩矩一整天之後，馬上就能寫回家功課。花點時間陪他一起坐在地板上，繼續蓋他那艘蓋了整個星期的樂高外星人飛船。

D.製作貼紙獎勵表，告訴孩子他只要乖乖完成功課，連續獲得十張貼紙，你買給他一輛全新遙控車。

5.你打算週末去拜訪姊姊一家人。你的孩子卻什麼都還沒準備，你已傳達了正確資訊（「我們必須在十點前出門喔」），還提供了選擇（「你想帶什麼零食在車上吃？」），也說出了自己的感受（「太晚出門我怕會塞車耶」）。

A.告訴孩子：「算了，我要自己出門了。」

B.開始用威脅的口吻計時：「一、二、二又二分之一、二又四分之三……」

C.苦命地說：「看樣子我什麼都只能靠自己。」

D.直接說：「你好像不太期待去找表哥他們玩耶。」花五分鐘傾聽孩子的委屈、肯定他的感受，真的沒辦法再拖下去就說：「我們到了車上再繼續說吧。」

參考答案

1、C
2、D
3、B
4、C
5、D

回應解析：

1.

B.問孩子：「假如有人拉著你一條腿把你倒吊起來，你會有什麼感受？」我們很容易就會要孩子同理貓咪的感受。問題是，孩子（和一般人）通常會覺得這類問題無異於拐著彎罵人。孩子更可能會嘴硬（「好啊！最好把我倒吊起來！」）。即使他們也許曉得貓咪不喜歡這樣，也不會在你面前承認。當然，教導孩子從他人角度看問題很重要，但如果我們希望孩子把話聽進去，就不能用責備的語氣。你可以另外找時間和孩子坐下來，請他想想貓咪會怕什麼、喜歡玩什麼、又為什麼會發出呼嚕聲。

2.

D.直接說：「我的耐心用完囉！我要把這些東西全都丟到你房間！」把所有東西都丟到孩子房間裡唯一乾淨的地方，譬如床上。如果這個衝突一再出現，最好找時間與孩子一起解決問題（詳見第三章）。

4.

D.製作貼紙獎勵表，告訴孩子他只要乖乖完成功課，連續獲得十張貼紙，你買給他一輛全新遙控車。

動機相關研究[2]證實了歷來家長分享的經驗。雖然貼紙獎勵表可以在短期內激勵孩子聽我們的話，但從長遠來看，往往只會適得其反。一方面，獎勵也可能遭遇「通貨膨脹」。孩子可能會認為原有獎勵不再具有吸引力，反而會要求更多獎勵，才會去做起初你認為本應「自動自發」的事。另一方面，孩子可能會針對以往「無償」的責任也要求獎勵。「你要我打掃房間／擺餐桌／鏟車道積雪／遛狗嗎？我有什麼好處？」獎勵也會讓孩子投入活動的內在動機降低。舉例來說，孩子假如為了獎勵才讀書，就不太可能樂在其中。

最後，如果孩子未能完成工作，那誘人的獎勵就成了處罰，伴隨而來的是怨恨與敵意的情緒：「現在你沒機會得到很棒的獎勵了，都怪你自己當初沒做好選擇！」（有關處罰衍生的問題，詳見第三章。）由於獎勵解決不了問題的根源，即使說好的獎勵為何，孩子可能仍然難以開始寫功課。但在失去獎勵後，他內心的痛苦只會加倍。

重點整理

假如要孩子配合的方法不管用

1. 採取行動但不帶羞辱。

「我不能讓你打弟弟喔！」

2. 問自己「為什麼」孩子不願聽從你合理的指示，你可能需要……

a. **肯定感受。**

「你真的很想待在家裡耶，感覺今天沒心情上學。」

b. **滿足基本需求：飲食、睡眠和休息時間。**

你的孩子需早點上床睡覺嗎？還是要吃零食？或休息充電一下？

c. **調整期待、改變環境，不要改變孩子。**

「那我們晚上就先穿學習褲吧。」

d. **花時間重建親子關係。**

陪著孩子做他們喜歡做的事，像是閱讀故事、打電動、烤餅乾、蓋積木大樓等等……

第三章 處罰衍生的問題（與替代方案）

處罰的優缺點分析

處罰看似是針對不乖孩子的簡單解方，言下之意是：「如果你敢這麼做，我也會那樣對你。你絕對會後悔，以後就不敢再犯。」正是所謂的直截了當，整句話可以裱框護貝了。針對每種想得到的脫序行為，都可以詳列不同程度的處罰：衝到街上——用力打屁股一下；說謊——罰坐十分鐘；亂丟食物——壞小孩，不准吃甜點；亂咬哥哥或弟弟——給爸媽咬一口（不至於咬到流血，只是讓孩子知道痛）；偷東西——智慧型手機沒收一個月；數學考不及格——不准參加足球隊。類似的處罰不勝枚舉。

處罰衍生出的唯一問題就是，長遠來看其實一點用也沒有。

許多研究[1]顯示，受罰的孩子很可能會再次不守規矩。

優點：	缺點：
‧傳統 ‧常見 ‧滿足報復的衝動 ‧一堆機會可以施展創意，發明各種「合理的處罰手段」！ ‧沒有坐視不管就對了！	‧沒有用

- 處罰往往會引發孩子的憤怒和怨恨，而不是真正感到懊悔或願意以後改進。如果孩子因為捏了小寶寶而被打屁股或被罰坐在角落，就可能會對小寶寶和父母產生更大的敵意。我們都會一廂情願地想像孩子反省自己做錯的事，譬如：「天哪，我坐在角落這張椅子上突然領悟了一個道理！可愛的弟弟只是不小心推倒我的積木，我應該對他更溫柔才對。」現實中，他則可能只想到自己的處境：「我還要在這裡坐多久？」然後接下來惱羞成怒：「不公平！弟弟每次都不會被罵！」這種處罰無法鼓勵孩子對失手的小寶寶好一點，更何況小寶寶還霸占了父母全部的注意力。說不定他反而學會偷偷地欺負小寶寶。同理可證，青春期的孩子因為沒做功課而手機遭沒收後，不太可能突然對代數產生興趣，反而可能更討厭數學、對父母滿腹怨恨，然後暗地裡使用社群媒體。
- 處罰解決不了孩子行為不端的根本原因，也無法幫助孩子學會滿足需求的合理方法。正如一位老師所說：「每次都是同一群孩子被罰去角落反省。」想想看，有些孩子難以控制衝動，一生氣就亂扔東西。每次都發配邊疆不可能讓孩子學會其他處理挫敗的方法。下次他情緒激動，又會有東西飛來飛去，結果就是繼續回到角落反省。一次又一次下來，只會促使他更加認定自己是個壞孩子，況且次數可能會很多！當我們假設處罰是正確的作為，一旦處罰未能奏效，常見的補救方法就是採取更嚴厲的處罰。
- 處罰極為嚴厲時確實可能消除不良行為，但必然會造成其他傷害。嚴厲的處罰會導致孩子失去對父母的信任，造成他們內心恐懼、粗暴對待同儕，以及許多其他的心理問題。美國兒科學會（American Academy of Pediatrics）回顧了數十年的研究後，引用了大量證據[2]反對體罰（包括用手打屁股）。這些研究顯示，體罰與對父母、手足、同儕與配偶的粗暴程度相關，另外還有憂鬱焦慮發生率上升、親子依附關係遭到破壞、吸毒與酗酒比例增加、認知發展較為遲緩、學業成績較差、反社會行為也較嚴重。這些影響不只立刻出現在處罰後，更會持續到青少年時期，甚至伴隨孩子長大成人[34]。

- 最後，我們處罰孩子時，其實也在示範處理衝突的方式，孩子會有樣學樣。一旦他們看不慣別人的所作所為，就不會思考解決問題的方法，而是會想辦法給對方吃點苦頭，例如：「如果你不借我玩你的光劍，我就不邀請你參加我的生日派對喔」、「如果你繼續在我耳邊唱歌，我就揍死你」、「馬上滾出我的房間，否則我就摔爆你的手機！」

既然有了大量證據反對處罰，是否代表我們已身處溫柔的世界，每個衝突都能在充滿愛的氛圍中解決，頭上彷彿出現珍稀獨角獸與閃閃發光的彩虹呢？是否代表我們只要記得與孩子溫和地講道理就好呢？

「你有沒有和小孩相處過啊？」

實際上，即使我們一開始想要溫和又講理，有時仍得面對孩子的負能量與反抗。不知不覺間，我們把自己逼得退無可退，好像只剩處罰這個辦法了。何以如此？我們就來細細拆解溝通瓦解的過程：＊

＊以下為真實故事改編。

包裝成問題的命令

設法溫和勸說

直接下達命令

語帶責罵地警告

開始說教

情況愈來愈不妙，我大概得說清楚一點。
聽好了莉莉，你知道小寶寶喜歡把東西放到嘴巴裡。弟弟可能會被這些小東西噎到。你剛開始弄勞作的時候，就知道弟弟醒來要把東西收拾好。如果你連這個都做不到，那我之後就不准你在這裡做美勞囉……
囉哩叭嗦的，都是寶寶害的啦。
我不管啦！那是小寶寶自己笨。
GLUE

祭出處罰

這孩子就是要人家逼，不然永遠學不會教訓！
時間到，非得要我來收拾乾淨的話，你就別想拿回去囉。
不公平，爸爸最討厭了！
哪有這樣的，爸爸最討厭了！
GLUE

這位父親一開始的立意良善，提出了非常合理的要求，給女兒不只一次配合的機會，還說明她需要把東西收乾淨的原因。

當然也有一些誤判——命令、說教和威脅——但即使你做的全都「正確無誤」，孩子憤而抗拒時（可能是大吼大叫、踢來踢去、亂扔東西），你仍然不得不採取行動，總不可能在小寶寶不顧窒息危險把東西塞進嘴裡時，還無止境地給予孩子選擇、肯定他們的感受。

即使這次我們蒙混過關，衝突也不會就此結束。小寶寶明天還要睡午覺，大女兒一定又會想要做其他用到小零件的勞作。這位爸爸是否應該更加強硬，不准她進行美勞作業呢？那一定會讓父女之間的芥蒂加深，女兒也會愈來愈痛恨小寶寶的存在！

還是說這位爸爸應該讓步，再給不願配合的女兒一次機會？這可能反倒加深爸爸的不滿，同時讓孩子以為爸爸是紙老虎，因此可以任意忽視他的威脅。

幸好，還有第三種方法！一旦事態進展不順，害孩子愈來愈不滿，家長則懷疑起當初幹嘛要生孩子，就是解決問題的時機了。這個過程有助於親子重回同一陣線，到頭來，你不會再覺得孩子是打不倒的敵人，並且把孩子無窮無盡的精力，從反抗權威轉化成尋找解方，並且懂得尊重各方需求。

解決問題的步驟

行動前準備：假如雙方都在火氣上……先等等！在激烈衝突當下，不適合採取解決問題的策略。你得先等到心情平復，才會稍微有耐心。

我在想我們昨天為了收拾東西吵架的事情。
呃不會吧，我又要被罵了嗎？
你美勞作業做到一半，真的很難突然停下來喔。
看起來爸爸沒有要罵我。
你只是想要好好做完吧。
對啊，我本來快做好了。
爸爸好像可以聽懂，那我就多說一點吧。
小寶寶在家裡，有時候真的很不方便。
每次小寶寶睡午睡，我都要保持安靜，小寶寶醒來以後，我又不能繼續做勞作。
爸爸真的懂我。

步驟1　肯定孩子的感受

第一步驟最重要，千萬不要急！好好聆聽孩子說話，持續接納他的感受。你花愈多時間讓孩子看到你能理解他的觀點，到了第二步驟，孩子就愈可能願意從你的角度出發。

步驟2 描述當前的問題

這個步驟必須既簡短又精準！孩子面對長篇大論會自動放空，只要你按捺住不斷說教的衝動，避免滔滔不絕地說起孩子不收拾美勞用品的各種下場，溝通的效果就會比較好。

步驟3 請孩子提供點子

你當然不必非得逐條寫下，但這可能會有效果。孩子會覺得父母正是重視自己的想法，才會全部寫下來又唸一遍。設法讓孩子生出第一個主意，然後把所有點子都寫下來，即使有些明顯不恰當也沒關係，孩子看到誇張的建議寫成白紙黑字，可能會感到格外滿足。

步驟4 從中取得共識

這個步驟就是讓彼此都有權否決不適當的點子（看吧，你不必擔心小寶寶會被關到浴室了）。

步驟5 嘗試解決問題

這樣聽起來，好像光是要孩子從地板移動到餐桌就有夠辛苦。那為什麼不直接跳過商量，直截了當地告訴孩子「去桌子上做美勞，小寶寶就不會碰到了」呢？

爸爸也希望你可以完成勞作。問題是，我怕小寶寶誤食小東西而噎到。

我們需要想出一些點子，怎麼樣才可以讓你安心做美勞作業，又能確保小寶寶的安全呢？

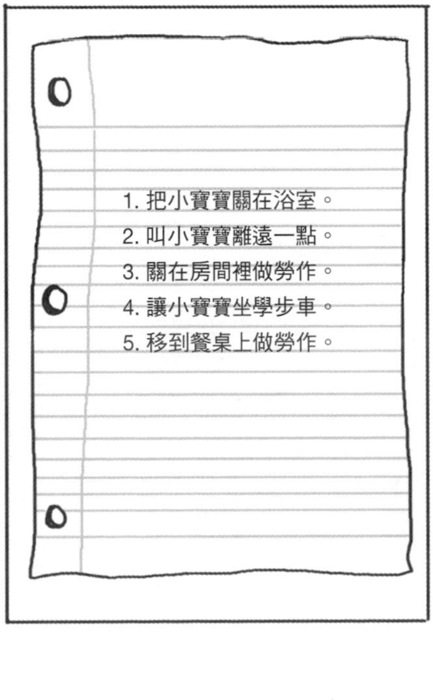
1. 把小寶寶關在浴室。
2. 叫小寶寶離遠一點。
3. 關在房間裡做勞作。
4. 讓小寶寶坐學步車。
5. 移到餐桌上做勞作。

你可以在餐桌上做美勞，但是我們要用報紙鋪好。
這個簡單。
嗯……如果我們把小寶寶關在浴室，他一定會哭耶。
可是又不可能跟他說離我遠一點，他又不會聽，我也不想一個人在房間做美勞啊。
1. 把小寶寶關在浴室。
2. 叫小寶寶離遠一點。
3. 關在房間裡做勞作。
4. 讓小寶寶坐學步車。
5. 移到餐桌上做勞作。
我們可以試試看學步車，給他坐在裡頭一陣子，他應該會很開心。
那我把東西放在地上給他踢。

你可以試試看，但孩子很可能不大情願。你邀請孩子一起解決問題時，共同想出的方法會對孩子更有吸引力，因為他參與了整個過程，本來是你的對手，現在成了隊友！此外，你也在教導孩子寶貴的生活能力：如何尊重各方需求又能解決衝突。

「我看你是活在平行時空吧？你知道我家整天下來有多少大小衝突嗎？不用整天，你曉得光是一個小時就有多少衝突嗎？如果每次都要放下手邊的事與孩子慢慢拔河來解決問題，那其他事情都不必幹了。」

好啦好啦，不是每個問題都得用這麼漫長的過程來處理。你可以把上述解決問題的流程，留給反覆出現、難以根除的棘手衝突。如果想要快速排除親子之間的小衝突，還有許多方法可以供你使用。

我們才剛叮嚀完孩子就犯錯時，很容易話一出口就攻擊孩子的本性。「**你看看你幹的好事！每次都不聽話！現在把廚房弄得亂七八糟！**」但這只會讓孩子想要辯解、產生敵意：「**又**

我們把清單貼在冰箱上，
下次需要的話再看。
我來貼！

不是我的錯，是你害我分心的！」假如我們能克制責罵的衝動，單純說出我們自己的感受（盡量使用「我」開頭，避免使用「你」指控），孩子才可能去思考發生的事，進而感到後悔。

處罰的理論是，我們得讓孩子心情變差，這樣他們才會學乖。處罰**確實會**讓孩子心情低落、對處罰自己的人感到生氣，卻**無法**鼓勵他們學乖。

想要孩子以後更懂事的方法之一，就是給孩子當下改進的機會。與其思考我們要對不乖的孩子祭出什麼處罰（或「後果」），不如把心力用在教導孩子如何彌補過錯。

給予選擇可以幫助孩子採納較適當的活動。既然我們已告訴孩子哪些辦法不可行，不妨也告訴他哪些辦法可行。下次他想雜耍表演時，就會找到不惹怒媽媽（或打破易碎物品）的方法。

假如眼前這個馬戲團小兔崽繼續無視你，你可能就不得不採取行動：沒收被拿來玩的水果、催促孩子離開廚房，讓他知道你討厭蘋果掉到地上後撞黑一塊。

我們和孩子發生衝突時，不只要在當下滅火，還要教導孩子如何解決意見分歧的狀況。我們希望孩子在未來遇到衝突時採取何種行為，就要先以身作則。無論他們屆時與另一半吵架、還是與老闆意見不合，都有辦法在不破壞關係的前提下解決衝突。

不要丟蘋果！
沒關係啦，
我不會弄掉。

嚴詞表達感受，但不責罵孩子
哎喲！我不想看到
水果爛掉或杯子碎
掉喔！
喔喔，
抱歉。

給孩子彌補的機會
這要清乾淨喔！這個罐子給你裝碎玻璃，這樣垃圾袋才不會被刺破。

提供選擇
下次你想要雜耍的話，可以用圍巾或是小沙包，然後確認附近沒有易碎的物品。
或是刀子。
不可以用刀子！你應該知道為什麼吧？
那就用小沙包囉。

情境演練

第一部分：找出以下解決問題過程中遺漏的環節

媽媽：諾亞，我們早上出門前總是狀況百出。媽媽真的受不了每天上班都遲到，我們得想想辦法，看怎樣才能準時出門。

諾亞：喔，我才受不了你每天都吼我咧。隨便啦，幹嘛現在講這個？我現在在回泰勒簡訊討論數學功課耶。

1. 為什麼媽媽得到如此帶刺的回應？她忘記哪兩個解決問題的重要步驟了？假如她記得這些步驟，可能就會說什麼？

我們再往下看：

媽媽：我們得想想辦法，看怎樣才能準時出門，又不會生彼此的氣。我覺得首先就是設定好你的鬧鐘，提早半小時起床。

諾亞：喔才不要咧，我不想要更早起。

2. 以上漏掉哪項解決問題的原則呢？媽媽還可以做什麼，提升兒子的參與感？

我們繼續往下看：

諾亞：你為什麼要我搭校車，不乾脆載我上學呢？這樣就可以早點出門，我也不會那麼趕了。

媽媽：可是不行耶，我上班會遲到，況且搭校車上學比較環保。

諾亞：（翻白眼）

媽媽：你這什麼態度！

3.這次又漏掉哪項解決問題的原則呢？兒子提出的建議不妥，媽媽還可以怎麼回應？

我們再往下看：

媽媽：那就約定好囉，你不用我提醒就會做好出門準備，但是假如不管用，你就要用自己的零用錢搭計程車。

諾亞：才不要，那我就蹺課！

4.為什麼想解決問題卻踢到鐵板？媽媽還能說什麼來鼓勵兒子配合？

我們再往下看（數星期後）：

媽媽：拜託，我真的拜託你快一點！算我求你！你真的會害我被開除耶，到時候全家都要流落街頭了，難道你想這樣嗎？

5.假如孩子還是搭不到校車，這位媽媽該怎麼辦？

參考答案▼

1.這位媽媽忘記要找個心情平靜的時刻再談話，起初也忘了肯定兒子的感受。假如她改變一下開場白，兒子可能會更願意考慮媽媽的需求。

媽媽：我最近都在想準時出門的問題耶，現在方便聊聊嗎？

一旦坐下來談，對話就可能如下展開：

媽媽：我發覺我們早上常常吵架吵不完耶，我吼你叫你快點時，你應該很不爽喔。

諾亞：對啊，而且你還喊「專心點！」真的很討厭，我不用你告訴我要做什麼。

媽媽：噢，所以你特別討厭那句話囉。

諾亞：對啊！

2. 通常，最好交給孩子想出第一個點子。我們太快介入的話，等於在暗示我們並不在意孩子在解決問題過程中的意見。只要靜靜等候孩子的想法，就是在尊重他們思考問題的能力。

媽媽：我們要想些辦法，怎麼才能準時出門，又不會搞得彼此抓狂。想看看有什麼點子吧，媽媽會寫下來。

等一下……再等一下……數到五……再等一下……再數到五，假如等半天孩子好像都沒反應，你可以先拋出異想天開的主意：「我們可以用瞬間移動的光束，你就不必搭校車，可以馬上出現在學校啦。」

3. 你與孩子腦力激盪時，務必要把**所有點子**都寫下來，先不要給予價值判斷。就算你超不想當兒子的私人司機（「想都別想！」），仍可以對兒子的願望表示認可，這只要寫下來即可無痛完成。如果他一說出想法就被你斷然回絕，孩子就會覺得沒必要繼續動腦。也許可以參考以下回應：

媽媽：喔，你希望我載你上學，早上就有比較充裕的時間。那我先寫下來：「載諾亞上學」好，還有呢？

把孩子的想法寫下來，就表示尊重他的想法。不要擔心，單純寫下來並不代表就必須實現！到了第四步驟，你就有機會說：「我不太能接受這個建議。假如我先開車送你上學，我上班就會遲到耶。」

4. 問題討論到最後，務必帶著善意與樂觀的態度結束。如果你最後語帶威脅，就等於在扯自己後腿。想想看，你與伴侶或同事解決了問題，最後卻反而遭受威脅，你會作何感想？如此一來，你會更想或更不想採取自己的辦法呢？

媽媽本來可以說：「好唷，我們想好計畫了！那就來執行看看吧！」

就算雙方同意的解決方案最終失敗，還會有很多機會可以採取行動。

5. 如果你的計畫無法奏效，不妨再與孩子坐下來討論其他新的想法。

媽媽：好失望喔！我們好不容易想出了計畫，成功實施了一陣子，現在卻又遇到相同的問題。我們要找新的點子了。

也許你覺得是該採取行動了：

媽媽：媽媽上班不能再遲到了喔。從現在開始，你錯過校車的話，可以騎腳踏車或搭計程車上學（或適合你居住地點的交通方式）。

第二部分：處理以下狀況但不處罰孩子

狀況一：你的六歲孩子老愛騎滑步車撞牆壁，無視你一再的警告。

1. 強烈表達你的感受：

2. 給予孩子彌補的機會：

3. 提供選擇：

4. 採取行動但不帶羞辱：

狀況二：正值青春期的孩子向你借了雙高級靴子，要穿去參加朋友家的派對。她千拜託萬拜託，還發誓會完好如初地歸還，你最後才答應借給她。結果，她回到家卻沒把靴子穿回來！原來，她穿到後來腳開始痛，便向朋友借了雙夾腳拖，轉頭就把你的靴子給忘了。

1. 強烈表達你的感受：

2. 給予孩子彌補的機會：

3. 下次孩子向你借東西時，採取行動但不帶羞辱（保護本人或保護物品）：

4. 提供選擇：

參考答案

狀況一：

答案一：哎唷，我不喜歡看到車車撞到牆壁耶！這樣會留下痕跡喔。

答案二：來，給你菜瓜布和清潔劑把痕跡清乾淨。

答案三：你可以繞著交通錐騎滑步車，或者你想撞東西的話，就撞懶骨頭沙發椅吧。

答案四：我要把滑步車收起來囉，你現在很想撞東撞西，但是我不希望牆上留下痕跡，我們去玩其他東西吧。

狀況二：

答案一：我真的很難過耶！那雙是我最好看的靴子，好擔心它們不見喔。

答案二：要是你現在打電話給朋友，請她幫你找靴子，然後明天找時間拿回來，媽媽心情就會好一點。

答案三：我應該暫時不會把衣服借別人了，就不用擔心自己的東西會不會不見。

答案四：你可以去自己的衣櫃找找看，或者用零用錢買喜歡的靴子。

重點整理

處罰的替代方案

1. 嘗試解決問題流程。

行動前準備：避開生氣或不耐煩的當下，等到心情平復再說。

步驟一：肯定孩子的感受。
「你美勞作業做到一半，真的很難突然停下來喔。」

步驟二：（簡短）描述當前的問題。
「問題是，我怕小寶寶誤食小東西而噎到。」

步驟三：請孩子提供點子。
「我們需要想出一些點子，怎麼樣才可以讓你安心做美勞作業，又能確保小寶寶的安全呢？」

步驟四：從中取得共識。
「我會把東西都擺到餐桌上。」

步驟五：嘗試解決問題
「我們去拿一些報紙來鋪餐桌吧。」
假如你沒時間進行以上解決問題的流程：

2. 強烈表達你的感受，但不要責罵孩子。

「媽媽／爸爸看到水果撞黑和碎玻璃，心情會很差唷。」

3. 給予孩子彌補的機會。

「這要清乾淨喔！這個罐子給你裝碎玻璃。」

4. 提供選擇。

「下次你想要雜耍的話，可以用圍巾或是小沙包喔。」

第四章

讚美的陷阱——我們都誇獎孩子了，他們為什麼還這麼惡劣？

大家都曉得孩子（和一般人）聽到正面回饋就會表現更好。假如我們凡事只會批評、指出各種錯誤和失敗，就有可能害孩子徹底喪失信心，從而失去繼續努力的意願。

所以我們不斷地誇獎和稱讚孩子，然後又擔心……讚美是否不夠？是否應該誇大其詞強化孩子的自尊心？還是我們給了太多讚美？多到他們無法正視真實的自己？一旦他們發覺自己其實並沒有那麼厲害，這些讚美是否會害他們一敗塗地？我們應該如何拿捏鼓勵孩子的話語呢？

以上這些問題也許幫不上忙。最近的研究顯示，真正的差異在於**讚美的類型**，而不是讚美的多寡。我們想要鼓舞和激勵他人時，挑選的用語非常重要！包裝成讚美的評價或批判，不見得能達到我們想要的效果。

有時，我們誇獎孩子是希望他們看到自身優點，這樣就會立志追求更大的成就。這裡出了什麼問題呢？**評價型讚美**——例如稱讚孩子有天分、聰明、完美——可能會阻礙孩子的學習過程，進而壓抑孩子嘗試的意願。獲得大量評價型讚美的孩子，面對全新挑戰時往往會喪失信心，可能會認為與其堅持執行困難的任務、暴露自己的短處，還不如在自己表現超前時主動放棄。

研究人員發現[1]，相較於「無天分」的孩子，許多獲譽「有天分」的孩子後來遇到無法輕易解決的問題時更加辛苦，其中原因不難想像。「有天分」的孩子無法快速獲得答案時，自我形象就會重重

女孩子需要更多正面回饋，才不會放棄數學。我要多多稱讚她的能力，她才會有動力繼續努力。
你很有數學天分耶！明年應該報名進階數學才對。
我才沒有天分，我連二次方程式都算不好了，之後只會愈來愈難。
但是剛好撞到我的練團時間耶。

描述努力
我發現你只要遇到很難的數學題目，就會努力嘗試不同的解題方法，明年說不定可以選修進階數學喔。
對耶，我不會隨便放棄。
嗯，我會想想看。

受挫。有些孩子會因此焦慮起來，萌生放棄的念頭；有些孩子可能會擺出厭煩或不服的姿態，以免辜負父母和老師給予的正面評價。

那我們應該如何對待孩子，才有助他們發揮最佳潛力——即展現我們樂見孩子成功，同時提升他們的信心和意願，以迎接更大的挑戰呢？

激勵孩子的方式之一是**如實描述他們的努力**。孩子的努力獲得注意和肯定時，等於在告訴他們有可能克服逆境。過程的艱辛不代表軟弱或缺乏天分，而是值得引以為榮的事，反映個人能力不斷成長。

我們看重孩子的努力時，孩子就會發現自己的能力並非固定不變，而會隨著努力而成長。擁有成長型心態的孩子，較可能在面對全新的艱難挑戰時不斷嘗試。

有時，孩子情緒低落或不知所措時，我們都想用讚美來打一劑強心針。

「厲害」和「超讚」等浮誇形容詞假如與孩子的認知不符，他們往往很難接受。這類讚美往往會令他只看個人缺點、忽略優點。假如孩子表面上接受了父母的讚

他看起來好沮喪喔，那我來誇獎他的表現、提升他的信心吧！
剛才表現得超讚的！你的技巧愈來愈純熟了。
他只是說客套話而已，我有兩顆球沒接到，對手得分都是我的錯。
才沒有咧，全隊就屬我最爛。

美，可能會導致其他問題。我們沒有讓孩子對自身能力有正確的認知。「厲害」和「超讚」還可能進步嗎？這樣何必還要努力精進自己呢？

我們得想辦法取代這類華而不實的形容詞！

舉例來說，我們可以**描述孩子的進步**，這既展現支持又符合現實：

我們要是只有**全面性的讚美**（你是個很棒的哥哥、一流的作家、完美的父母），可能會讓人覺得是操弄的手段，還可能讓人懷疑我們不誠懇或眼光有問題。在上面情境中，孩子曉得自己當哥哥並沒有「很棒」，媽媽不是在撒謊，就是腦袋有問題。無論如何，他都要清楚表示立場！

最後那句「只要你有心」是包裝成讚美的批評。「大部分時候，你都沒心啦！」如果你的另一半對你的誇獎是：「看吧，我就知道你只要有心，就能準時煮好晚餐嘛！」你聽了會開心嗎？

你是否開始覺得，乾脆閉上嘴巴以免說錯話呀？不要害怕，解決這種狀況的辦法很簡單。與其虛情假意地

我老是責備他對弟弟很粗魯，應該稱讚他今天對弟弟特別溫柔，他才會繼續保持。
哥哥真的很棒耶，你只要有心也做得到嘛。
有時候我真的懶得管，他動不動就來煩我。

描述對他人的影響

弟弟真的很喜歡蓋積木，非常期待跟你一起玩耶。
我可以當好哥哥。
那我教他怎麼蓋出超高的塔好了。

誇獎孩子，不如**描述孩子行為對他人的影響**，孩子就可以自行得出結論。

最後，我們有時稱讚孩子，是因為他們渴望得到親朋好友的關注（「媽媽你看，放手也能騎！」）。我們想滿足他們追求認同與獲得肯定的渴望。

太棒了！完美！太讚了！漂亮！厲害喔！奇怪的是，這類讚美顯得既太多又太少——太多是因為浮誇形容詞給人的感覺並不真誠，太少則是因為聽起來很普通又隨便。爸爸真的好好看過嗎？是真的喜歡還是說說而已？脫口說出「厲害喔」很容易，但仔細觀看孩子展示的東西比較難。孩子經常會回答：「可是你真的喜歡嗎？」

師長能做什麼來滿足孩子尋求認同的需求呢？你可以花點時間**描述眼前所見**，假如有空還可以**提出一個問題**，既能展現個人的關心，也能給孩子詳細說明的機會。大人花時間和心力去關注成果的細節時，孩子便可能會感到心滿意足，甚至有動力更上一層樓。

以上的大人都沒有誇大其詞，沒有誇大孩子的成果、造成名不副實的印象，反而還提供了有用的回饋，讓孩子對自我成果有準確的認知。

這章你讀得很認真唷，有始有終可以獲得一顆星星貼紙。我們早知道，只要你有心就辦得到（懂了吧，包裝成讚美的批評有夠討厭對吧？）。現在，你可以拿孩子實驗一下，用描述事實的方式來稱讚，看看會帶來什麼效果。

描述眼前所見或提出問題

情境演練

按照以下情境，選擇適當的回應，避免給予評價型的讚美，而是具體描述努力、進步、對於他人的影響與眼前所見，或者提出問題展現自己的關注。

1. 你與孩子在賣場收銀區排隊等結帳。孩子居然在幫你把東西擺到輸送帶上，不像以往只會去亂拿陳列架上的糖果和口香糖。你想要鼓勵她繼續保持！

A. 乖女兒！你真是媽媽的小幫手。

B. 媽媽喜歡你這麼懂事的樣子，不再像個年幼孩子一樣亂拿糖果。

C. 你把所有罐頭都堆在輸送帶上耶，真是幫了大忙！

D. 今天表現得這麼棒，等等買冰淇淋甜筒給你吃。

2. 孩子辛苦地練習著一首很難的鋼琴曲子，向你抱怨道：「這首太難了。」你想鼓勵他繼續加油。

A. 才沒這回事，聽起來很悅耳呀，你彈琴很有天分耶。

B. 第二樂段那些附點八分音符真的很不好彈耶，不過聽起來你只要左手不彈和弦，其實已經慢慢開始抓到感覺了。

C. 不要放棄！我相信只要你持之以恆就會掌握訣竅，反正好好練習就對了。

D. 前奏聽起來很棒，不過第二樂段要再多花點時間熟悉。那些都是附點八分音符，不是四分音符，你彈的節奏慢下來了，應該用節拍器輔助。

3. 在下了一場大雪後，孩子把車道上積雪都鏟乾淨了，得意地向你炫耀自己的成果。

A. 你看，你只要有心就做得到吧？真難得看到你會主動幫忙，沒有光坐在沙發上滑手機。

B. 車道看起來很乾淨唷，但是屋子到車子那段步道沒鏟乾淨，那段才最重要。

C. 厲害唷！

D. 哇，你鏟掉厚厚一堆雪耶！這是很浩大的工程唷，而且你還一路鏟到外頭的街上。

4. 孩子有份功課是要畫出字母D開頭的東西。他畫好了一隻恐龍後，卻把圖畫紙揉成一團扔在地上說：「我畫不出來啦！恐龍的臉怎麼畫都很怪！」

A. 盡力就好，這才重要。

B. 噢不會吧，小乖，不要揉成一團嘛，讓我看看……這畫得很像啊！

C. 是喔，我看到一隻紫色恐龍，身上有綠色條紋和可怕的尖牙。但是你不喜歡恐龍的臉，希望畫得更好對吧。

D. 好啦夠了沒，不要哀哀叫了，畫個甜甜圈（donut）就沒事了嘛！

5. 孩子自己打掃好房間，還把架子排得整整齊齊。

A. 你的房間看起來一塵不染耶！真了不起！
B. 妹妹長大囉！房間看起來煥然一新！真希望弟弟也懂得打掃，他房間根本就是豬窩。
C. 房間這麼乾淨不是很舒服嗎？現在就要看看你能維持多久。
D. 哇，你辛苦整理好了耶！不但清空了整個桌面，還把髒衣服放進洗衣籃裡，連架上的小箱子都整理好了。

6. 孩子給你看他製作完成的電腦動畫。
A. 哇，你是怎麼把動作弄得這麼逼真的？
B. 很不錯喔，小寶貝，不過你開始寫功課了嗎？
C. 太棒了！我敢打賭你比班上其他同學都厲害多了。
D. 寶貝就是這麼有創意！

7. 想想最近一星期孩子所做值得稱讚的事。她／他做了什麼？你會說什麼來描述孩子的努力、進步、對他人的影響、你眼前所見，或問什麼問題表示自己關心？

參考答案 ▶

1、C
2、B
3、D
4、C
5、D
6、A
7、答案都填得很棒唷！
（玩笑話別當真呀。）

回應解析：

獎勵

1D今天表現得這麼棒，等等買冰淇淋甜筒給你吃。

我們看到孩子的行為符合期待，很容易就會想給予獎勵。問題是，獲得獎勵的孩子就失去了內在動力。研究一再顯示，一旦取消了獎勵後，相較於當初未獲獎勵的孩子，獲得獎勵的孩子反而較不會重複當初得到讚賞的行為。下次孩子在結帳區幫忙時，就又會期待得到一個冰淇淋甜筒（或是通膨成兩個），還可能會因為沒有冰淇淋而拒絕幫忙[2]。

描述努力

2C不要放棄！我相信只要你持之以恆就會掌握訣竅，反正好好練習就對了。

C這個回答是陷阱！要人努力與描述努力並不一樣。

批評

2D前奏聽起來很棒，不過第二樂段要再多花點時間熟悉。那些都是附點八分音符，不是四分音符，你彈的節奏慢下來了，應該用節拍器輔助。

即使批評本身有道理，對於練習已碰壁的孩子來說，逐一指出他做錯的地方，只會令他更加氣餒。與其指出十個缺點，不如發現一個優點，更能鼓舞孩子再加把勁。如果我們非得要提醒孩子尚待改進的部分，最好先語帶欣賞地描述他目前的成果，然後一次只指出一個缺點，這樣孩子會比較容易接受。

肯定感受

4C是喔，我看到一隻紫色恐龍，身上有綠色條紋和可怕的尖牙。但是你不喜歡恐龍的臉，希望畫得更好對吧。

孩子感到挫敗時，更重要的是肯定這份感受，而不是一味地給予讚美，因為這有違他的主觀感受。

帶刺的提問

3A你看，你只要有心就做得到吧？真難得看到你會主動幫忙，沒有光坐在沙發上滑手機。

5C房間這麼乾淨不是很舒服嗎？現在就要看看你能維持多久。

這兩個回答都是陷阱，雖然家長看似是在問問題，但並不是展現關心的問題，而其實包藏著批評。

與人比較

5B妹妹長大囉！房間看起來煥然一新！真希望弟弟也懂得打掃，他房間根本就是豬窩。

6C太棒了！我敢打賭你比班上其他同學都厲害多了。

我們稱讚孩子時，很容易就把不同的孩子拿來比較，但結果通常會慘不忍睹。我們不希望孩子因為彼此的成功而討厭對方或倍感威脅；孩子也不應該覺得要獲得父母的認可，得先仰賴他人的失敗或缺陷。我們希望孩子在幫助弟妹、與同學合作時，都可以從中感到充實。

重點整理

適當的讚美方式

1. 描述努力。

「我發現你只要遇到很難的數學題目，就會努力嘗試不同的解題方法。」

2. 描述進步。

「你擋下的球已經遠遠超過賽季開始的數量了。」

3. 描述對他人的影響。

「弟弟真的很喜歡蓋積木，非常期待跟你一起玩耶。」

4. 描述眼前所見。

「噢，你把麵條塗成淺綠色，加上金色亮片，還拿一條細繩穿過那些超小的洞洞耶。」

5. 提出問題。

「怎麼會想到用麵條來做項鍊呢？」

PART 2

疑難雜症篇

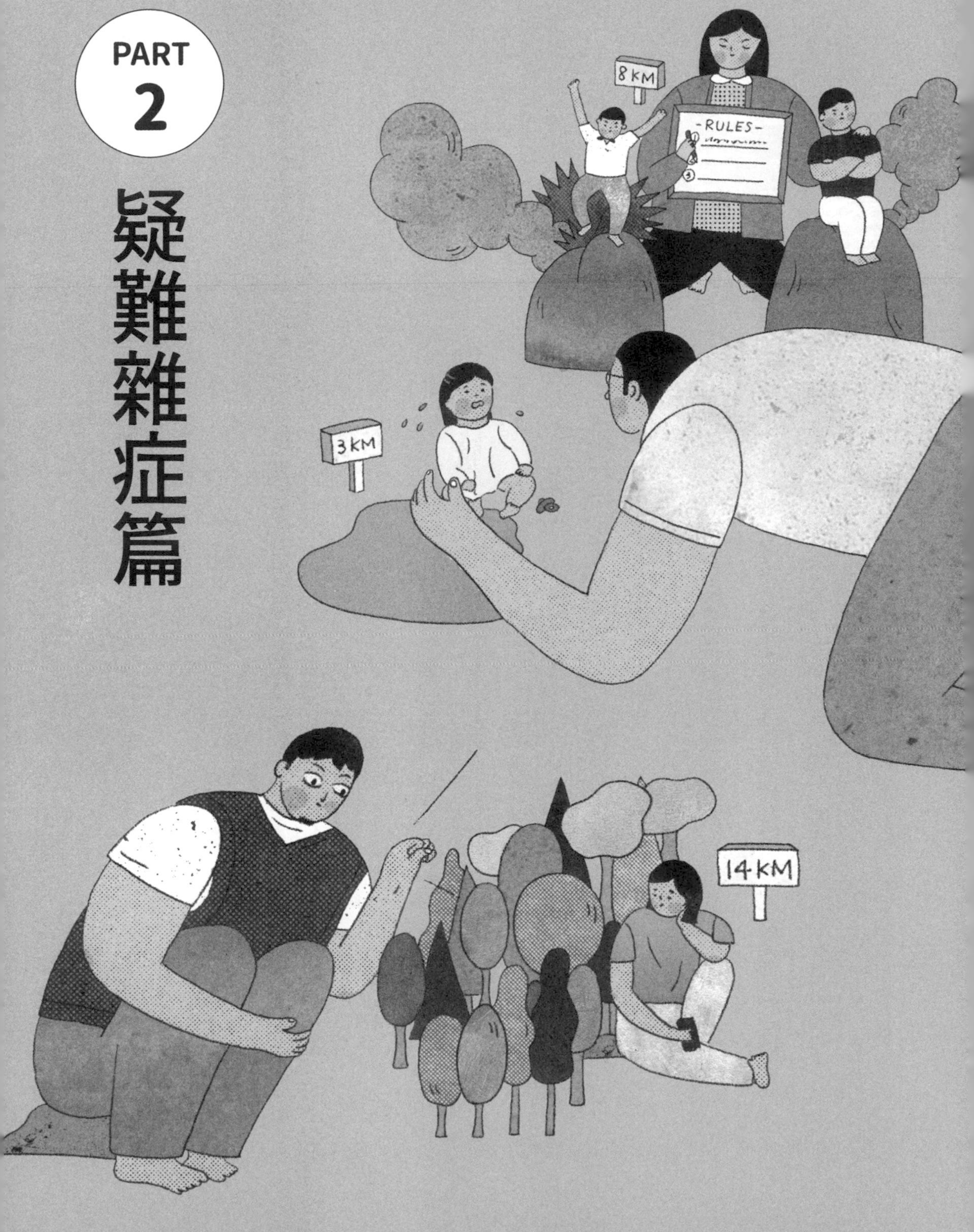

自從我們出版了《讓小小孩瞬間聽話的說話公式》，至今已收到來自世界各地讀者共一千多封信。許多人都詢問如何處理棘手的親子衝突，或分享自己運用不同溝通方法來應付孩子（學生、配偶、同事或姻親）的經驗。在本書第二部中，你會看到讀者或工作坊成員的問題、相關答案與個人經驗。這次我們也納入面對大孩子時會遇到的狀況，希望幫助目前面臨青少年教養難題的讀者。

本書第二部不必照順序閱讀，可以直接跳到你需要的章節。

第一單元

每天帶小孩都像一場硬仗

第一章

我受夠了！——孩子無理取鬧時，究竟該怎麼辦？

許多家長和老師告訴我們，學會接納感受的方法對親子關係影響深遠。但我們也收到一大堆經驗分享，全都可以歸納為一個主題：「我受夠了！」

孩子有些感受似乎不值得我們同情。有時我們就連替孩子找理由都很難，實在無法進一步接納感受。

以下例子全都來自現實生活中倍感挫敗的家長在工作坊的分享：

「氣」炸了

上週末，我們參加了一場生日派對。所有孩子都拿到了氣球，我還刻意讓家中雙胞胎拿到相同大小與顏色的氣球。但想也知道，我們剛到家，珍娜就開始發牢騷，說不太滿意自己的氣球，想要換艾拉的氣球。我就說：「老天爺，不要吵，你太任性了！氣球明明一模一樣啊！」整個晚上她都在哀哀叫、生悶氣，我真想拿根針走到房間，把兩個氣球都戳破，這樣就沒得吵了。你實在不得不承認，有時候孩子會無緣無故地發牢騷，只是為了引起別人的關注，我不想鼓勵這種行為。

搶樹枝

我家的孩子會為了樹枝吵架，大寶找到一根樹枝，二寶就要大寶手中那根，完全不管我說院子到處都是樹枝，根本不必執著於同一根。我告訴兒子：「姊姊手中那根樹枝沒什麼特別的，你出去撿自己的來玩，外面還有好幾百根呢！」你用腳底板想都知道這話有沒有用。

小敗家女

我們家女兒無視我們教導的價值觀時，我很難去接納她的感受。瑪麗安娜今年十二歲，都會上網找自己想買的東西，有次給我看了一雙售價兩百二十九美元的運動鞋，硬是說自己「非買不可」，因為同學都有那雙鞋。我才不要肯定這種感受！我最不想要鼓勵十二歲的孩子花大錢追求時尚。我要防患未然啊！

這些時刻都是在考驗著我們！假如我們能找到方法肯定孩子的感受（看似再不合理也一樣），就更有機會讓孩子釋懷。但這要怎麼表達呢？

「感覺你不太喜歡這個氣球耶。雖然我覺得兩個看起來一樣，但是你看上了姊姊的氣球有特別的地方。」

孩子做出回應時，你可以繼續肯定感受：「噢，你不喜歡自己的氣球因為結沒打好所以飄起來歪歪的嗎？而且看起來比較不圓。」

我們不是要你跑到派對用品店買新的氣球，因為光是你接納孩子的感受，就有助她冷靜下來，當然也許冷靜不下來，孩子可能需要好好哭一下，有時癥結並不是氣球本身。我們以為生日派對是個可以開心很久的場合，但假如四歲的孩子沒有機會揮棒打裝滿糖果的皮納塔（Piñata）、拔河比賽時腳被踩到、沒有獲得想要的獎品（拿到的獎品偏偏又在回家路上壞掉），又因為吃太多蛋糕和冰淇淋而肚子痛，她可能一回到家，就會為了氣球的事忍不住大哭。孩子的一天常常充滿小小的挫折、煩惱和失望，全都會累積起來。我們接納孩子的感受，而不去質疑他們當下的對錯，就可以給他們安慰（「噢，你想要不一樣的氣球呀！你一點都不喜歡這個氣球對吧！」）。孩子莫名其妙地哀哀叫只是在尋求關注時，我們可以單純給予關注來滿足他們的需求——就是從我們身上獲得情感的慰藉。

「但遇到上面樹枝的狀況怎麼辦？明明附近有很多樹枝，孩子卻偏偏想要姊姊手中的那根，你還能說什麼呢？」（這真的有夠麻煩！）

「你覺得姊姊手上的樹枝很特別喔，雖然院子裡還有很多樹枝，但是你還是比較喜歡姊姊撿到的那根，感覺就是不一樣。」

討論當然不可能就此結束。孩子絕對會吵著說，姊姊的樹枝比較直一點點。

你其實不必反駁孩子。當然，你會有股衝動想說兩根樹枝根本一樣直。我們確實可以試著說看看。問題是，即使你吵贏了，還是輸了，因為我們依然要與「吵輸」的孩子生活。

與其如此，倒不如繼續肯定孩子的感受。「喔！所以你喜歡超級筆直的樹

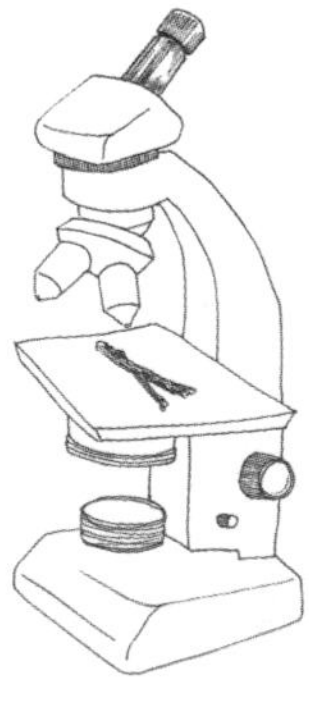

枝嗎？要不要我幫你找其他超直的樹枝，還是你想要自己找看看呢？」（注意，這裡我們好聲好氣地提供選擇來幫孩子釋懷。）

「那吵著要運動鞋的孩子呢？假如我們讓步買了貴得離譜的鞋子，會不會害孩子變得養尊處優、重視物欲呢？」

藉由接納孩子的感受、不去責備她的願望，我們更可能教導孩子成為聰明的消費者。這也是用想像力實現願望的大好機會。「你真的很愛那雙底部有鋸齒圖案的運動鞋喔，真希望它們可以便宜一點，像是突然跳樓大拍賣只要一折，那就太棒了。」專心聆聽孩子吐露自己喜歡那雙運動鞋的原因。等孩子說完後，你可以說：「那問題來了，我們現在有＿＿＿（填入金額）可以用來買新運動鞋，你想要到賣場找找看有沒有喜歡的鞋子，還是你想要上網看看售價＿＿＿以下有哪些選擇呢？」

回頭看看我們剛才使用的所有方法：肯定感受、運用想像力實現願望、提供選擇、給予孩子貨比三家的主導權。

「但假如孩子對痛苦的耐力比你高，你卻沒耐心聽下去了呢？大家都只是普通的父母，沒有超能力，究竟能忍受孩子為一顆氣球、一根樹枝或一雙超貴的鞋子哭鬧多久？」

盡力而為，忍不下去就不要再忍了。一旦你讓孩子知道你明白他們的難過，就可以先行抽身，但要語帶同情，不要辱罵！注意你最後的用詞，不要說：「哎唷我拜託你，不要只想到自己好不好，人生只會愈來愈苦。如果你連氣球飄歪都受不了，以後只會更慘！」

不妨讓孩子知道你站在他們那一邊，即使不是真的在他們身邊也一樣。你可以坦誠地描述自己的感受：「我現在沒辦法聽你抱怨氣球了耶，因為我要到廚房開始準備晚餐。等你冷靜下來，可以來幫我洗菜瀝乾喔。」你也可以提供選擇幫孩子釋懷：「那你想在氣球上畫張臉美化一下呢？還是想讓氣球維持本來的樣子？」

早在十七世紀，哲學家帕斯卡（Blaise Pascal）就指出：「人心有理非理之理。」即使在數千年前，古希臘人可能也渴望擁有一雙自己買不起的涼鞋，大概就是那種有金色流蘇的涼鞋吧？

無論是小孩或大人，你都不可能說服他們戒除內心的渴望，無論是氣球、樹枝或鞋子。正在閱讀這段文字的你，勢必都想得到自己渴望已久但超出預算的奢侈品（一輛藍寶堅尼、一棟濱海別墅、一台七十吋具環繞立體音響的液晶電視、一名全職保母）。肯定感受並不代表就得予以認同，也不代表我們任由孩子為所欲為。我們先懂得接納孩子不理性或沒來由的感受，孩子也會較容易接受現實。

親職現場的真實故事

綠色的細線條

快滿四歲的拉胡爾有一個小筆記本，他老愛用原子筆在上面塗塗寫寫。有次，他「書寫」了整整一頁。

回過神來，只見他嚎啕大哭，因為紙上有綠色的線。

我：怎麼了？

拉胡爾：這一頁都不能寫了，我的東西上面有綠色的線。

通常我會說：沒關係嘛，你再翻到下一頁寫就好啦，而且綠線當初是你畫的呀！但這話行不通。

這次，我嘗試肯定他的感受。

我：噢天哪，你不喜歡這樣吧。

拉胡爾：不喜歡！

我：你想要寫在整張乾乾淨淨的紙上。

拉胡爾：對啊！

我：現在這整頁都不能寫了。

拉胡爾不再哭泣，但仍然十分難過。

我：我們可以怎麼辦呢？這條線也擦不掉。

我的兩歲兒子在一旁從頭聽到尾。他拿起一款桌遊的棋子（我們家到處都散布桌遊的棋子，大家現在都沒辦法好好玩了），把它放在綠線上方，然後說：「貼起來！」拉胡爾非常喜歡膠帶，所以躍躍欲試。兩歲兒子跑去拿另一枚棋子（畢竟到處都是），把膠帶貼在綠線上方。拉胡爾很滿意這個解決辦法。真是救援成功。

我要冰

上週像往常一樣，我們上幼兒園又要遲到了。我終於把伊莎貝爾抱到汽車座椅上，接著得下車去刮掉車窗上的結冰。我沒有戴任何手套，手指都凍僵了，心煩意亂！我開始刮伊莎貝爾前面的車窗時，只見她的小臉皺成一團，嚎啕大哭。我打開車門，問她怎麼了，她邊哭邊說：「不要把冰弄掉啦！」在參加這個工作坊之前，我大概會說：「喔抱歉抱歉，但是這樣我才看得見車窗外面呀。」我真正的意思是，你幹嘛一直無理取鬧？但我那次卻說：「噢，你不希望冰被刮掉喔！」

她抽泣著說：「我想看冰融化啦！」

我說：「噢，你想看冰融化，那一定很失望！」我接著說：「問題是，如果我不從這面車窗往外看，就沒辦法倒車離開車道了，然後會撞到別人家的車耶。還是說，我們不去刮掉對面車窗上的冰，你就可以看它融化了。」

她卻說想看到自己的車窗有冰。

我繼續肯定她的感受：「噢，你希望座位旁邊的車窗上就有冰喔！嗯……那要不要我在另一面車窗上留點冰給你呢？」她終於同意了。後來一路上氣氛愉悅。

湯瑪士小火車

我帶湯湯和他妹妹去植物園參觀湯瑪士小火車聖誕特展。兩個孩子要走到最前面對麥克風說話，假裝自己是火車司機。湯湯超喜歡，一連玩了三次。興奮得不得了，畢竟湯瑪士就是他的名字！妹妹最後只玩到一次。回家路上，湯湯開始抱怨自己沒玩夠。我聽了一肚子火，想說他明明玩夠多次了，應該要知足才對！

但我忍了下來，反而告訴他：「哇，你真的很愛當火車司機耶。可以的話，你就算玩一百次也不會膩對吧。」然後我忍不住又說：「雖然你玩了三次，妹妹只玩了一次，但是一定不夠。」

他聽了我的回答很滿意，然後說對啊，他長大以後想當火車司機，還會開火車載全家人到處去玩。這件事順利落幕。但我發現，在說出湯湯的感受之後，他非常大方地把全家人都納入自己的夢想。

鬆餅與煎餅

艾瑪想要吃鬆餅當早餐，但鬆餅才剛上桌，她卻吵著要吃煎餅。假如我沒有參加這個工作坊，肯定會指責她無理取鬧，就算知道這會惹她生氣也在所不惜。不過，我們後來的對話如下：

艾瑪：我不要吃鬆餅！我要吃煎餅！

我：啊，你想吃煎餅喔，可是卻只有鬆餅，好討厭！你覺得很煩吧。

艾瑪：真的很煩！……咦？有松鼠耶！

她居然吃起了鬆餅。

我差點就要數落她明明當初指定鬆餅又反悔，幸好最後沒有自討苦吃。

只想到自己的青少年

一場暴風雪害得全鎮都停電，估計要一星期以上才會恢復。我九十歲的母親與我們同住，我擔心她沒暖氣會著涼，就替全家訂了一間飯店。可是我叫十五歲的女兒去收拾行李時，她卻鬧起脾氣。

「哪有這樣的啦，不公平……我才不要去住飯店……你不能逼我……學校停課，同學說好要一起玩……都是你害的啦！」她氣沖沖地跑到床上生悶氣。

我腦海裡閃過無數念頭：「你怎麼能這麼自私？你希望阿嬤生病嗎？為什麼不趁這個機會好好陪她一下？明年她說不定就不在了。現在大停電，同學還能去哪裡玩？沒有電視、沒有電腦、不能洗澡、不能動不動就打開冰箱找東西吃。你知道多少人被這場暴風雪害得多慘嗎？你滿腦子卻只想到自己！」

我在腦海讓這些念頭跑完之後，就走進她的房間，語帶誠懇地說：「我可以理解你有多麼失望，畢竟你真的很想待在家和同學一起玩。」說完，我就離開了房間。

五分鐘後，她走進廚房，與高采烈地幫大家收拾行李。真是神奇，簡直像魔法一樣。

另一個水瓶（工作坊上對話紀錄）

一號媽媽：我們當時從沙加緬度開車回家，剛在主題遊樂園玩了一整天，車上氣氛十分開心。到家五分鐘前，我兒子開始哀哀叫，說他想用另一個水瓶喝水。我好聲好氣地說我們快到家了，爸爸開車速度已經很快了，沒想到兒子大哭起來。我只好把水從一個瓶子倒進另一個瓶子，然後再把瓶子遞給他，他卻又抱怨水不夠，說自己渴得受不了，可是我給他的水一口也沒喝！我們再兩分鐘就到家了，我真的說不出任何同理他的話，我知道自己應該「接納他的感受」，可是老娘實在累翻了，連了解他的感受都沒力氣，完全說不出任何好話。你是怎麼辦到的啊？

二號媽媽：我完全懂耶。焦頭爛額的時候，真的想不到該說什麼。不過現在坐在這裡比較簡單，我會說，你應該告訴兒子：「真的，要是水裝在你喜歡的瓶子裡就好了！要是裡面的水夠你喝就好了。」

一號媽媽：是啊，我當時想得到那就好了，下次再看看囉。

重點整理

孩子無理取鬧時，究竟該怎麼辦？

1. 肯定孩子的感受，無論是否合情合理。

「你覺得姊姊手上的樹枝很特別喔，雖然院子裡還有很多樹枝，但是你還是比較喜歡姊姊撿到的那根，感覺就是不一樣。」

2. 用想像力達成現實實現不了的願望。

「真希望鞋子可以便宜一點，像是突然跳樓大拍賣只要一折，那就太棒了。」

接著要幫助孩子釋懷，可以嘗試以下方法：

3. 提供選擇。

「那你想在氣球上畫張臉美化一下呢？還是想讓氣球維持本來的樣子？」

4. 給予孩子主導權。

「你的任務是找到售價 _____ 以下的鞋子唷。」

親職筆記本

打電話＝玩膠帶

我發現只要在家裡講電話，孩子必定會在旁邊崩潰大吵，讓我講不下去。好像我只要人在那裡，就非得把注意力放在他們身上。

我通常會用氣聲制止：「不要吵！」「安靜！」「沒看見我在講電話嗎？」（他們當然知道。）假如孩子不願意就範（其實沒有一次聽話），我就會把電話調成靜音，警告他們：「要是接下來五分鐘內你們還不安靜的話，等我講完電話，你們就完蛋了！」（說出這話的當下，我其實還沒想到要怎麼處置他們，畢竟我只想好好講完電話啊！）他們便會哀哀叫說：「你都一直講電話！」我說：「莫名其妙！我明明很少講電話呀。」

我決定給孩子其他的選項，而不是一味禁止他們說話。我得找個特別的活動，規定只有我講電話時，他們才能進行這個活動。於是，我說自己要打個電話，他們可以享受「玩膠帶時間」。我給他們一捲紙膠帶（不會在牆上留下膠痕），讓他們可以用來在牆上貼出圖畫。

這個活動的效果出乎意料地好，我們就此打造出全新的習慣。他們就像小小穴居人，探尋在洞穴中繪畫的遠古基因。有時，他們還會要我去講個電話，只為了可以用紙膠帶貼牆壁。

穿衣服的窘境——迷你襯衫救援成功

我女兒得不到想要的東西時，我都會用畫畫來解除危機。她很喜歡一件襯衫，動不動就吵著要穿。我決定自己畫出來、護貝（用膠帶）後再剪下「襯衫」。我說，每當她穿不到真正的襯衫時，就可以隨身攜帶一件迷你襯衫。這招最後奏效！她也不再那麼執著要穿本來的襯衫，真是太好了！

第二章　孩子成了省話達人，家長該怎麼傾聽？

「今天還好嗎？」很好。「都在做什麼呢？」沒什麼。難道這就是向孩子提問之道？

孩子自己在外頭闖蕩，我們難免會替他們操心，不時倍感挫敗。我們愈想打聽，他們就愈不想說。家長難以接受的是，孩子不再像以往願意分享生活的大小細節。但我們又必須接受！孩子得靠自己出去體驗人生，父母不必動不動盤問。但還是有些策略有助保持溝通管道暢通。我們無法多做期待或要求，但可以主動邀請。

一、以身作則

窗外（茱莉的經驗分享）

艾許剛上幼兒園時，我超想知道他整天下來過得如何。他喜不喜歡上學？有沒有交到朋友？卻無法向他問出任何有用的資訊。我們的對話千篇一律：「今天還好嗎？」「還好。」「在學校都做些什麼呢？」「不知道。」

我突然想到，也許我得主動示範一下，所以後來我去接他放學時，我問他：「想不想知道媽媽整天都在做什麼呢？」

他聽了一臉驚訝、略帶疑惑，好像在想：「媽媽自己有一整天喔？沒有我的生活？」

我刻意分享自己一天發生的事，其中包含了我的感受（「我本來擔心自己弄丟車鑰匙，後來在洗衣籃找到，開心得不得了！」）。我接著問：「那你今天有沒有想分享的事呢？」

這樣的分享規律地持續了數天後，艾許某次忽然語帶肯定地回答了問題：「有啊！里姆爬到書架上，他還爬出窗戶，然後他就摔出去了！」

「真的假的？聽起來好可怕！他還好嗎？」「老師說他運氣好，他掉到樹叢裡面，所以沒有受傷。」

我一到家，就打電話給里姆的媽媽。「我聽說里姆摔了一下，現在還好嗎？」

她氣急敗壞地說：「你怎麼知道？我還是聽老師說才知道，兒子什麼都不告訴我耶！」

二、肯定孩子的感受，不要一味地質問

「假如孩子放學回家擺張臭臉，那該怎麼辦？我問他怎麼了，他什麼都不說。」

孩子遇到煩惱時，最不想聽到連珠炮般的問題。「怎麼了？」「發生了什麼事？」「你為什麼不開心？」等問題十之八九會得到「沒事」和「我不知道」之類的回答。

問題本身可能會帶來壓力。孩子可能說不清楚究竟在煩什麼事，也可能覺得自己的煩惱沒有來

由，也許是擔心父母會說：「喔，還好嘛。這點小事不必在意啦！」

當父母單純地肯定感受，不一定要孩子回答，對孩子來說幫助更大，也更具安慰效果。

不要問「怎麼了？」不妨試試「你好像不開心耶」。

不要問「你在煩什麼啊？」不妨試試「感覺你今天過得不太好耶」。

不要問「發生了什麼事？」不妨試試「你遇到一些事了吧」。

這些回應不會讓孩子產生戒心。孩子如果有需要就可以自在地分享，或單純從你同情的話語和擁抱來獲得安慰。

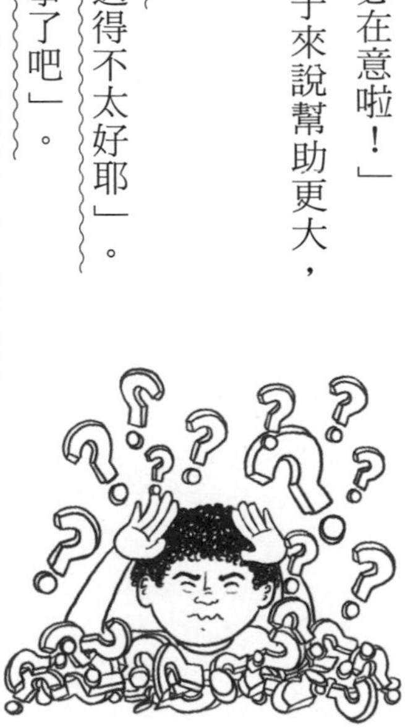

約會焦慮

某天，我十二歲的兒子在家中悶悶不樂，我問他好幾次怎麼了，他每次都回答：「沒事啊。」最後我想起你們的建議：不要問問題，說出感受就行了。

「傑登，你看起來今天心情不太好耶。」

他立刻大大地嘆了口氣，說有個女生約他出去（哇，有什麼好怕的啦。我不得不壓抑自己的慣性反應，差點就說：「你就為了這點小事不開心喔？」）。他很擔心不知道要聊什麼，場面可能會很尷尬！

「喔，難怪你看起來悶悶不樂，聽起來真的會很不自在。」

他又分享了一些心情，才決定約女生看電影最安全，因為這樣就不必聊太多天。他面露微笑地走開，頭上烏雲隨之散去。

不要問！（喬安娜的經驗分享）

我走進PS161的主辦公室時，看到一群老師和祕書圍著一名哭得好傷心的女生，大家莫不語帶關切地問她：「怎麼啦？發生了什麼事啊？你還好嗎？」大人問得愈急，她哭得愈傷心。她是六年級的學生，雖然不在我自己的班上，但離上第一堂課還有二十分鐘，所以我自告奮勇陪她坐一下。

我陪她走到幾張椅子旁，坐下來靜靜陪著她。過了一分鐘左右，我才說：「想必有什麼事情害你這麼難過吧。」她吸了幾口氣，哽咽著說：「我聽到校門口傳來一聲巨響，我以為有人在朝我開槍。」「天哪，也太可怕了！」「對啊，昨天有人在我家附近被槍殺了。」她的呼吸穩定下來，朝我挪近一點。

我對於半句不問就接納感受的強大效果仍舊半信半疑，但沒多久內心的疑惑就煙消雲散。兩個大人看到女生平靜下來，便又走過來，開始問問題：「你知道怎麼了嗎？她還好嗎？究竟怎麼了？」在這番善意的逼問之下，那名女生又開始驚慌地抽泣起來。我趕緊告訴他們：「她有點嚇到了，等等就會沒事的。」兩人才沒再多問。

我們又坐了五分鐘，我告訴她我要去上課了，問她要不要我陪她去輔導室，但她說自己也準備好上課了，於是我們便各自離去。

我們不一定非得要找出「問題」的癥結才能安慰對方。但我認為在上述情況中，她需要把話說出來，我很高興自己能幫她順利開口。假如我沒有掌握這種違反一般人直覺的方法，就會與其他人一樣，拼命地想要挖出更多資訊，以為可以藉此想辦法幫忙。

三、給予孩子主導權

「要是我的孩子不是處於焦慮狀態呢？我只是想要聊個天，想知道孩子今天過得怎麼樣，難道就不能展現關心嗎？我也親自示範給孩子看過，但沒什麼用，什麼都不問感覺很冷漠耶。」

想像一下：假設你剛度完假，回家不久就接到一通電話。在這之前你可是奔波了一整天，不僅坐了好久的飛機，從機場回家路上又塞在車陣中，到家連行李都沒打開，飯也還沒吃，肚子裡只有機上提供的一小包堅果和難喝咖啡，加上長時間搭乘各種狹小的交通工具，雙手雙腳還沒好好伸展。

但電話另一頭是你的老媽！她關心地問：「假期過得還好呀？玩得開心嗎？去哪些地方玩啦？有沒有參觀我說過的那間博物館？有人陪你嗎？有沒有交到新朋友呀？」

她之所以提出這些問題，只是因為關心你啊！但也許你比較想聽到她說：「度假回來啦。你先好好休息，之後有心情再分享給我聽囉。」

孩子和我們其實沒有太大差異。他們在學校度過了漫長的一天回到家，不會想被接二連三的問題轟炸：「你的校外教學怎麼樣啊？」「我們花了一禮拜準備的颶風資料報告，老師喜歡嗎？」「你不是很擔心數學小考，最後考得怎麼樣？」他們比較想聽到：「回家啦，寶貝。來吃點心吧！」

那你要怎麼關心孩子的生活呢？**邀請孩子分享，而不是逼孩子講**：「等你有心情聊聊校外教學的時候跟我說，我很想聽你分享喔。」

也許你要等個幾分鐘（有時是數小時），孩子才會來拍拍你的肩膀說：「媽媽，你現在想聽我說校外教學的事情嗎？」

這裡的關鍵用語是「等你準備好……」或者「你有心情的時候……」。孩子聽了就知道，我們尊重他們的感受，主導權在他們手上。排除外在壓力之後，我們才更可能全面了解孩子的經驗，而不是獲得孩子為了打發我們而搪塞的片段內容。

四、運用遊戲來分享

餐桌上玩吹牛（茱莉的經驗分享）

多年來，我們家到了晚餐都會玩一個遊戲，叫作「真真假假」（A Truth and a Lie）。每個人輪流分享自己的一天，其中一件事是真的、一件事是假的。聽眾負責猜測哪件事真的發生了。孩子都愛瞎掰稀奇古怪的事，我也從中了解他們當天的生活（我也得知了老公當天的趣事！）。此外，他們都學會要認真聆聽彼此，才能分辨事件的真假。

我聽說其他家庭也會玩其他版本的遊戲，像是每個人都要分享當天發生的一件好事和一件壞事（還有好玩與難過的事、傻眼或無聊的事之類的版本）。

我甚至與來家裡吃晚餐的客人玩過類似的遊戲，餐桌上所有人輪流分享「當週亮點」。我樂在其中，因為可以聽到平時話少的朋友分享有趣的經驗。這個遊戲替每個人打造了分享的空間，無論生性害羞或大膽、大人或小孩都能自在地參與。

重點整理

孩子成了省話達人，家長該怎麼傾聽？

1. 以身作則。

「想不想知道媽媽／爸爸整天都在做什麼呢？我本來好擔心，以為把車鑰匙弄丟了……」

2. 肯定孩子的感受，不要一味地質問。

「感覺你今天過得不太好耶。」

3. 給予孩子主導權。

「等你有心情聊聊校外教學的時候跟我說，我很想聽你分享喔。」

4. 運用遊戲來分享。

晚餐時間玩「真真假假」。

親職筆記本

快到了嗎？車上鬧水荒

全家人開車回家，車程僅十分鐘。我們五歲兒子里希口渴，但車上沒有水喝。

我們嘗試了常用的安撫策略：「你只要口渴十分鐘就好了。」「你沒有脫水啦！要學會忍耐呀！」兒子卻愈來愈灰心。

我老公把他的手機遞給我，上頭裝有「家庭成員如何溝通」（How To Talk）這個 app，我點選了選單中第一個選項：幫我應付難搞的感受。另一個選單跳了出來，要我選擇孩子當下的感受。我就問里希：「你現在覺得生氣、失望還是灰心呢？」他說：「我很灰心！」我便選擇「灰心」，又一個選單跳出來，上面列出可以肯定感受的回應。

我真的就開始唸出 app 上頭列出的三句話，順便把例子替換成車中的狀況，結果真的很有效！里希開始冷靜下來，希望我們說一個自己曾感到灰心的經驗。我老公就分享了非常好笑的經驗：小時候，他有次想買包洋芋片，但媽媽說：「不准！」他就心想：「好啊，你不讓我買洋芋片的話，那其他東西也都別想買。」他就開始把所有雜貨從輸送帶上放回購物車，但其實他誤拿成下一位結帳顧客的東西！老公說完後，汽車後座傳來一陣咯咯咯的笑聲。

我也分享了一個經驗：小時候，我們全家人有次去遠足，但我哥一開始就把水喝光了，我很不爽他沒有留一滴水給我，更令我灰心的是，我爸居然叫我「算了啦」。

眼看我們就要安全下莊，七歲的兒子忽然說：「好啦，不要再讓里希想到水了，他本來好像忘記要喝水了。」糟糕的是，這又害我們繞回原本的問題，因為里希想起來自己口渴的事！

我低頭看了看 app，其中一個選項說：「有用是一回事，仍沒有完全解決問題。」我點選後，跳出一個進階選單。我選擇使用想像力，於是對里希說，我要用魔法粉幫他製作「魔法開水」。我捲起一張紙，隨便念起咒語。這時，車子已準備在家門口停下來。我問他：「里希，我們已經到家囉，你想要喝真的水，還是魔法水呢？」他說：「魔法水！」

我低聲要他妹妹從屋裡拿一杯水來，然後繼續念著魔法咒語。她回來時，我們偷偷把水杯塞進紙容器中央，然後說：「阿布拉卡達卡布！」紙容器中央就冒出水杯！里希露出笑容，迅速一飲而盡。

車子「不見了」

我給孩子五分鐘的最後通牒，時間一到就要離開公園，但他們看起來玩得不亦樂乎，到時候絕對會變成一場雙方的拔河。我就告訴他們：「我忘記車子停在哪裡了耶！」他們就說：「跟我們走就好！」接著就帶我走到停車的地方。

第三章 功課大作戰——只有我的孩子寫學習單寫到哭嗎？

回家功課大概是最能讓孩子情緒崩潰、家長挫敗到抓狂的事了。

本書兩位作者回想起過去的美好歲月，即在我們的幼兒園時期（我們是迪納太太班上的同班同學！），根本沒有回家功課這種東西。我們上學都在用手指畫畫、堆積木、想辦法在冷天時自己拉上夾克拉鍊。每天會有固定的學習時間，小朋友會圍坐成一圈，唱著星期歌和月份歌，可說是整天最令人一頭霧水的環節：June（六月）……October（十月）……March（三月）……好像有種神祕的順序……大概吧。

二年級時，也沒有什麼回家功課，頂多偶爾老師會請小朋友「帶東西到班上來分享介紹（show and tell），**但全憑個人意願**」。

等到我們長大成人，送自己的孩子上學，世界卻變得不一樣了。孩子從幼兒園回家，每天晚上都有功課，像是「把字母B寫十遍，畫四個以B開頭的東西」。

我還記得兒子丹丹五歲時，不斷拿橡皮擦用力擦著畫紙，怎麼樣都畫不出腦海裡腳踏車（bicycle）的樣子。我對泣不成聲的兒子說：「拜託你，畫一顆球（ball）也是b開頭呀。」何必畫個複雜得要命的腳踏車，無奈我根本說服不了他。那還只是他上幼兒園的第二天而已！等到上小學後，情況愈來愈糟。他的功課包括好幾頁的長除法問題、五段式論說文、自然科學專題，簡直想要把心累的孩子和父母逼瘋。

每位父母都以為自己的孩子才遇到這樣的難題。孩子不受控時，其他同學想必正開心地畫著可愛的泡泡（bubble）、氣球（balloon）和盒子（box）吧。有些孩子面對回家功課的壓力相對較小，但我們在實務上很少遇到。回家功課這項難關，真的沒有簡單的解方。我們得從各個角度來解決問題。

現有研究並無證據顯示，回家功課對低年級學生來說是學業優異的必要條件，甚至無法證明回家功課對學生有任何好處[1]。但幾乎所有家長每晚都得面對孩子明明很累（有時還會哭鬧），卻還要寫一疊學習單的痛苦，孩子往往都寫到情緒崩潰。

與一位媽媽的對話

「我的孩子從來都不想寫功課，每天晚上都像是打仗一樣。」「你都怎麼跟他說？」

「我就說：『你就是要寫完啊！』」

「效果如何？」

「不怎麼樣。」

我們來做個簡單的假想實驗。想像一下，你工作一整天回到家，對另一半說：「真不敢相信老闆這麼不可理喻耶，我一整天辛辛苦苦地在拚這份報告，他現在卻堅持要我今天晚上就完成。我累個半死，不花好幾個小時才怪，我真的沒辦法，又沒有加薪！到底什麼時候才能好好休息，做自己想做的事情啊？壓力大到不

行，這樣根本沒有生活品質！」

另一半回答：「喔，你就是要寫完啊。與其在那邊哀哀叫，還不如趕快開始動工！」

（從這段對話我們認為你們的關係出現了問題，快到 Google 搜尋婚姻諮商。）

你當然**知道**自己得完成這份報告，不可能為此丟掉飯碗，就像孩子也躲不過需要做研究實證的回家功課。老師可能因此不准他下課去玩，或回家功課最後太多鴨蛋，那堂課期末成績不及格等等。

那我們除了進退兩難，還能怎麼辦？

方法1 滿足基本需求

在催促孩子寫功課前，我們必須先**滿足他們的基本需求**。孩子需要休息時間。就算是大人，假如沒有時間好好放鬆、吃飯、運動、與親友維繫感情、讓腦袋放空且不必滿足別人的期待，也會變得脾氣暴躁。凡是長時間缺乏休息的生活，任誰都會受不了。大人還可以（偶爾）咬牙硬撐過去，但我們不能指望孩子也能如此。要是你以為孩子放學後可以先參加社團活動，再上個舞蹈課／空手道課／鋼琴課／足球課，回家隨便吃吃就立刻開始寫功課，你這個人可能……過度樂觀。

但即使基本需求獲得滿足的孩子，也不大可能說：「哇，爸爸，我精神好得很，準備好寫功課了！沒在怕啦！」假如你有幸養到這樣的孩子，麻煩直接略過本章其餘內容。對於其他家長來說，我們需要更多方法幫助孩子面對討厭的功課。那我們再來能做什麼呢？

方法2 肯定感受

與孩子站在同一陣線。大人會感謝另一半同情自己得應付不合理（但避免不了）的工作，孩子也喜歡父母體諒寫功課的辛苦。

千萬不要嘮叨地說：「愈早開始寫就愈早寫完啊！」不妨試試下面這些更有用（聽了不會讓人暴怒）的回應：

「哎，又要寫功課了！」

「功課未免也太多了吧！」

「上學累了一整天，真的很不想坐下來寫作業喔。」

「要是**你**是老師，才不會出一堆功課來折磨學生！」

前面兩句明顯可以背起來，只要發自內心說出來，即使常常重複也沒關係。但你不可能每天都使用後面兩句，必須發揮創意、稍微變化一下。也許到了週末，你就可以說，希望有複製人幫忙寫功課，或掰個複雜的故事，扯到太空船和外星人等等。

功課堆積如山（茱莉的經驗分享）

拉希放學回家就癱在沙發上，開始發起牢騷：「哎唷，功課超多啦！英文課有作文草稿、理化課有實驗報告、數學課有應用題組，還要讀歷史課本裡一整章的內容……」聽他說個沒完，我就愈感到焦慮：老天爺，他怎麼可能弄完啊，最後一定很慘。到時候他絕對寫不完功課，然後明天就不想上學了。

我很想說：「別**囉嗦了，快開始寫！**先寫數學應用題，畢竟是你拿手的科目，可以用最快的速度完成，然後再去處理其他科目。」

但我沒有說出口，因為以前採取過這種策略，但**總是無效**！我**應該**說什麼才好？我的腦袋整個打結了。

「拉希，等等喔。」我走進廚房，一邊假裝在設定烤箱，一邊讓腦袋動起來。假如在工作坊上，我會給家長什麼建議呢？對了，**肯定孩子的感受！**

我走回去對他說：「天哪，你只有一個下午，功課未免太多了，真的不知道要從哪樣開始下手耶。」

他嘆了口氣：「對啊。」然後他站了起來，走到自己房間門口說：「我想還是從數學開始寫吧。」

同情孩子的功課量不一定能輕鬆解決問題，但這是很重要的第一步，我們要讓孩子知道自己不是敵人，而是與他們同一陣線。

接下來的策略可能是**提供選擇**：

方法3 提供選擇

「有沒有最能無痛完成功課的方法呢？」

「你想要馬上完成回家功課，晚上就可以好好放鬆，還是想要先去騎腳踏車（或玩樂高、投投籃……），五點半再開始寫功課呢？」

「你想邊吃零食邊寫功課，還是邊聽音樂邊寫呢？（還是零食和音樂都要？）」

「你想自己在房間裡寫功課，還是你想在餐桌上（或**餐桌下**）寫功課，順便陪我煮晚餐呢？」

「你想要我拿考試內容考考你，還是你想考考我？」提示：孩子考考你時，一定要說出一大堆錯誤的答案，這樣他們才能糾正你。面對年幼孩子，你可以假裝不知道答案；面對大一點的孩子，你就算不刻意答錯，也有很多不懂的題目！你不必假裝自己記得二次方程式，或第一次世界大戰所有起因。

方法4　調整原本的期望

回家功課壓得孩子喘不過氣時，最佳策略也許是**調整原本的期望**。部分同學覺得合理的功課，說不定不適合自己孩子的發展歷程。孩子發展速度不盡相同（無論孩子是否經過醫生診斷有殘疾）。你可能得與學校溝通，替孩子發聲一下。

大多數家長並不會先想找老師談論孩子寫功課面臨的困擾。但我們發現，很多老師都樂意接納禮貌的回饋和建議，畢竟老師的目的不是要製造家庭失和。說不定，孩子的老師願意調整作業，符合孩子與家庭的需求。

有位家長寫了封信給老師，因為孩子難以負荷功課量，上學壓力與痛苦指數不斷攀升。

史翠勒老師好：

謝謝您提醒我孩子作業缺交的事。我和傑瑞米討論了您的顧慮。我們目前的計畫是設定寫功課時間的上限，這樣他就不會覺得壓力太大。我們會遵守學校對三年級生每晚寫三十分鐘功課的要求。我們打算讓傑瑞米自己計時，認真寫功課到計時器響起。

我向傑瑞米保證，即使功課沒有寫完，他也不必寫超過三十分鐘。孩子最後鬆了一口氣，也重拾了信心。我覺得這是幫他找回規律的最佳辦法，希望您會發覺他的狀況有所改善。非常感謝！

珍．古貝瑞

另一位家長則發現閱讀日誌對孩子產生負面影響，決定幫孩子爭取不寫功課。

媽媽的抵制

桑尼亞就讀三年級時，老師把閱讀日誌加入每日回家功課中。學生得記下書名和作者、花費的閱讀時間、每天閱讀的頁數。在那之前，桑尼亞本來很愛讀書——我甚至常常要主動把她的書抽走，她才肯乖乖吃晚餐——現在她卻開始害怕讀書了。她再也沒辦法隨便拿起一本看似有意思的書直接就開始讀，還得去翻出閱讀日誌、特地記下書名和作者、看看時鐘以便寫下開始時間、留意總共讀了幾頁和幾分鐘。整個過程剝奪了閱讀的樂趣！假如我得注意時間、計算頁數，也不可能真正享受閱讀。

我擔心如果不快點採取行動，桑尼亞就會完全失去閱讀的興趣，所以我與老師相約懇談。我說，很謝謝她想讓所有學生愛上閱讀的初衷，問題是閱讀日誌卻讓桑尼亞無法開心地拿書來讀。這項作業可能對部分家庭有用，對我們家卻產生反效果。我想減輕她的負擔，不必再要求桑尼亞讀書了，這個責任由我來承擔。

出乎意料的是，老師竟然同意了我的提議！桑尼亞大鬆一口氣，終於不必再理會閱讀日誌了。但要到了幾個星期後，我才看到她又開始拾起書本消遣時間。

方法5 解決問題

如果你試過以上部分方法，但每天晚上還是得與功課拔河，就可能需要找個安靜的時間，與孩子坐下來討論，一起動動腦來**解決問題**。

功課夢魘

洛根今年開始上六年級，有一大堆回家功課，每天都要耗費超多時間，他最後乾脆放棄。手寫對他來說比較困難，所以寫作業又慢又悶。我們每天晚上都為此大吵特吵。

我不准他功課沒寫完就找同學玩，儘管我也知道他之後也不會寫。我還沒收了他的Xbox、禁止他看電視，然後吼他吼到嗓子都啞了。有天晚上，我一邊跟著他上樓一邊說：「洛根，你**一定**要寫這個功課，老師說很重要耶！」

洛根從我手裡搶走學習單說：「不要……我……不要！」他邊說邊把學習單撕碎，然後把碎片甩下樓。

學校找我去與他的導師和輔導老師開會。他們說，洛根恐怕得留級。每次他缺交作業，就只能拿零分，就算考試都通過也可能不及格。我難過得說不出話來。只說我和兒子談談後會再聯絡他們。

我愈想愈覺得像洛根這樣好動的孩子，上學上了一整天後還要坐下來寫功課，真的很像酷刑。我無法再去說服他說回家功課「是為了他好」，或「只要認真寫就沒什麼難的」。

我決定採取解決問題的流程，一開始先說我需要他的配合：「我們都討厭每天晚上為了功課吵半天。你討厭被我吼，我討厭發飆和心累，希望我們不要再鬼打牆了。」

然後我花了很長的時間肯定他的感受，我說：「這個問題真的很難解決，你在學校待了六個半小時回到家，還要坐下來寫更多作業。真的會很煩！你一定寧願看電視、放空、跑來跑去或打電動，或吃東西……**做什麼都好**，就是不要寫作業。」

洛根一開始看起來滿臉狐疑，但後來他愈聽愈起勁，我邊說他邊點頭。我又說：「問題是，如果你不寫功課，學校老師不會放過你喔，媽媽不希望這種事發生。所以要找個**最不辛苦**的方法，我們來想點子吧！」我拿出一張紙，在最上面寫下「解決功課噩夢的好點子」。

我想也許能用很誇張的點子來緩和一下氣氛。我寫下：「跟老師說狗狗尿在功課上好了。」洛根說：「對耶！」然後換他說：「艾蜜莉（他妹妹）尿在功課上了！」我也寫了下來。他又突發奇想：「就像《MIB星際戰警》的記憶清除筆一樣，老師就會忘記自己出過功課。」我還補充道：「要是回家功課一大堆的話，就祈禱老天爺下一場大雪吧。」洛根說：「那如果天氣太熱不可能下雪，就祈禱大停電。」我心想，現在氣氛輕鬆多了，適合提出比較務實的點子。

我：寫功課前吃些零食補充能量吧。

洛根：邊寫功課邊吃零食。

洛根：邊寫功課邊吃冰淇淋（他知道沒吃晚餐就不可以吃冰淇淋，但我還是先寫下來）。

我：每寫一題數學就做五個開合跳（目前科學研究強烈支持這個方案！）＊。

洛根：邊看電視邊寫功課。

我：邊聽音樂邊寫功課。

我：設定計時器，響了就休息。

我：那用電腦來處理比較花時間的功課呢？（洛根說老師不准學生使用電腦，但我說**所有**點子都要寫下來，所以最後註記了一個問號。）

我們把清單瀏覽了一遍。最初那幾個點子令洛根開懷大笑，他說：「我覺得這些方法不太**實用**耶，媽媽。」所以我就順勢把前幾個刪掉，還刪去了邊看電視邊寫功課的提議，因為那擺明行不通。

洛根則喜歡運用計時器的方法。我想，他之所以不想開始寫功課，是因為他覺得根本沒有寫完的時候（至少也得寫到睡前）。實際上也確實如此，因為他常會去做一大堆分散注意力的事。根據學校的建議，六年級每晚寫功課時間標準是六十分鐘，所以我們決定計時二十分鐘寫數學、二十分鐘寫英文、二十分鐘寫閱讀作業，而且我們要一起進行。**假如**他還沒寫完時間就到了，但過程認真不打混，我就會寫張紙條向老師說明。他還喜歡開合跳、邊聽音樂或邊吃零食邊寫功課等建議。

結果如下：

他搭校車回家後，我不再問他功課的事了。晚餐時間，我叫他進屋寫功課，然後說：「十個單字要查？好多喔！還有二十題數學？真煩！」

＊「神經學家對於〔學習〕有愈多發現，就愈明白運動所帶來的刺激獨一無二，營造出一個良好的環境，不僅大腦準備好學習，也願意且有能力學習。有氧運動能大幅提升適應力、調節失衡系統、最佳化正常運動的系統，是不可或缺的方法。」2

他自己選好音樂播放列表、準備好零食，我們才開始計時。如今他明白寫功課再痛苦，都有個明確的終點，心情就好上不少。有時，他甚至出乎我的意料，居然願意超時完成功課。「還剩兩個句子就好了，媽，我可以！」還有幾次，計時器一響他就休息，但隔天早上等校車時，他繼續把剩下功課完成。我沒想過把功課留到最後一刻完成是件好事，但我很佩服他睡了一覺之後，可以更有效率地寫功課。

我寫了一封信給他的各科老師，說明了我們使用計時器寫功課的計畫，也表示假如同一天晚上洛根有超過一樣與作文相關的功課，我們就會允許他用電腦打字。這樣一來，洛根就可以針對較簡單的作業練習手寫，例如拼寫單字，至於較費時的作業，他就可以用電腦打字，否則一般情況下，他寫字寫久了，手會痛到崩潰。

最後，老師們全都同意這項作法！我猜，大概是我的文字很有說服力吧，全家人因此過得更加**自在**了！

重點整理

功課大作戰

1. 先滿足孩子的基本需求。

給予孩子時間好好放鬆、吃飯、運動和休息。

2. 肯定感受！與孩子站在同一陣線。

「哎，又要寫功課了！」

「功課未免也太多了吧！」

3. 提供孩子選擇。

「你想邊吃零食邊寫功課，還是邊聽音樂邊寫呢？還是零食和音樂都要？」

「你想自己在房間裡寫功課，還是你想到餐桌寫功課，順便陪我煮晚餐呢？」

4. 調整自身期望，替孩子發聲。

打電話或寫信給老師，說明家中的狀況，客氣地建議幾個解方，像是設定寫功課時間的上限、減少部分功課量。

5. 嘗試解決問題的流程。

「有沒有最能無痛完成功課的方法呢？我們來腦力激盪一下！」

親職筆記本

二年級太痛苦了！

薩曼莎剛上二年級，展開痛苦的過渡期。她放學回家都會說：「我討厭上學！我數學很爛。功課好多！同學都不喜歡我。」我不知道該怎麼回應，只好重複了類似的話：「數學好難喔！」「二年級的回家功課真的好多。」她的心情依然很差，哭著跑回房間。

我陪她坐在床上，然後說：「聽起來上學真的很辛苦耶！」她說：「超辛苦！」然後告訴我，自己不過弄丟一份學習單，老師就對她大吼大叫，還有一名同學很生她的氣，因為她搭校車時沒坐在同學旁邊。原來，她真正心煩的是這兩件事。假如我像以前一樣反駁她（「你的數學很好啊，同學絕對喜歡你啦！」），薩曼莎大概就不會提到老師和朋友帶來的煩惱。她把這兩件難過的事說出來之後，看起來心情也好些了。

第四章　橫衝直撞的小怪獸

喬安娜與茱莉好：

我有個快滿五歲的兒子和一個兩歲女兒，很需要兩位提供意見，治治家中精力過盛、有時簡直超暴力的兒子。出乎意料的是，他當起哥哥來有模有樣，平常對妹妹展現超齡的溫柔和耐心。但他三不五時會好動過頭，偶爾會飛奔經過妹妹身邊、然後瞬間推倒妹妹，或從我身邊跑過時大力拍我的腿（假如我坐著的話就會拍我的後腦勺）。我們有親友來訪時，他會變得更加人來瘋，讓我們有夠挫折，因為客人看不到他溫柔關愛的一面，只看到完全失控的小瘋子——吵個不停、到處亂跑又弄傷別人。他很愛大吼大叫、拳打腳踢，把絆倒別人當成遊戲在玩，把我和我先生惹毛。

我真的束手無策，什麼方法都試過了：試過表達被兒子傷害的人的感受；試過肯定兒子的感受，說我知道他太亢奮了，不是故意傷害別人；試過在朋友來之前擬定一個計畫，思考如果他太亢奮了，要做什麼才能冷靜下來；試過在他與玩伴碰面前，好好讓他運動放電，就像訓練狗狗一樣消耗他的體力。但試過一輪之後都沒用。我希望朋友常常來作客，也希望孩子與人玩耍時能不要這麼粗魯，拜託幫幫我吧！

——來自英國的小怪獸媽媽

小怪獸的媽媽好：

你完全喚起了我（喬安娜）的回憶啊，而且還是不怎麼好的回憶！我兒子丹丹在那個年紀時，我內心有很多和你一模一樣的想法和感受。我清楚記得，當初還以為只要讓丹丹放完電，他在家裡就會平靜下來。他特別喜歡和一個好麻吉玩，我也很喜歡與那孩子的媽媽聊天。但我真心害怕他們玩在一起。丹丹會變得太過興奮，開始橫衝直撞、與朋友玩摔角，動不動就撞到其他人，或撞壞屋裡剩下的少數易碎品，像是燈具和牆板。我費盡心力要讓他表現像個「正常人」，平常這對他來說多半不是問題，可是他就是人來瘋的孩子！我記得有一次家裡來了客人，我拜託他不要在廚房裡瘋狂地繞圈奔跑，他卻大喊：「我才不是在繞圈圈！我這是橢圓形！！」好吧，至少他幾何學得不錯。

值得慶幸的是，只要時間一久，情況就會好轉。丹丹和他的「野孩子」麻吉仍然是死黨，相處得很融洽，不會破壞周遭環境或弄傷彼此。但你需要現在就能派上用場的辦法，而不是十年後才出現的解方。

事先做好準備

假如你知道即將有場社交聚會，到時兒子一定會人來瘋，務必提前擬定計畫。這正是運用**解決問題流程**的好時機，不妨坐下來對他說：「上次我們請亨利來家裡玩，結果有點玩過頭囉，所以以後只要亨利來玩，我們就要想好計畫和活動。」接著，你要與孩子列出一張清單，蒐集屆時會用到的所有物品。這樣就有助孩子把興奮的情緒，引導至可以接受的活動，而不是陷入一發不可收拾的局面。

假如你不得不待在室內，以下是部分我們最愛的活動，足以應付瘋狂的小屁孩。

跳跳遊戲：喬安娜家通常把這個遊戲叫作「岩漿」、「流沙」或「鱷魚」。孩子要從低矮穩固的兒童勞作桌，跳到地板的墊子上或懶骨頭上，而且必須不斷跳來跳去才能過關。有時，他們會「掉下去」，那就等於陣亡了。

茱莉家把這個遊戲稱為「衝擊墊」。茱莉把兩張舊床單縫在一起，裡頭塞進一些保麗龍，孩子就會與高采烈地從舊沙發上跳到墊子上。

障礙賽：設置呼啦圈，隧道、數根跳得過的棍子、兩個用來跑S型的交通錐。可以用毯子蓋在椅子上當成隧道，孩子很快就會懂得自創障礙關卡。他們可以用碼錶來計時，努力打破自己的紀錄（千萬別要孩子把對方紀錄當目標，否則只會引發不必要的競爭或爭吵！）。

火車來了：我們倆以前常在茱莉家玩這個遊戲。她媽媽一邊彈鋼琴，我們一邊跑來跑去，穿越廚房再回到客廳。她彈起快節奏的火車音樂時，我們就跑得飛快；音樂一旦放緩，我們也就悠閒地前進；音樂加速，我們便跑得更快，然後愈來愈快，最後她按下所有琴鍵，我們倆故意跌倒在地上，假裝兩台火車相撞，然後重新開始。這是我們童年最愛的遊戲。假如沒人彈鋼琴，你就得即興發揮（譬如用鼓打拍子，再拿兩個鍋蓋當成火車碰撞？）。

還有一項方法違反一般認知，就是給孩子需要精細動作的活動，孩子就不會把精力用來奔跑和衝撞，而是會專注於考驗小肌肉力與靈活度的任務。以下活動供你參考：

製作自己的黏土：你可能沒想過，光是混合麵粉、鹽和水，再擠壓和拍打麵團，不但可以耗費體力，還能帶來滿足感，把用來跑步、衝撞的力氣，轉化為需要坐著完成的工作。如果你想大膽一點，也可以添加食用色素來製作不同顏色的麵團。

非牛頓液體（也叫作「歐不裂」）：準備一個烤盤，要孩子加入玉米澱粉和水混合；混合物具有極為奇異的特性。如果你輕輕碰觸它，你的手會穿過液體到烤盤底部；但如果你用力拍打它，它卻會變得又硬又結實；如果你用力捏一把起來，它會像麵團一樣留在手中；如果你張開手，它卻會像水一樣流下去。這個實驗可能會把家裡弄得很髒，不要說我們沒有事先警告喔！

縫沙包：我們兩家人最愛讓孩子縫沙包，一旦縫好就可以玩把沙包丟進桶子的遊戲。讓孩子從舊衣物中挑選材料，接著剪出長方形，對摺，再縫好三邊半，縫到剩一英寸左右時把豆子倒進去。孩子也可以黏上大眼睛或用麥克筆加工。

畫畫：在餐桌上鋪一塊塑膠布，擺出水彩或手指顏料，隨便讓孩子自由創作，再裱框掛在浴廁。朋友來訪時，就會驚嘆於這些當代畫作居然如此精美。

紙飛機：拿一疊紙，教孩子摺紙飛機，尤其是摺疊處要多下工夫，再鼓勵他們看看自己的紙飛機飛多遠。記得給孩子蠟筆幫翅膀加工。

最後，建議要把玩伴同樂的時間縮短，這樣孩子優秀的表現較易維持。

孩子失控的當下該怎麼辦？

假如孩子與玩伴相約、或與兄弟姊妹在家，但行為依然失控怎麼辦？那就要**採取行動，但不帶羞辱**。假如孩子開始傷害別人或讓對方感到不舒服，直接把他帶離現場，不必因此感到內疚。

你可以直接告訴他：「我需要你過來陪我坐幾分鐘喔。你準備好玩溫和一點的遊戲時，才可以再回去。」如果他說自己準備好了，就可以問他想玩什麼遊戲，明確表示他一定要想好計畫才能重返遊戲。

如果他真的太亢奮了，你可能就要親自帶他離開。這時你說的話仍然十分重要，假如他感到自我價值低落，就更難配合了。你想必也不希望他被當成「粗魯的野孩子」，所以克制說教的衝動，像是：「你有點瘋過頭囉，我們之前講過了啊，這樣會害別人受傷，想想看，你自己應該也討厭被打吧！」不妨改用更中性的話來描述問題：「你現在精力太旺盛了，就像火箭一樣要衝向月球，我不能讓你撞到別人喔。」

假如孩子需要更多引導才能平靜下來，**不妨告訴孩子可以做什麼，避免說不可以做什麼**。你可以帶孩子去拉單槓、要他做十個開合跳、讓他在吊床上盪鞦韆等等，轉移孩子注意力的方法。

孩子累過頭而太亢奮時，又該怎麼辦？

有時，孩子睡眠不足反而會太亢奮。我們有時想不到兩者的關聯，因為孩子看起來活力十足，但實際上孩子卻是快沒電了。解決之道可能是**滿足孩子的基本需求**，也許是幫助孩子早點上床睡覺，或安排午睡時間。

音樂的催眠魔力（茱莉的故事）

我兒子艾許三歲時，只要不午睡就會脾氣暴躁，卻又經常亢奮得睡不著，他又不願意好好躺著！我向喬安娜大吐苦水。一星期後，我收到喬安娜寄來的包裹，裡面有一盒自製錄音帶，上面寫著「給艾許的跳舞與休息配樂」（現在你八成會直接用電子郵件傳播放清單，畢竟我們那時還是古代嘛）。第一首是〈Batonga〉這個節奏感十足的打擊樂曲，作曲家是安潔莉克．琪蒂歐（Angélique Kidjo），艾許邊聽邊跳上跳下，活像踩著彈簧高蹺的龐克搖滾歌手。我陪他跳舞釋放精力，幾首歡快的曲子後，換成「藍色少女」（Indigo Girls）的〈飛機〉，曲調較為柔和，艾許邊聽邊伸開雙臂，像飛機一樣屋裡飛上飛下。錄音帶最後一首是本篤會修道院（Benedictine Abbey）修道士們唱的格雷果（Gregorian）聖歌。這時，艾許已滿足地躺在地板上，聽著音樂漸漸睡著了。艾許一直都會聽那捲錄音帶，直到長大後不必午睡才沒繼續，可謂他兒時日常不可或缺的良伴。

之後，我們又收到小怪獸媽媽的回信。

喬安娜與茱莉好：

我有個好消息要分享。上星期，我邀請兒子的「小怪獸」同學來家裡玩，這原本是我怕到不行的事，但我不得不說，結果超級成功啦！

我下定決心，個人的策略就是把自由遊玩時間，搭配預定好的活動，這樣他們就不會自己瘋太久。

我們放學回家後，我先讓他們吃點零食，半個小時後，開始玩黏糊糊的玉米澱粉，兩個人都弄得髒兮兮，但玩得不亦樂乎，完全吸引了他們的注意力。接著，他們去外頭跑跳、踢踢足球，我則趁機清理凌亂的屋內，又到廚房弄晚餐備料。

他們進屋時，我們自己做披薩當晚餐（又是需要精細動作的活動！）。烤披薩時，我放他們去任意玩耍，這大概是最驚險的時刻，畢竟玩了兩個小時，他們肚子愈來愈餓，玩得有點激烈，但還不到太過暴力，沒有人大哭或受傷，然後披薩就烤好了，好險！他們坐下來吃披薩，我順勢勸他們玩比較溫和的遊戲：一起蓋一條彈珠跑道。過沒多久，那個同學的爸爸已來到我們家門口，準備接他回家了。大成功！

謝謝你們的建議。我真心覺得，設計好一些活動再去約孩子的朋友，可能會是以後能否一起玩的關鍵。

——來自英國的小（乖）獸媽媽

重點整理

橫衝直撞的小怪獸

事先做好準備

1. 嘗試解決問題的流程。

「上次我們請亨利來家裡玩，結果有點玩過頭囉，所以以後只要亨利來玩，我們就要想好計畫和活動。」

孩子失控的當下該怎麼辦？

2. 採取行動但不帶羞辱。

「我需要你過來陪我坐幾分鐘喔。你準備好玩溫和一點的遊戲時，才可以再回去。」

親自帶孩子離開現場，然後說：「你現在精力太旺盛了，我不能讓你撞到別人喔。」

3. 告訴孩子可以做什麼，避免說孩子不可以做什麼。

「我們去拉單槓，好好用一下力氣吧。你覺得自己可以拉幾下單槓？」

孩子累過頭而太亢奮時，又該怎麼辦？

4. 滿足孩子的基本需求。

嘗試培養有助孩子入睡的習慣。*

---

* 《讓小小孩瞬間聽話的說話公式》第十三章蒐羅了更多方法，可以幫助晚上睡不著的孩子。

親職筆記本

太陽公公出來吧——雨天的萬靈丹

昨天，太陽又決定不露臉了，全家都快悶壞了。我沒有像以前一樣開始說明天氣現象，而是問快滿三歲的米拉說：「太陽公公不出來，我們可以做什麼呢？」她回答：「我們可以自己做出太陽嗎？」

因此，我就剪出了以下的圖案：我們家的太陽！

孩子教爸爸怎麼解決問題

米拉簡直快變成解決問題的專家了。上星期，她和她爸爸一起思考如何解決問題。爸爸開始對某個米拉想出的辦法是否「正確」有意見，米拉卻提醒他說：「爸爸，你邊寫邊畫就好，先不要說好壞嘛，我們好了再一個一個看！」

第二單元

莫名地動手動腳

第五章　誰來幫幫我！我家孩子打起來了！——化解手足糾紛的家庭維和任務

我們要問你的第一個問題：眼前狀況有多緊急呢？

他們**現在**真的是拳腳相向、要掐死對方嗎？

那立刻把書放下（輕輕放下，不要朝孩子丟），快把他們拉開。喔對了，你把書丟一旁之前，以下這段簡單對話供你參考，說不定你要幾句話來搭配行動：

「喂!!（你八成需要大吼才能引起他們的注意。）不准互相傷害！」必要的話直接去抓其中一個孩子。「你，去沙發坐。還有你，去椅子坐。」

一旦兩人在各自的角落安全地生悶氣，你就可以說：「一定發生了什麼事情！你們兩個人都好生氣唷！」

花點時間——就一兩秒鐘——覺察自己技巧多高明，既保護孩子不受傷害，表達個人價值觀，又不去攻擊孩子的性格，即使拳腳相向也能肯定他們的感受！

　但接下來呢？你八成會想開始長篇大論來教孩子懂事，詳細說明運用暴力來解決歧見的後果。你也準備好拿出鐵證來支持自己的論點：「你應該對弟弟更有耐心呀，因為弟弟年紀比你小嘛」，或「你們這些小孩子老是小題大作」，或「掐人是不對的喔。你們也不喜歡別人掐自己吧！」我們完全可以理解，畢竟我們都是過來人，因此可以真心向你表示，孩子絕對不可能回答：「原來如此，謝謝爸爸／媽媽的教誨，讓我明白這件事沒什麼大不了、激烈的反應也違反了家規，我真心後悔自己的行為，從今以後，我一定要抱持耐心和愛心對待弟弟妹妹。」

　現在我們知道**不該**說什麼了，那說什麼才**會**有幫助呢？

方法1　首先要肯定每個孩子的感受，切勿偏心

「**你真的很討厭**妹妹把你聽到一半的音樂關掉吧。」

「**你剛才沒有心情**聽很大聲的音樂，也不喜歡那麼多鼓聲吧。」

「**你很氣**妹妹從你手中搶走遙控器。」

「哥哥把你的手指向後扳、還掐你的手臂，**一定很痛吧**。」

「你覺得不公平的是，妹妹可以聽她喜歡的音樂，而你卻不能聽你喜歡的音樂。」

「嗯，所以你們兩個人都想聽音樂，不過是兩種不同的風格。」

諸如此類的回應……

有時這就足夠了。孩子感到有人傾聽時，他們會冷靜下來。他們可以更清晰地思考，也許能夠自

己想出一個解決方案。

「如果他們冷靜不下來，反而開始互相亂罵呢？」

你可以**強烈表達自己的感受**：「喂！我不喜歡難聽的話喔！聽了只會更生氣。」

接著，不妨也幫他們表達感受，不帶任何辱罵：「你可以告訴哥哥：『我不喜歡讀書的時候旁邊的音樂很大聲，聽了很不舒服！』」

假如他們這時還沒有乖乖走開，就可以進一步採取第二步驟。

方法2 描述問題，不要淡化問題

「這個問題真的很難耶，你們一個想聽很吵的搖滾樂、一個卻不想聽。」

光是這樣，可能便足以激勵孩子自己解決衝突。

但即使事與願違，也不必擔心。有沒有發覺，我們已完成了解決問題流程的前兩個步驟？你已在第三章〈處罰衍生的問題〉中，看到大人和孩子共同解決問題的過程。現在是溝通能力再進階的機會了：教導孩子運用相同的流程來解決彼此的問題。不妨把這當成孩子練習解決問題的良機，期盼他們有一天會加以內化，屆時就可以讓他們解決自己的問題，你只要在旁邊輕鬆喝杯咖啡就好。下一步驟如下：

方法3　集思廣益

「怎麼做才能讓你們都滿意呢？我們需要想點辦法。」

腦力激盪的過程中，不要拒絕任何點子（不要說「什麼？你想要花三萬美元蓋一間隔音錄音室？門都沒有！」）。

不妨把所有想法全部寫下來。也許你得先忍耐想發表意見的衝動，以免當下就提出自認聰明的方案（「你要不要乾脆……就好呢？」）。務必記住，無論孩子想出什麼辦法，都可能比你的更有效。你只要願意等久一點，就等於在告訴孩子：「我相信你絕對有能力想出辦法喔。」

方法4　逐一檢視列出的方案，挑出大家都滿意的點子

你可以劃圈、打叉、打勾、加上笑臉或哭臉，隨你高興；再找一塊磁鐵，把雙方都同意的辦法貼在冰箱上，以待日後使用。

「那要是上面的辦法沒有用怎麼辦？或是只用一次就失效了？那該怎麼辦？？」

那至少你曉得什麼辦法行不通了，距離真正的好辦法也就更進一步。再度展開解決問題的流程，可以告訴孩子：「嗯，我們試過這個辦法，可是結果不如預期耶，我們來看看還有什麼好點子吧。」

儘管比單純發號施令麻煩許多，但辛苦絕對不會白費，這樣思考多少能聊以慰藉。培養互相尊重、解

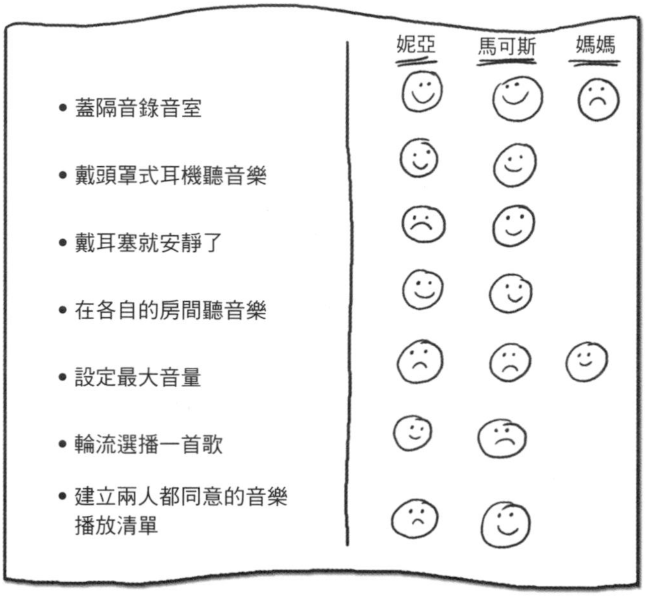

決衝突的能力，才能推動世界和平的理想。不妨想像一下，日常生活都不用你介入，孩子就能自己解決問題，這樣的願景有多美好！

「你確定不是在開玩笑？我沒那個美國時間也沒力氣搞這些，我家的孩子就是不可能達成共識，你存心想累死我！」

假如，剛好當天你或孩子沒耐心去實現上述願景的話……

簡要統整每個孩子的觀點，然後採取行動。必要的話，把小怪獸帶離彼此身旁，或拿走引發爭吵的目標。等你恢復耐心後，再重回解決問題的流程。

「馬可斯想聽自己最愛的音樂，但是妮亞偏偏不想看書的時候被這種音樂吵，反而比較想聽不一樣的音樂，不要有鼓聲和人聲。現在我要做出決定，只是不可能皆大歡喜，我先讓馬可斯聽完當下這首歌，然後就要關掉音響、收走遙控器。之後，我們再一起坐下來，找出大家都同意的辦法。」

「但是如果其中一個孩子一直找另一個孩子麻煩，像是肢體攻擊或言語攻擊，然後講半天講不聽呢？難道就不該處罰那個孩子嗎？」

我們大人確實必須負起責任，制止我們無法接受的行為，保護我們照顧的孩子。問題是，處罰能達到這個目的嗎？

處罰的問題在於沒有教導「挑釁方」未來如何處理類似的衝突，既不能修復關係，也無法提升受害方的安全感。

而且處罰並不能解決引發打架的源頭，像是對於新生兒感到嫉妒、對於全新上學習慣感到焦慮、爭奪東西，或受到挫折卻拿受害方出氣等等各式各樣的原因。我們按照根本的感受或需求來調整回應，才會產生最大的助力。

親職現場的真實故事

你這個幼稚鬼！

我讀過某本教養書說，有孩子對另一個孩子很壞時，應該關心受害方，而不是挑釁方。但在我家裡這根本行不通，簡直變成無限迴圈。

這次是列夫（十一歲）一直鬧阿維（八歲），說他「行為像個幼稚鬼」。阿維拚命反駁，但列夫不斷刺激他：「這樣說就證明了你是幼稚鬼啊！」

我要他們倆各自去冷靜一下。我的理智叫我不要處罰，但我的內心卻在大吼：「我要把他們鎖在房間，鑰匙丟到垃圾桶！」我簡直火冒三丈，便把自己關在衣櫃裡，才能好好發洩又不被兒子們聽到。呃啊啊啊啊！我最討厭這樣了！阿維只是在尋求關注和認同啊，列夫怎麼可以對弟弟這麼壞？我根本生了一個惡魔！

其實我是「家庭成員如何溝通」工作坊主持人，於是我捫心自問：「這要是發生在工作坊，我會怎麼回應家長呢？……我會請他們從列夫的角度看事情，肯定他的感受……」但我才不想去管他的感受！他根本就是惡魔！

最後，我冷靜下來，離開了衣櫃，獨自到列夫房間找他說話。「媽媽知道，你其實可以當個貼心又善解人意的哥哥。之前想必發生了什麼事情，你才會氣到對阿維說那些話。」

這下他宛如水庫洩洪，開始一連串的抱怨：「每次我們去看棒球比賽的時候，阿維都躺在地板上喊累，害我們最後遲到，所以我都看不到比賽開局……還有全家大掃除的時候，大家都應該要幫忙，他偏偏又說自己很累，然後什麼都沒做，根本就不公平！……還有他每天早上都害我們上學遲到，因為他一定要在出門的時候跑去上廁所……」

他一口氣吐了一大堆苦水。從列夫的角度看來，阿維的行為確實像小嬰兒一樣幼稚！因為他管不了自己的精神、管不住自己的膀胱。看在哥哥眼裡，一定覺得煩死人了。

我沒有反駁他，也沒有幫弟弟說話，只是靜靜聽著（其實不能說「只是」，因為要耐心聽完並不簡單啊）。我聽完才說：「哇，難怪你這麼生弟弟的氣。他平常的表現常常踩到你的地雷，我覺得你要把這些話說給阿維聽，他才知道有些行為會惹你生氣。問題是真的一大堆，他可能沒辦法一次聽完這些不好的行為。還是說你挑其中一件跟他說呢？」

列夫決定告訴阿維，每次看到阿維沒有幫忙大掃除時，他就覺得有夠生氣。阿維說，他也想幫忙啊，但有時真的覺得好累。我問：「那我們能不能想個辦法，讓打掃的人不會覺得不公平，阿維太累的時候也不覺得被逼著打掃呢？」我們想出了一些家事，像是倒垃圾和回收，讓阿維有精神時能依自己的時間完成。阿維只要做完這些家事，一定都會告訴哥哥，因為他想要好好補償！

那次對話大幅改變了兄弟倆的關係。當然，兩人依然不時發生衝突，但沒有像先前持續地惡意去鬧對方。列夫知道自己不爽時，可以找我和阿維說清楚，一起找到方法來解決問題，而不是讓自己益發忿忿不平。

一年後，阿維被診斷有重度睡眠呼吸中止症，他馬上反應：「我們去跟哥哥說！」他想告訴哥哥，終於找到自己動不動就想睡的原因了！

有時，減少爭執的不二法門就是稍微多關心每個孩子，例如以下分享中的家長：

地板上的解決方案

我要被自家孩子的鬥嘴給煩死了，而且我開始留意到固定的模式。他們結束課後活動由我接回家後，一定會吵架，屢試不爽。不過才剛進門一下子，我跑到廚房在爐子上煮一壺水，他們就針鋒相對，不但搶起玩具，還故意朝對方吹氣。我跑回去阻止他們打架傷害彼此，到了最後每個人都會又氣又煩——尤其是我！

上星期，我開始建立一項全新生活規律。我們只要一進門，我就把外套和包包扔在沙發上，坐在客廳正中央，活像是一個把孩子吸來的磁鐵。五歲的米莉安爬到我的大腿上，七歲的喬瑟夫給我看他從學校帶回來的東西，九歲的瑞秋分享著自己小圈圈的最新八卦。我完全沒去拿手機、無視還沒煮好的晚餐，甚至沒偷偷檢查電子信箱，足足持續了五分鐘。光是這樣似乎就夠了，接著我就會說：「等一下，媽媽要去準備晚餐囉。」他們就會自己找事做，或到廚房來「幫忙」。我以前壓根沒想到，不過花個五分鐘，就能換來耳根的清淨。

拜託理我一下嘛，好不好？

我四歲的兒子崔恩一直拿玩具扔向八歲的姊姊麥伊。她整個被弟弟惹毛。我先肯定了她的感受（「你討厭被玩具砸到！」），也沒收了兒子的玩具（「玩具不是用來丟姊姊的喔！」）。但往往只能阻止當下的行為，他下一次依然會再犯。

我突然想到，自己並不曉得他亂丟東西的理由。我知道直接詢問原因不管用，所以這次就說：「一定有什麼事情惹你生氣，你才會用積木丟麥伊吧，我很好奇怎麼了……」

崔恩說，希望我和姊姊看他表演玩偶，但我們都不理他。確實如此，我其實有聽到他在叫我們，可是卻忽略了他。崔恩發現我們沒有反應，就開始丟東西想引起我們的注意。我聽了覺得更同情他了，便告訴他：「我沒辦法讓你亂丟東西，但是之後，我會盡量好好留意你有沒有叫我，假如我一時走不開也會告訴你，絕對不會完全不理你。」崔恩聽了很是滿意。

目前為止，尚未發生其他亂丟的事件，已整整一星期家中沒有飛行物體了。

有時，解決衝突的方法出乎意料地簡單：

請把我圍起來

我有兩個兒子，多姆四歲半、羅科一歲。自從羅科學會走路開始，動不動就會碰多姆的東西，多姆對弟弟也愈來愈暴力。前幾天，多姆正在用樂高積木蓋城堡，結果被羅科硬生生撞倒了，多姆大叫後打了羅科的臉。

我差點就按捺不住想揍多姆的衝動，之所以忍下來是我想到自己一邊說「不准打人」卻又一邊揍他的場景有多荒謬。於是我大叫「不准打人」，把羅科帶到我房間安慰，把房間鎖上不讓多姆進來。多姆心急如焚，在門外哭喊著。大家都冷靜下來後，我實在沒辦法和他們好好談這件事，因為我沒那個力氣了！只想享受片刻的寧靜，才能好好釐清思緒。

那天晚上，我哄多姆上床睡覺時，兩人已平靜到可以嘗試解決問題。我說，我知道有個小弟弟亂拿東西、破壞積木作品真的很不好受。我問他，有沒有方法可以避免樂高作品不被破壞，羅科也不會受到傷害。我建議，他不妨在自己房間玩樂高，但他不喜歡獨處，所以就拒絕了。他的想法是把羅科擺在遊戲圍欄裡，但這次換我不同意，因為羅科不喜歡被關在圍欄裡，畢竟現在他會自己走路了。然後，我們有了一個點子，就是把遊戲圍欄當成玩樂高的防護，這樣多姆就可以在裡頭玩樂高，羅科則沒辦法進去亂拿了。我們嘗試這項方法以後，效果好得不得了！多姆可以待在客廳中央，旁邊有家人陪伴，他的樂高作品安全無虞。

我還注意到，我們不僅解決了樂高的難題。自從把「遊戲圍欄」當成玩樂高專用後，多姆更懂得

自己，不再對弟弟亂發脾氣了，只不過偶爾還是會抓狂一下！

部分衝突並沒有簡單的解決辦法，但我們仍可以尊重感受，以開放的心胸來看待：

雜音

我有一對十歲雙胞胎女兒，分別叫薩曼莎和珍妮佛，還有一個六歲兒子泰勒。薩曼莎喜歡音樂劇的歌曲，老愛在家盡情唱歌。她從朋友那裡得知一位歌唱老師，非常期待自己能跟老師學唱歌。但妹妹聽了馬上插嘴，說她也想上課。我便說，她們兩姊妹都可以報名呀，但薩曼莎卻因此非常不開心，說明明是她先想上課，假如妹妹也學她，「那就一點都不好玩了！」說完，她眼眶泛淚，氣沖沖地走掉了。

我婆婆建議讓薩曼莎報名課程就好，畢竟她先提出要求了，妹妹只是在有樣學樣。但我拿不定主意。一方面，我可以理解薩曼莎的感受，當雙胞胎其實有時很辛苦，她希望學唱歌是純屬自己的活動；但另一方面，我怎麼可以偏心只讓她學唱歌呢？這樣不對啊！

我和一位職業歌手朋友聊到這件事，她的回應非常明確。她說，自己以前是家中唯一可以學唱歌的小孩，其他姊妹都沒機會，只因為她「有天分」。她的姊妹至今仍耿耿於懷，對她的歌唱生涯不聞不問，也完全不會出席她的表演。

我聽完不禁害怕了起來，但問題還是沒解決。假如我堅持姊妹倆都有權利學唱歌，那等於掃了薩曼莎的興致。她拚命地想要取得屬於自己的認同感、找到獨一無二的個人價值。

最終，我決定表達我的真實感受，也聊聊她們的感受，暗自祈禱結果順利！我說了以下這段話：

「這個問題真的非常非常難解決耶。薩曼莎想學唱歌，平時很多事情都跟妹妹一起，但是只有學唱歌這個活動很特別，她希望可以自己一個人。她對這件事情真的很堅持，只要沒辦法自己單獨報名，就不想去學了。

珍妮佛也喜歡唱歌，當然不希望只因為沒先想到，就被禁止上課啊。

我不知道該怎麼辦耶！我不想禁止珍妮佛報名學唱歌，畢竟大家都適合接觸音樂，可是我也希望薩曼莎能有屬於自己的活動，看得出來這對她來說真的很重要。」

珍妮佛說：「喔，我其實不是真的想上課啦，只是想借樂譜來看，這樣我就可以唱了。」

薩曼莎說：「我可以借你樂譜啊，也可以印一份給你。」

沒想到，泰勒此時也來參一腳：「我也想學唱歌啦！」（我就知道！不可能那麼簡單就解決。）

我老公便提議，他會開始教泰勒用烏克麗麗彈和弦，之後姊弟就可以成立樂團。雖然費了一番唇舌，但泰勒最後也答應了。

這樣才對嘛！可以對孩子說實話，真的讓我大鬆一口氣。幸好，我最後沒有決定偏袒其中一方，孩子也不會因此覺得委屈和不爽。

我們希望孩子學會好好說話，而不是凡事都看誰拳頭大。不過，我們有時會忘記，這對於孩子來說是多大的難題：

搶棉被大戰（喬安娜的經驗分享）

山姆和丹丹又為了棉被吵起來了！兄弟倆一開始還玩得笑呵呵，五歲的山姆老愛把七歲丹丹在上鋪的棉被扯下來。丹丹必定以牙還牙，換他把山姆的棉被拉到上鋪。山姆發現自己力氣沒有哥哥來得大，隨時都會輸掉這場比賽，於是開始使勁地把自己的棉被往後拉，整張臉脹紅起來，他大叫：「住手！」丹丹繼續扯著棉被，絲毫沒發現氣氛不對勁。他的身體從上鋪倒掛，抓起山姆的被子和枕頭，想要搶到上鋪當成戰利品。

山姆簡直要氣瘋，便向丹丹揮拳，丹丹這下也火大了。「打人！怎麼可以打人！」他出拳回擊。我立刻衝進房間，中斷兩人激烈的肢體衝突。

我把兄弟倆拉回各自的床上，再把棉被還給彼此，隨即一如往常地提醒：「我不能坐視你們兩個互相傷害不管喔，禁止打人，好好說話，不要動手。」這些話他們早就聽過了。怎麼沒有確實聽進去呢？

我這才意識到，想不動手動腳真的很難。哥哥不顧弟弟的感受時，弟弟該怎麼辦？而哥哥要是被弟弟狠狠地打一拳，又該怎麼回應呢？

所以，我換了一套說詞：「生氣的時候，很難不打人！就連大人也很難做到。」

我發覺當下氣氛有了變化，孩子真的在注意聽我說話。丹丹說：「什麼意思？大人不會打架啊。」

「嗯，大人氣到不行的話，有時候還是會打架。生氣的感受進入身體裡，害你很想要打人發洩（我握緊拳頭甩了甩）。大人打架鬥毆實際上違法，因為力氣很大、身強體壯，可能會害彼此受到重傷。所以，大人一定要學會控管情緒，改用話語表達出來，否則就可能坐牢喔。」

如今，兩個孩子聽得入神！我想自己最好說些安心的話，畢竟並沒

有打算嚇壞他們。

「小朋友不會坐牢啦，因為還在學怎麼才不會打人。但這很不簡單喔！想要幫彼此學會不打人，就要仔細聽對方說話。所以假如哥哥或弟弟喊停就停下來，等於在說不一定非得打人不可。」

丹丹聽了有點不爽：「可是明明是弟弟先打人，一分鐘之前他笑得很開心耶！」

山姆：「才沒有！」

丹丹：「明明就有！」

我介入兩人的對話：「所以剛開始玩笑得很開心，後來突然生氣喊停，這讓你有點覺得莫名其妙吧。」

丹丹：「對啊！」

「這樣就很難玩動手動腳的遊戲了，所以一定要仔細盯著對方的表情，確定他還想要繼續玩。假如你真的氣到想要揍人，有什麼辦法可以阻止自己呢？」

他們都茫然地看了我一眼。

「好吧，如果再發生這種事情，你們可以大聲叫我，直接說『救命！』，我就會跑來幫忙協調，不用打架。」

我還記得，他們發覺大人也要抑制怒火、按捺自己攻擊的衝動時，臉上滿是不可思議的表情。這呼應了他們面臨的難題，因此就更有動力去設法克服。我注意到，後來兄弟倆的衝突有了變化，比較不容易拳腳相向，反而更常去聽對方說話。我看到打鬧太過激烈時，也可以適時提醒他們「注意對方的表情」，事實證明這項指示非常有用！

孩子本來就難以從別人角度看待衝突，這對自閉症孩子來說更是困難重重，例如以下故事裡的諾亞：

電腦大戰

諾亞（九歲）玩電腦遊戲玩到一半暫停去上廁所，大衛（十二歲）擅自把諾亞的遊戲關掉，玩起自己的遊戲。諾亞回來時，他朝大衛大吼，叫他滾開，衝突迅速升級，兩人互相叫囂、辱罵對方。

我命令他們到客廳去，不准碰電腦。「你們聽起來真的氣炸了耶！我想知道怎麼了，但是你們現在搶著說話，我聽不太懂。」諾亞看起來氣到快發瘋了，我就說：「諾亞，麻煩你先說吧，大衛，等他講完就輪到你喔。」

諾亞激動地說：「大衛明明知道我玩遊戲玩到一半，就關掉我的遊戲！害我積分全都沒有了，他怎麼可以這樣！明明是輪到我玩耶。」

大衛很想插嘴，但我首先重述了諾亞的觀點：「這樣啊，你的遊戲還沒結束，但是想先去上廁所，你覺得大衛理應知道你一下子就會回來，你很生氣是因為積分都沒有了。」諾亞說：「對啊！」

「大衛，換你說了。」

「我不知道他玩到一半啊，誰叫他每次玩完都不會關掉遊戲。」

諾亞插話：「你明明知道我在廁所，你根本就是想要霸占電腦！」

「諾亞，現在輪到大衛說喔，等他說完就換你。」

大衛接著說：「我哪會知道他在廁所啊？」

我把整件事總結一遍：「所以，大衛以為輪到自己可以用電腦了。諾亞覺得大衛應該知道他遊戲才玩到一半，馬上就會回來繼續玩。那現在我們要訂出一套使用電腦的規定，不然這個狀況可能會再度發生喔。」我拿出一疊便條紙，徵求他們的看法。以下是對話的過程：

諾亞：「大衛一定要確認我用完電腦才能關掉遊戲。」（我把這點寫下來。）

大衛：「不要！我才不要在家裡找你找半天才能用電腦。」

我：「我們先把所有點子都寫下來，等等再決定大家喜歡哪一個。」

大衛：「我們應該要規定，只要一離開，電腦就要換人玩。」

（諾亞經常玩遊戲玩得太入迷，等到發現自己膀胱快爆炸，常常就來不及趕到廁所，好不容易最近比較進步，可以及時上廁所。這個規定實行起來絕對會很慘！但我才剛剛告訴大衛不要急著批評，我自己以身作則比較好，便把他的想法也寫下來。）

諾亞：「要是我尿急怎麼辦？」

大衛：「好，那你就要在電腦貼個便利貼，註明你還在玩。」（我把這點寫下來。）

諾亞：「我來不及寫便利貼啊。」

我：「還是你事先寫好一張告示牌說『諾亞在用電腦』，上廁所前擺在鍵盤上頭就好。」

諾亞：「好啦……」

大衛：「如果沒看到告示牌，我就可以關掉遊戲，換我用電腦喔。」

我完全不必把所有點子都讀過一遍，他們就有了共識：諾亞要先準備好告示牌，如果他遊戲玩到一半想上廁所，就要把告示牌擺在鍵盤上。

有意思的是，諾亞並沒有真的把告示牌做出來，但兄弟倆再也沒有為了電腦吵過架。在諾亞使用電腦的時段，假如他想上廁所，就會對大衛喊：「我電腦還沒用完喔。」大衛也會先看看諾亞在哪，不再隨便關掉遊戲。透過表達觀點、討論解決辦法的過程，他們更清楚彼此的觀點。對於自閉症的孩子來說，推測別人的想法或感受可能難上加難。我認為，解決問題的流程有助培養這項能力。

重點整理

誰來幫幫我！我家孩子打起來了！

1. 採取行動但不帶羞辱，確實把打架的孩子拉開。

「喂！不准互相傷害！」

2. 肯定孩子的感受，切勿偏心。

「你真的很討厭妹妹把你聽到一半的音樂關掉吧。」

「你很氣妹妹從你手中搶走遙控器。」

3. 描述問題，不要淡化問題。

「這個問題真的很難耶，你們一個想聽很吵的搖滾樂，一個卻不想聽。」

假如以上方法不夠的話：

4. 繼續解決問題的流程：

- **詢問孩子的想法：**

「怎麼做才能讓你們都滿意呢？」

- **選擇有共識的點子：**

「我們把這幾點圈起來，貼在冰箱上吧。」

權宜之計（沒時間或沒耐心的話）：

5. 簡單總結每個孩子的觀點，再採取行動：

「你想聽自己最愛的音樂，但是你偏偏不想看書的時候被這種音樂吵。那現在我要做出決定囉，只是不可能皆大歡喜。」

親職筆記本

肯德基與麥當勞

我下班後去接孩子，順便說我們要在回家路上買晚餐。我兒子說：「那我們吃麥當勞吧！」我女兒卻說：「不要，我們要吃肯德基。今天換我選了，我想吃馬鈴薯泥。」兒子踢了女兒的椅背說：「人家想吃麥當勞啦！」

我說：「你感覺很生氣耶！」

「我沒有生氣，我只是想吃麥當勞！」

我說：「好，可是這次換妹妹選了，所以今天吃肯德基。感覺你真的很想吃麥當勞，那下次換你選麥當勞的話，你打算買什麼？」

「炸雞。」

「嘿，我們可以在肯德基買炸雞啊！」

「喔，那可以！」

我猜他大概不曉得肯德基最後一個字母（C）的意思吧！

第六章

誰來幫幫我！我家孩子會打我！——對抗小怪獸的自我防衛之道

喬安娜與茱莉好：

我和老公這陣子都會與四歲的兒子麥斯練習肯定感受和解決問題的流程，麥斯也愈來愈擅長思考解決問題的辦法。但最近讓我們頭痛的是，麥斯很快就會失控，然後開始大吼大叫、拳打腳踢。我常常還搞不清楚狀況，他的情緒就爆炸了。

芝麻綠豆大的小事都能激怒他，像是洗澡時，我們用海綿字母在瓷磚上拼字，我不小心把某個字母弄到水裡，麥斯居然從浴缸爬出來，開始攻擊我。我不得不壓住他的雙手雙腳來保護自己。我也強烈地表達過自己的感受：「這樣媽媽會痛！」

「我不喜歡這樣喔！」

「不可以打人喔！」

甚至還說……「給我住手，別再打了！」

如果他在睡前打我，我就會告訴他：

「今天晚上媽媽不能陪你睡覺了，因為我很怕被你打，明天看情況再陪你睡喔。」

目前為止，什麼方法都無濟於事。我真的很努力想辦法，卻老是不得其門而入，這種感覺真的糟

透了。

——不想當沙包的媽媽

不想當沙包的媽媽好：

你現在採取的步驟都沒錯，包括嚴正地表達你的感受、保護自己，同時都沒有反擊孩子。

等孩子平靜下來後（可能是晚上或隔天），你可以這樣說：「昨天晚上洗澡的時候，字母掉進水裡，害你好生氣。可是我也很生氣，因為我不喜歡被打。我們都大發脾氣，那樣實在很不好！假如每次海綿字母只要掉下來，我就會被打的話，那我就不會想在洗澡的時候玩了。我們來想個計畫吧，你生氣的時候可以用其他方法讓我知道，不必打我。我們可以發明一句話，比方說『嗚啦啦!!』，或使用特別的手勢，像是大拇指比倒讚怎麼樣？」

假如計畫奏效，孩子使用了特別的字眼或手勢，你就可以浮誇地肯定他的感受：「哎唷怎麼會這樣！你超不想要字母掉下來！字母應該要待在瓷磚上啊！討厭死了！」

我們想讓孩子學會一件事：凡是對別人拳打腳踢時，對方會非常生氣，也不想一起玩了，並不是因為對方想處罰你，而是因為他們得保護自己。我們希望孩子學會其他表達方式——既能宣泄憤怒，又不會傷害別人。

也許可以想想看，為什麼麥斯最近脾氣這麼暴躁。這類行為通常伴隨著生活中重大變化或龐大壓力，像是剛轉到新學校、家有新生兒（無論是肚子裡、已出生或剛學走路）、當天上學不順利、換了新保母、搬新家、親人過世、父母爭吵、健康問題（例如耳朵感染或感冒前兆），甚至睡眠時間被打亂等等。凡此種種狀況，都會導致孩子理智斷線後「抓狂」[1]。表面上是海綿字母掉到浴缸裡，實際上案情並不單純，而是最後一根稻草了！

喬安娜與茱莉好：

我讀了你們列出的壓力來源後才恍然大悟。麥斯的弟弟芬恩快滿一歲了，過去兩個月漸漸開始學會爬了，每天都很好奇哥哥在做的事，也老愛碰哥哥的東西，所以我們把幾箱麥斯的舊玩具翻出來給芬恩玩。麥斯看到芬恩在玩舊玩具時，就變得很不開心。有次，他既認真又害怕地說：「芬恩以後會把我的玩具都搶光啦！」此時，他淚水已在眼眶裡打轉。

我這才發覺，麥斯也愈來愈常擺臭臉，因為我們一直責怪他玩芬恩的玩具，主要是因為他不是動作太粗暴，就是會搶走芬恩手中的玩具。昨天，兄弟倆一起到遊戲圍欄裡玩，一開始還好，但後來麥斯又太粗暴，爸爸就叫他出來。他邊打爸爸邊說：「爸爸是壞人！」

等到大家都冷靜下來，我老公便帶芬恩去散步，好讓我和麥斯坐下來聊天。我拿出一張紙和蠟筆，開始寫下這段話：「爸爸媽媽不讓麥斯玩芬恩的東西，麥斯很生氣，所以就會打人。」（他比較想要我寫下來再讀給他聽，而不要我直接講出來。）他問：「生氣這兩個字怎麼寫？」我告訴他後，他就寫在紙上。他說自己依然喜歡以前的玩具，即使那些都是給小寶寶玩的也一樣。我說，爸爸媽媽也喜歡玩寶寶的玩具啊！他說，他不喜歡和芬恩玩到一半時，突然被我們制止。我說：「這樣真的很煩耶！你不喜歡我們制止你和弟弟玩。」然後，我寫下「好點子」，麥斯練習過很多次解決問題的流程，所以現在已認得這個詞了。以下是他想到的點子：

1. 麥斯可以利用芬恩睡午覺的時間，到遊戲圍欄裡玩。

2. 麥斯可以利用芬恩不在家的時間，玩芬恩的玩具。
3. 麥斯可以玩不在芬恩手中的小寶寶玩具。
4. 麥斯還沒準備好把羅比機器人送給芬恩，希望能把它要回來（我建議他把機器人收到房間）。

我們把以上點子全都圈起來，因為看了每個都喜歡。目前為止，他表現得可圈可點。

他還是有次生氣時出手打我，因為他不想放下玩具來好好穿衣服，但我說：「哇！麥斯生氣了，在打人了！他一定非常不開心！」我們就能開始解決問題。我們發明了一個新的捉迷藏遊戲，當鬼的人不用數數，而是要在躲的人找地方躲起來時穿好衣服，穿得愈快，躲的人時間愈少！我們發明的另一個遊戲是間諜大挑戰，就是要默默穿好鞋襪不讓爸爸知道，穿好再說我們準備好出門了，嚇他一跳。

後續來信：

麥斯打人的狀況減少了，但沒完全消失。他還是有打人的衝動，但看得出來他在學著按捺衝動，這對四歲孩子來說真的值得佩服。麥斯愈來愈懂得管理憤怒，並且用其他方式來發洩（揉團、握拳、大吼等），而我則負責肯定他的感受。他和弟弟相處得愈來愈順利，我也比較能挪出時間（有時可能只是五或十分鐘），陪伴麥斯做他想做的事，像是玩樂高或讀他的貓熊童書。

我也努力學著判斷麥斯何時需要休息。假如他累過頭或好不容易熬到週末，我就會放寬規定，讓他可以不必按時洗澡，或讓他看個電視。有時，我會在遊戲室拉起一個界線，讓他獨享「大孩子」的角落好盡情玩玩具，絲毫不必擔心芬恩過來亂拿。

重點整理

誰來幫幫我！我家孩子會打我！

1. 強烈表達自己的感受。

「這樣我好痛喔！我不喜歡這樣！」

2. 肯定孩子的感受。

「你就怕發生這種事情！一定好生氣！」

3. 採取行動但不帶羞辱。

「今天晚上我不能陪你睡覺了，因為我很怕被你打。」

「我現在把你的手抓緊緊，才不會被打到。」

4. 嘗試問題解決的流程。

「你很討厭字母掉下來，可是我不喜歡被打。那我們來想個計畫吧，你生氣的時候可以用其他方法讓我知道，不必打我。」

小祕訣：通常生活中出現重大變化或龐大壓力，孩子的脾氣就會變得暴躁。你可能得要調整環境，而不是光想改變孩子。

親職筆記本

及時解圍

（這則不是讀者來函，而是喬安娜的親身經歷。）

我在西哈林區的小學任教時，主要工作是幫助有學習障礙的學生提升數學與閱讀成績。但我教的許多學生都脾氣暴躁，凡是當過老師的人都知道，孩子只要生氣或受挫時，絕對不可能學會東西。因此，我花很多時間處理孩子的感受，幫助他們用語彙表達情緒（「你一定很生他的氣了！你不喜歡他扯你的帽兜，我們去跟他説不可以扯帽兜吧」）。我叮嚀他們，假如有人受傷或不開心，就必須停止打鬧囉（「看著對方的表情，他哭了嗎？他看起來很生氣，還是依然很開心呢？」）。

路易斯是短小精悍的五年級學生，但非常容易亂發脾氣。課堂上，他展現很棒的創意和好奇心，但在操場上卻令人聞之色變。某天下午我下課巡堂時，看到圍籬附近有一群孩子，其中有名三年級學生踢到圍籬底部鬆動的地方，單腳因此卡在網子下面。可憐的孩子拚命想掙脱，周圍的同學卻一再奚落他，有些人還把他腳旁邊的圍籬壓住，這樣就可以嘲笑他久一點。於是我往圍籬走去，準備展現大人的權威，這時卻看到路易斯衝到我前面，對那群學生大吼，叫他們全部閃一邊，接著他把網子往上抬，那名學生這才脱困。

我問路易斯：「你怎麼會跑去幫忙呢？」

「法伯老師，我就像你教我們那樣，看著那個同學的表情，他一點都不開心啊！」

我真以自己的學生為榮。即使面對一群屁孩，他仍然勇敢採取行動，同理學弟的處境。他大可以一起欺負對方，或若無其事地走掉，但他沒有這麼冷漠。這孩子展現的正直，不全是我的功勞，但我知道自己至少提供了適當語彙，幫助他運用同理心來思考。

第七章

善待動物的方法——孩子與動物的相處之道

喬安娜與茱莉好：

我們鄰居養的母貓生了一窩貓咪，孩子央求我領養一隻，早知道就不要心軟了，現在我經常為了人貓衝突頭痛不已。

兩歲半的朱利安很愛追著貓咪跑，我不斷向他說這樣會嚇壞貓咪，但他根本沒聽進去。貓咪愛莉都會爬到窗簾上想離他遠一點，朱利安見狀就會大笑。而六歲的哥哥賽巴斯汀更粗魯，使用的伎倆更賊：他都偷偷靠近愛莉，趁她吃東西時從後頭把她抓起來，強迫抱著她到處走，就算被抓傷了也不死心。

我實在受不了每次都要說「你和貓咪玩要輕輕的喔」，明明也示範了與貓玩的適當方法，但一天下來還是要耳提面命好多次，一點用都沒有！

拜託幫幫忙了！

——加州的貓滾尿流

喬安娜與茱莉好：

我想請教有關孩子和狗狗相處的事。我自己的孩子沒啥問題，因為早在他們出生前，家中就養了一隻黃金獵犬，孩子都知道如何和動物相處，但我實在看不慣別人家孩子的行為。

我們家的狗狗洛基個性溫順，但年紀愈來愈大，他不喜歡被人戳鼻孔或拉耳朵，更討厭有人騎在他身上。我都會告訴來家中玩的小朋友不要去打擾洛基，但有些小鬼頭就是不聽話，不然就是只有暫時守規矩。這真的讓我非常煩惱，狗狗再怎麼與小朋友相處融洽，終究也會受不了。有時，我不准孩子找朋友來家裡玩，但事後就會覺得內疚。

你們有沒有什麼辦法，可以讓我既能找小朋友來家中玩，又不必把可憐的狗狗關在房間裡呢？

——有苦難言的汪星人

貓滾尿流和汪星人好：

電影中凡是出現孩子和動物的組合，看起來就無比美好。文學作品也充滿了小朋友與身旁寵物之間的美妙情誼。但在現實生活中，兩者相處起來就不是一帆風順。即使是靈犬萊西和小主人提米之間，想必也有不愉快的時刻沒剪進電影。

孩子假如堅持己見又熱愛動物，是不可能輕易說服的，你要避免採取以下方法：

- **命令和指責**：「住手，你這樣太大力了。」「不准打擾貓咪，你嚇壞牠了！」「你這樣會弄傷狗狗啦。」
- **警告和威脅**：「你再這樣下去，絕對會被抓傷喔。」「到時候你被咬就不要怪別人！」
- **說教、責罵、訴諸同理心**：「不准拉狗狗的耳朵，這樣很粗魯耶，你會喜歡別人拉你耳朵嗎？」

務必記得，同理心的能力需要慢慢培養。我們無法指望年幼孩子有辦法溫柔，就算他們某些情況下展現溫柔的能力，你也不可能指望他們每次都如此，尤其是他們亢奮時更難做到。

那有我們可以採取什麼方法來保護小動物和孩子，同時又能保持冷靜呢？

我們要先從肯定感受開始，接著給予簡單的資訊，再告訴孩子**可以做什麼**，避免說他們**不可以做什麼**。疏導孩子高昂的情緒，絕對比設法壓抑來得容易。

教導孩子善待動物的方法

步驟1 肯定孩子的感受

「追著貓咪跑好刺激喔。」「狗狗的耳朵軟軟的，你很喜歡摸吧！」

步驟2 提供資訊

「貓咪不喜歡被追著跑，這樣會嚇到牠們。」「狗狗不喜歡被拉耳朵，這樣牠們會受傷。」

步驟3 告訴孩子可以做什麼，避免說他們不可以做什麼

「想知道貓咪喜歡玩什麼嗎？貓咪喜歡追著繩子跑，上面最好還綁著皺皺的紙團，這樣就可以當成逗貓棒了。試試看，放在貓咪面前的地板上慢慢拖來吸引牠。」

「貓咪喜歡你輕輕搔牠耳朵後面，牠在我腿上的時候，你可以試試看喔。」「有時候，貓咪喜歡偷偷躲進紙袋裡，可以幫愛莉找個紙袋嗎？」

「我們坐在這裡看狗狗喝水吧，觀察一下牠的舌頭怎麼舔水。」「想知道我家狗狗喜歡玩什麼嗎？牠喜歡把網球叼回來，要不要丟網球陪牠玩呢？」「你可以輕輕摸牠的胸口。」

「洛基喜歡吃餅乾，你可以把餅乾丟在地板上，或者捧在手心裡給牠吃。」「你可以把餅乾藏在這張紙下面，然後我們來看看牠怎麼用鼻子找到。」

步驟4　給予描述型讚美：描述孩子行為對寵物的影響

「你看貓咪一直跳起來去抓繩，牠很喜歡玩你做的玩具耶。」「我聽到愛莉在呼嚕了，牠喜歡你這樣摸牠唷！」

「洛基喜歡你這樣幫他搔癢，一直在搖尾巴。」「牠跑去叼球了，你丟球牠就能好好運動一下了。」「洛基找到餅乾了，你等於在訓練牠找不見的東西唷！」

但如果以上方法都不管用呢？

如果孩子亢奮過頭了，無法溫柔地與寵物互動呢？或是孩子單純想多陪寵物玩，但寵物明顯沒有意願，又該怎麼辦？你得保護寵物和孩子，彼此才不會受傷。

步驟5　肯定孩子的感受並提供選擇

「你現在很想大玩特玩吧。那你可以跟貓咪玩偶玩唷，也可以學貓爬到沙發上，再假裝要抓老鼠，跳到地毯上。

「你現在一定很想踢東西吧，只是我們不可以踢狗狗，你想要踢皮球還是氣球呢？」

告訴孩子可以做什麼，避免說他們不可以做什麼

把孩子的精力疏導到其他活動，就不必接觸寵物。

- **養貓的家庭**：孩子可以用紙箱幫貓咪做一張床，裡面鋪上軟布即可；可以用蠟筆在紙箱上畫各種圖案；可以給貓咪零食，看著牠吃東西；可以閱讀貓咪的繪本；可以躺在地板上觀察貓咪，假裝自己是研究野生動物的科學家；可以假裝自己是貓咪在伸懶腰、爬行、跳躍、朝對方喵喵叫；假如是會用針線的大孩子，也可以縫些小香包，塞些貓薄荷在裡頭。
- **養狗的家庭**：孩子可以把狗狗的乾飼料塞進寬口塑膠空瓶裡，這樣就能製作出一個藏食器，可以看狗狗怎麼用手掌推瓶子，設法讓飼料掉出來；可以編繩子製作狗狗的拉扯玩具，或在回收箱找個寶特瓶、塞進舊襪子裡，再把開口端打結，就是拋接玩具了；可以假裝自己是狗狗，像是不用手喝碗裡的水、玩隧道和呼拉圈組成的「狗狗障礙賽」；可以閱讀狗狗的繪本或畫狗狗的圖畫。

採取行動但不帶羞辱

把孩子從寵物身邊帶走，或者把寵物從孩子身邊帶走。

- **當下應急的回應：**「我先把愛莉關在房間喔，她被抱得不舒服，需要休息一下。」
- **一勞永逸的方法：**如果你真的覺得孩子年紀太小不適合養寵物，就認真考慮為寵物另外找一個家。尊重自己和寵物的需求並不可恥，為了孩子的安全和寵物的福祉，寧願置於兩個不同家庭，也不要一再承受壓力，讓孩子與寵物可能互相傷害。

你也許會發現，時時刻刻監督年幼孩子與寵物的互動有夠辛苦。我們並不是說小孩子不能與寵物一起玩，養寵物絕對可以帶來很多樂趣，只是毛衣都得用毛絮黏把清乾淨，才能穿到公共場所見人。但如果養寵物的痛苦大於愉悅，對自己或寵物來說都不公平。考慮自己是否可以養寵物時，最簡單的經驗法則是：如果你無法監督年幼孩子和寵物，他們就不該玩在一起，不要指望寵物的本性善良，也不要高估孩子的判斷力。

親職現場的真實故事

貓咪危機解除

我向孩子分享了幫貓咪做玩具的點子。賽巴斯汀想自己縫玩具，花了大量時間在廢紙桶尋找合適的材料。我則在寵物店買了貓薄荷塞進他的玩具作品。他得意地看著愛莉玩著他親手縫好的玩具。朱利安光是玩菸斗通條和羽毛就很開心了。

我把餵貓的責任交給賽巴斯汀。牠會在愛莉碗裡裝滿飼料，然後看著她吃完。他還畫了一隻貓，並貼在愛莉飯碗旁邊的牆上，這樣她就會「知道」那是自己專屬的位置。在我找了賽巴斯汀當小幫手後，他變得與先前截然不同。

無論我好說歹說，朱利安還是會過度亢奮、動不動就去抓愛莉。我也試著平靜面對這件事，直接把愛莉放在我房間，再用鉤鎖把門關上，朱利安就不能自己開門。我第一次這麼做時，他又哀嚎又敲門。我們後來買了一隻貓咪玩偶，這樣愛莉「沒有心情」時，他可以跟玩偶玩。現在他還幫玩偶取好名字——朱利安的寶貝愛莉貓，還滿有個人風格的吧？

起初，養貓咪也許是錯誤的決定，但情況正逐漸好轉。昨晚，朱利安摸貓時，自己說出「輕輕的」，非常非常緩慢地用手順著貓毛摸，彷彿得用盡自制力才能輕輕摸牠，看來值得期待啊！

紙壁蝨

艾瑪看到我用鑷子夾出狗狗身上的壁蝨，她也想有樣學樣，就開始追著泰迪跑。想像一下：一隻敏感的博美犬，看到四歲小孩拿著尖銳鐵鑷子要來戳自己，究竟會做何反應？場面絕對會很難看。我告訴艾瑪：「不可以！泰迪不喜歡這樣。」但艾瑪心意已決，自信滿滿地認為自己能做到。

我靈機一動，告訴她泰迪身上沒有壁蝨了，但我有個辦法可以讓她練習。我在一張紙上畫出小小的壁蝨，再把這些小壁蝨全部剪下來，黏在她的牧羊犬玩偶上，她就可以練習用鑷子逐一夾出來。艾瑪非常滿意這個活動，泰迪想必也感激涕零。

好狗

我家年紀一大把的黑色拉布拉多斑斑，對小朋友是出了名的好脾氣。上星期，我朋友帶著一歲女兒伊莎貝爾來家中作客。我和朋友在廚房裡做點心，伊莎貝爾則在我們腳邊玩耍。斑斑在餐桌底下睡覺，伊莎貝爾忽然爬到桌底、隨即騎到斑斑身上。斑斑想必是嚇了一跳，也可能伊莎貝爾的膝蓋壓到牠肋骨，因為伊莎貝爾突然哭了起來，雖然她身上沒有任何破皮，但眼睛附近有塊亮紅色的咬痕。

我們從來沒想過斑斑會咬人，我和朋友都嚇壞了，從此決定只要孩子在地上玩，狗狗就要待在狗屋或外頭院子裡，畢竟我們無法自以為狗狗受得了小孩的各種花招。

暗藏危險的公園

我有孩子之前，養過一隻叫亮亮的小狗狗，全身毛茸茸的，最容易吸引到小朋友們的目光，但亮亮卻很怕他們靠近。我有次在公園裡遛狗時，一群小朋友跑過來，問我可否摸亮亮，同時卻在追著亮亮跑，亮亮的牽繩不斷繞著我的腿，拚命想要遠離他們。我說亮亮生性害羞，但他們卻充耳不聞。接著，我便換成老師的口吻大喊：「不准動！」孩子立即停止動作，我說：「看得出來你們真的很喜歡狗狗耶。想不想幫我訓練牠？」他們熱情地說好。

我問誰想藏一支涼鞋讓亮亮去找，他們都很踴躍，最後就輪流在樹木後面或灌木叢內藏涼鞋，我再叫亮亮去叼回來。那群小朋友興奮不已，我又讓他們輪流丟球給亮亮，再來是丟餅乾（我遛狗都隨身攜帶）。我感謝他們幫忙後揮手告別，他們全都向亮亮揮著手，大聲地說再見。說來有意思，他們最後根本沒有摸到亮亮，但仍然「和牠玩」得滿足又開心。

孩子如何理解汪星人語言

靠近陌生人的狗狗（喬安娜的經驗分享）

全世界大概就屬我最不可能建議你別讓孩子靠近狗狗。我早在學會走路之前，就很喜歡狗狗了。據說我六個月大時，父母把我擺在沙灘毯子上午睡，兩人則走到水邊讓腳趾涼快一下。回頭一看，他們看見一隻大型德國牧羊犬，蹦蹦跳跳地奔向獨自躺著的寶寶，心都涼了一半，立即跑回去救孩子，但強壯的牧羊犬捷足先登。但他們狂奔到我身旁時，牧羊犬正用舌頭使勁地幫我洗臉，我開心地尖叫起來。從此以後，我摸遍了每隻摸得到的狗狗，現在自己也是狗媽媽，經常邀請陌生人的孩子來摸我家的狗狗，或陪他們一起玩。我很得意的是，自己讓原本充滿懼怕的孩子，能與我家「看似可怕」的狗狗有正向的互動體驗。凡是看到狗狗和孩子相處愉快，我就感到莫名的快樂。因此，以下這些話重點不是勸阻，而是要確保孩子的安全！

大多數人都曉得：**未經陌生人允許，切勿亂碰對方的狗狗**。想像一下，你孩子聽從父母負責任的教誨，對陌生人提出了恰當的問題，聽到的回答是：「當然可以摸牠呀，牠對人很溫和，特別喜歡小朋友！」孩子勢必會興奮不已。

但即使有主人的熱情邀請，**你仍然要看管**孩子和毛孩的互動，畢竟你不知道主人能否「讀懂」狗狗的心思。狗狗會發出細微的不適訊號，卻經常未被察覺。主人真心相信毛孩對孩子抱持善意，但她可能不曉得真正的孩子有多麼難以預測。狗狗可能會怕孩子近距離盯著臉、突然尖叫、從後面飛撲、戳牠眼睛、抓牠耳朵或尾巴。害怕的狗狗通常會咬人來保護自己，一切可能發生在眨眼之間。

那應該怎麼做呢？

首先，不准孩子主動接近狗，而是**邀請狗狗接近孩子**。站在一兩公尺遠的地方，叫孩子拍拍自己的大腿，以邀請的口吻叫狗狗過來：「嗨狗狗，我可以摸摸你嗎？」[1]

如果狗沒有靠近，就向孩子說：「狗狗今天不想打招呼，我們走吧。」然後離開。

如果狗狗興奮地跳起來，主人拉著牽繩無法讓牠平靜下來，就向孩子說：「這隻狗狗太興奮了，現在不適合摸。」然後離開。

如果狗狗冷靜地靠近，主動向孩子示範**讓狗狗聞手，以及輕拍狗狗脖子或胸口**，不可以親牠的臉頰，也不可以摟住脖子或抱住牠。

狗被陌生人摸超過頭部或摟住脖子時，可能會倍感威脅。就算這隻狗並不排斥，你也要思考，假如孩子之後對脾氣不大好的狗狗做出相同舉動，可能會發生什麼結果。

最後，**如果狗狗自己走開了，切勿一直跟在牠身後**，讓狗狗決定想陪孩子玩多久。

這些規則看似過度嚴格。許多狗狗的脾氣都很好，可以忍受小朋友各式各樣的亂來，但教孩子正確的互動方式（練習時要在旁邊監督），有助孩子安全地與任何狗狗相處。

重點整理

善待動物的方法

1. 肯定孩子的感受。

「追著貓咪跑好刺激喔。」「狗狗的耳朵軟軟的，你很喜歡摸吧！」

2. 提供資訊。

「貓咪不喜歡被追著跑，這樣會嚇到牠們。」「狗狗不喜歡被拉耳朵，這樣牠們會受傷。」

3. 告訴孩子可以做什麼，避免說他們不可以做什麼。

「你可以把這個繩子放在貓咪面前的地板上，慢慢拖著繩子吸引牠撲過來。」「你可以丟球讓洛基叼回來。」

4. 給予描述型讚美：描述孩子行為對寵物的影響。

「貓咪很喜歡玩你做的玩具耶。」「狗狗喜歡你這樣輕輕摸牠耶。」

5. 提供選擇。

「你現在一定很想踢東西吧，只是我們不可以踢狗狗，你想要踢皮球還是泡綿球呢？」

6. 採取行動但不帶羞辱。

「我先把狗狗放回狗屋喔，牠需要安靜吃飯。」

「貓咪要先關在房間裡，牠被抱得不舒服，需要休息一下。」

第三單元

孩子的各種焦慮、恐懼與大崩潰

第八章

恐懼——恐龍、蜘蛛和螞蟻……我的媽呀！

親愛的讀者，你是否懷疑（甚至害怕）我們**又要討論**如何肯定孩子的感受？對唷。你早就知道了嘛！只是在童年恐懼的陰影下，我們特別難以肯定感受。我們都有強大的衝動想排除恐懼的感受，並且盡可能讓孩子感到安心。我們太想保護孩子，生怕他們會坐立難安，更需要避開不必要的恐懼！

不妨換位思考一下：想像我們大人會害怕的事，無論是怕高、怕毛茸茸的蜘蛛、怕公開演說、怕傳染病等等，假如有人對你說：「那有什麼好害怕的！拜託，勇敢點嘛！沒問題啦。」可能一點安慰的效果都沒有。

我們聽到這樣的說法時，腦袋接收到的訊息是：「你的害怕完全沒有道理，膽小鬼、不講理、廢物！」這下子除了原本的害怕，更因為害怕感到自卑。

我們無法用邏輯說服孩子擺脫恐懼，但我們多半用過這招。

「恐」懼症（喬安娜的經驗分享）

多年前，那時我的六歲兒子看了一部恐龍動畫電影後，就不敢睡覺了。電影裡的「壞」恐龍追逐「好」恐龍，哎，早知道就不要挑那部了，害我還要處理睡前的鬧劇。我對兒子說：「查克，那些恐龍是假的啦。我的意思是，是的，以前世界上有恐龍，但好幾百萬年前牠們就滅絕了呀。」

查克聽了很不爽。「我**當然知道**牠們是假的啊！但是我還是覺得可怕啊！」

我才表示接納這項基本前提——「我懂，查克，不是真的但還是很可怕，尤其在晚上更可怕！」——查克就顯得平靜許多，開始讀起手邊的遊戲書《小小探索家》尋求安心，然後就沉沉睡去，不再擔心恐龍。

大約八年後，我有機會反思那次的談話。孩子百般鼓勵我陪他們看電影《瘋狂理髮師》（*Sweeny Todd*），因為他們高中要搬演該部舞台劇。我覺得這部片太恐怖了，還設法辯解：「電影裡的人喉嚨被割破大噴血，死前根本呼吸不過來！我晚上一定會做噩夢！」

查克挑起眉毛，好奇地看著我——這是他練就多年的反應。「媽，你應該知道那些都不是**真的**吧？人家是演員啊，全部都是特效！」我略帶激動地說：「就算不是真的，看了還是會不舒服啊！」

假如我們無法消除孩子的疑慮，又要如何幫助他們克服恐懼呢？已所不欲勿施於人，不要貶低或輕視感受，而是要肯定感受。

打個比方，孩子要去阿嬤家過夜，出門前感到很緊張，因為你沒辦法陪在身邊。

X盡量別說：「只是在阿嬤家睡一個晚上嘛，有什麼好害怕呢？阿嬤很愛你呀！」

O肯定感受：「不在自己家、也不在自己的床上睡覺，又沒有爸爸媽媽陪，一定會覺得很煩吧。雖然你和阿嬤很親近，但是要去過夜還是會不太自在。」

一旦你承認了孩子的感受，很有可能會聽到孩子分享更多擔心的事。我們並不建議放大孩子的感受，不要平添他原本沒想到的憂慮（「你是不是怕夢到鬼呀？」）。只要慢慢來，好好傾聽，最好把孩子的煩惱逐一寫下來。

「但如果我們太寵孩子，他們要怎麼學會面對恐懼呢？接納孩子的感受也許會安撫他當下的心情，但是我還是要他釋懷啊，因為我有事要出門，他晚上一定得住在阿嬤家！」

有時，單純肯定感受就足以給孩子面對恐懼的勇氣；有時，我們必須給予更大的支持。孩子的感受只要獲得肯定，就更有可能考慮旁人的建議。如果我們能找到方法**讓孩子作主**、幫助他們想出解決辦法，他們就會比較容易控制內心的恐懼。

所以面對要去長輩家過夜而焦慮不已的孩子，我們可以說：

「有沒有什麼辦法，可以幫助你比較不擔心住阿嬤家呢？我們一個個列出來吧！」然後寫下孩子的想法。

請阿嬤把走廊燈打開
帶熊熊和飛機書過去
跟阿嬤說晚餐不能有洋蔥
先在自己家客廳練習過夜

我們來看看同樣的方法如何套用至其他常見情境：

X盡量別說：「獨奏沒什麼好緊張的呀，只要把自己的曲子練熟，盡力就好，大家也不會對你太嚴格。」

O肯定感受：「想到要表演，一定壓力很大！你擔心自己在大家面前失常。」

接著，孩子充分表達自己對獨奏的恐懼之後，你不妨**提供資訊或給予選擇**：「就算是超有名的音樂家表演前也會非常緊張，有個好方法是多在大家面前練習。想不想打電話給阿嬤或叔叔，在他們面前表演你的曲子呢？」

X盡量別說：「只不過是小螞蟻爬到腿上，不會少塊肉啦！拜託你，不可以整個暑假都待在家裡耍廢啊！那樣太誇張了，我們現在一定要去公園，沒得商量。」

O肯定感受：「你不喜歡蟲蟲爬到身上吧，再小的蟲蟲也一樣，就算牠們不會咬人，你還是可能會覺得很噁心！」

你語帶同情地聽完孩子表達對於六腳生物的恐懼後，可以**提供選擇**：「這樣啊，那我們應該怎麼辦，才能確保螞蟻不會爬到你身上呢？你想不想穿長褲出門，順便帶條短褲以免天氣變熱？想拿哪一條大毛巾鋪在地上呢？藍色的那條，還是上面有小魚圖案的那條？」

X 盡量別說：「龍捲風走了，沒事了！不要再胡思亂想了！」

O 肯定感受：「真的嚇死人了！風聲大到不行！」

接著，等孩子發洩完對於刮大風的擔憂，你可以**提供資訊**、**給予孩子主導權**：「幸好我們家有一個地下室。龍捲風的聲音真的很可怕，不過我們待在地下室很安全。有沒有哪些遊戲和零食可以先擺在那裡呢？我們一起把東西拿下去吧，我覺得做好準備比較安心。」

恐懼可以發揮保護的作用，提醒我們要注意危險。即使孩子聽我們的話去忽略恐懼，日後我們不一定會見到正面的結果。只要孩子不去刻意忽略恐懼，說不定這種感受有天會拯救孩子一命。我們希望孩子正視自己的感受，而不是置之不理。我們只要引導孩子掌控可怕的情況、尊重他們適應的步調，就等於幫了他們大忙了。

親職現場的真實故事

警鈴大作

不久前，一位師傅來家中修理警報器，過程中觸發了警報器，巨大噪音傳遍屋內。我們兩歲孩子艾文嚇得要命，內心受創到不敢在自己房間睡覺，而且再也不敢自己玩了，明明在家中，但到哪都堅持要有人陪著，簡直快把我們逼瘋了。

整天下來，他會把警報器震天價響的事說好多遍，他還把警報器取了個名字：「嗶嗶」。每次他又說到嗶嗶，我們都語帶敷衍地回應說：「沒有啊，嗶嗶不見了」或「我不想再聽嗶嗶的事了」。

這樣過了大約一星期，我睡前讀了《怎麼說，孩子會聽》第一章，驚覺原來我們對待艾文的方式大錯特錯。隔天，我立即改變策略，每次艾文提到嗶嗶時，我都會說：「你覺得很可怕對不對？」或「對啊，爸爸那時候也嚇了一跳耶」，盡可能地肯定他的感受。

沒想到，他的反應瞬間就不一樣了，整個人冷靜下來，一切也隨之恢復正常。

恐怖的大樹

我的三歲女兒想把美勞用品拿到樓上，但不願意自己下樓去拿。我知道無法用道理說服她一個人下樓，只好嘗試把她的恐懼寫下來。她一看到我真的寫出「樓下恐怖的東西」，居然就不再哭了，然後開始說出各種恐懼，我全都寫了下來。

我看了看列出的內容，然後說：「好唷，我懂了，你覺得沙發旁邊有幾棵搬不走的大樹。這個問題真不簡單耶，你有沒有想到辦法呢？」

她立刻說：「陪我去搬！」

我說：「嗯，我當然願意呀，但是我看不見我們客廳裡那些大樹耶，所以就沒辦法幫你搬了。」

她說：「好，那我馬上就回來，等我喔。」這個策略成功了！她飛快地跑下樓，真是太神奇了！一分鐘後，她就拿著蠟筆和剪刀回到樓上了。

洗澡的恐懼

我那六歲兒子艾爾俊自從在游泳池發生小意外後就不敢洗澡，甚至連淋浴都不敢。他那次是踩滑到水裡、吞了幾口水，整個人驚惶失措。我一直跟他說，淋浴間和游泳池完全不一樣，絕對安全。但每次我想帶他到淋浴間時，他都奮力抵抗、大哭大鬧。

參加了工作坊後，我告訴他：「你先前在游泳池受了點傷，現在只要洗澡就覺得很可怕，那次經驗想到就很不舒服吧。」他說：「對啊，媽媽，我再也不喜歡洗澡了。」我說：「這樣啊，不過問題是，我們不洗澡就會臭臭的，那我們該怎麼辦呢？」艾爾俊居然說：「好吧，媽媽，那我去洗澡。」此後，他沖澡時既不哭也不鬧。我驚訝到不行！

陪狗狗的下午（喬安娜的經驗分享）

有次，我正帶著狗狗在外頭逛園藝用品，正好有一家人經過身旁，他們的小女兒一個箭步就來摸狗狗，而她哥哥則驚恐地往後彈了一步。

我立刻拉開距離，以免又嚇到那個男孩。他妹妹高興地摸著我的狗狗時，我和兩人的母親聊天，表示我知道孩子可能很怕狗，畢竟孩子的臉和狗的牙齒在一樣的高度！

這位母親眼見這是幫助兒子克服恐懼的大好機會，就立刻抓住他的手臂，把他拖到狗狗面前說：「這隻狗狗很乖唷，你可以摸摸看！」可憐的孩子嚇得不知所措，母親立意良善，卻害兒子恐慌不已。我快沒地方可以後退了，只好即興發揮，問問男孩想不想站在五英尺外的平板車上頭。他說好，獲得母親允許後爬上去，這下子他才感到安全。

我問他想不想看狗狗表演，他點了點頭。我讓我家的卡茲完成一連串表演，包括旋轉、繞八字、推推車、握手、跳腿、鞠躬等等。我問男孩想不想給狗狗吃點心，他點頭答應。然後，他妹妹又來摸狗狗了，我就順便問他想不想拍拍狗狗的背部，我則抱住狗狗的頭部（避免露出牙齒）。結果他成功了！

這件事帶來的啟示是，千萬不要逼孩子！給予安全感、讓他們慢慢來。你無法強迫孩子克服恐懼，但可以邀請他們在舒服的距離面對可怕的事物，再按照他們自己的步調來慢慢接近。他們愈能主導整個過程，就愈容易重拾內心的勇氣。

重點整理

恐懼

1. 肯定感受。

「雷雨真的嚇死人了！風聲超級大的！」

「你看到狗狗，心裡一定很緊張吧，不知道牠們會不會咬你。」

2. 傳達資訊。

「幸好我們家有一個地下室，待在地下室很安全。」

3. 提供選擇。

「你想要牽我的手嗎？還是想要爬到推車上看狗狗呢？」

4. 給予孩子主導權。

「你可不可以挑些零食和遊戲拿到地下室，下次龍捲風來我們就做好準備了！」

第九章 孩子崩潰求助熱線——（茱莉亞給家長的電話諮詢）

「可以請你幫幫忙嗎？班恩太愛亂發脾氣了！每天都上演好幾齣，我真的要累死了。」

艾迪娜先前登記要做電話諮詢。她描述起兒子最近鬧脾氣的狀況：

吃早餐時，班恩說想再喝一杯葡萄汁。我說：「不要再喝葡萄汁囉，裡面加太多糖了，喝點牛奶怎麼樣？」他尖叫起來：「不要！我要喝葡萄汁啦！」

我非常冷靜地回答：「現在不能再喝葡萄汁了。如果你再這樣大呼小叫，就連牛奶也沒得喝囉。」

這句話令他更是氣急敗壞。

「給我喝啦，你給我喝葡萄汁，人家就是要喝葡萄汁！」

「媽媽說了算，我告訴你，不能再喝葡萄汁了。如果你繼續叫下去，就回房間去反省。」

「媽媽不是我的老闆，不是你說了算，是我說了算，你給我葡萄汁啦。」

「不行，班恩，我不准。你可以明天再喝，**不要再叫了！**」

但班恩吼叫個沒完，我只好把他拖回房間，不得不把門緊緊拉上，他在房間內使勁地一邊敲門、一邊大喊。整個場面有夠難看。為什麼每件小事都可以鬧成家庭革命啊？

對於三歲孩子來說，生活可能到處都是挫折。所有規則都是大人訂的，有些規則根本看起來毫無道理。

「假如媽媽可以決定讓我喝一杯葡萄汁，為什麼我不能決定再喝一杯呢？」

我提醒艾迪娜，她可以運用在工作坊中學到的第一項方法：肯定孩子的感受。

「你**真的**很愛喝葡萄汁耶！哎，為什麼葡萄汁不能少放點糖呢？這樣就算你要喝一整瓶都沒問題了！」

艾迪娜答應，下次班恩又發脾氣時，她會設法去肯定孩子的感受。

兩天後，她打電話來分享孩子最近一次的崩潰。

我們通常是六點吃晚餐，但昨晚我和班恩直到七點才到家。我煮飯時，班恩拿起我的手機看照片，然後手機就掉在地上了。我對他說，只要他把手機放在桌上，就可以瀏覽照片。他又把手機撿起來，幫新買的禦寒手套拍照，但沒多久手機又掉到地上。我又說：「我知道你想拍照，但是我不希望手機裡有一大堆手套的照片。你再撿起來拍照的話，我就要把手機拿走囉。」

我繼續準備晚餐，隨後聽到咔噠、咔噠的聲音，轉身就把手機拿走，他見狀立即開始哀嚎：「我要看照片，我會把手機拿好！」

我把手機擺在高高的層板上，他就開始爬上椅子想伸手去拿。我說：「剛才叫你不要撿起來，可是你偏偏不聽話，所以我才把手機收起來了，事先提醒過你囉！」

「但是我沒真的撿起來嘛，我沒撿起來，媽媽！我要用你的手機啦！」

他躺在客廳地板上哭鬧，雙腳亂踢。

我也坐在地板上，感到不知所措。最後，我想起要接納感受，才說：「我把手機拿走了，所以你很生氣吧。你想用手機拍照，不希望我收起來，你現在氣到一直踢來踢去！」

他當時正在踢積木，其中一塊打到我。我說：「你因為很生氣才踢積木吧，媽媽不喜歡這樣耶，積木弄痛我了。」他真的不再踢積木了，十分神奇，但仍然哭得稀哩嘩啦，雙腳也還是在亂踢。

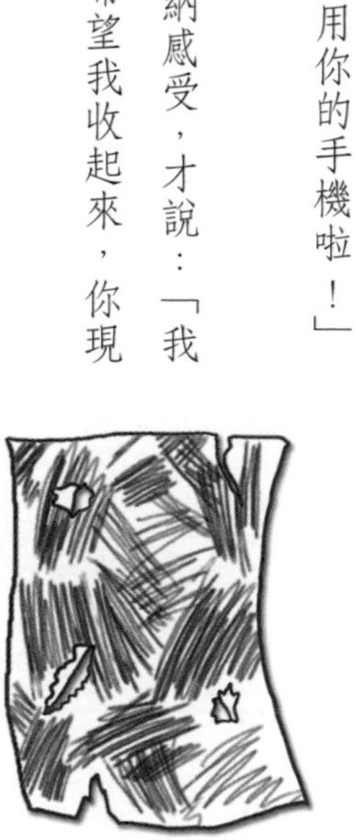

我伸手拿來電話旁的便條紙和鉛筆說：「想不想把現在的心情畫給媽媽看？」班恩從我手中搶過鉛筆，在紙上畫滿了鋸齒狀的線條。

我仔細看了看。「你不只是不開心而已。你知道這張圖告訴我什麼嗎？你很生氣，非常非常生氣！」

班恩用力地點了點頭。

我說：「快點，再畫一次給我看！」

班恩這次畫得更狂野，開始亂畫線條，甚至把紙戳出洞來。

我從他手中接過那張圖，拿起來對著光看。「你看看這個……還有這個……和這個！你不只是生氣，根本是氣炸了，怒氣沖天！快點，再畫一次給我看！」

班恩停了下來。他拿走了我手中那本便條，小心翼翼地畫了兩隻眼睛和一張微笑的嘴巴，接著爬到我的大腿上，自己把作品拿給我看。

他發完脾氣了。我們回到廚房，開心地吃晚餐，可惜餐桌上規矩欠佳，不過這可以留待下次討論。一般情況下，他會一路生悶氣到睡覺時間。

我很高興自己幫他度過情緒的關卡，但依然希望孩子發脾氣前就能防患未然！

孩子怒氣的導火線之一，就是我們想善意地提醒他不乖的後果。「把手機放在桌子上，否則……」問題是，祭出威脅只會引發反抗而已。

班恩真正要聽到的是：「你真的很愛用手機拍照，也超愛看手機上的照片，這樣很好玩吧！」避免說出：「……**但是**我不希望手機存了一大堆照片。」凡是出現「但是」就足以惹毛人，這在他耳裡聽起來就是：「……**但是**，你的感受不重要，我來告訴你為什麼。」

但你可以提供資訊：「問題是，手機會摔壞喔，必須放在桌上。」

「但如果他又撿起來怎麼辦？」艾迪娜問道。

你可以採取行動但不帶羞辱。「我現在把手機暫時收起來囉，你會忍不住想撿起來。」

你可以給孩子選擇，轉移他的焦點：「你可以玩積木，或是玩麥克筆。」

或給予孩子主導權：「想想看，什麼東西夠堅固，可以一個人玩，掉到地上也不會怎麼樣呢？」

「或是耍寶玩遊戲，」艾迪娜自行補充：「早知道就跟他玩餐廳家家酒，假裝我是廚師，他是服務生，他要幫客人擺好餐巾紙和叉子。哎，我當時單純太累了，沒辦法好好思考！只好下次了……」

我們的諮詢告一段落。過了幾天，艾迪娜寄來一封電子郵件，標題為「成功啦！」。

兩天前，班恩在外頭雪地裡玩完後進屋子，褲子全都濕透了，卻想坐在沙發上。我主動說要拿一條乾褲子給他，他卻拒絕：「不要！」

我說：「那現在有個問題耶。我不希望沙發濕掉，你不想換褲子。我們可以做什麼呢？我們需要想個辦法。」

班恩毫不猶豫地說：「我直接脫掉褲子，穿內褲就好啦？」

通常我會說：「你濕成這樣，不准坐在沙發上。」他聽了反而就硬是要去沙發坐著，然後我就會朝他大吼：「給我起來！」但這次的結果太神奇了！

我覺得班恩開始把自己看成是解決問題的大孩子。昨天，他想穿一件紅色披風，這樣就可以當超人了。我在他的肩膀上繫了一條紅被子，然後說：「你可以在家裡穿這件披風跑來跑去唷，但是不能進廚房，因為披風會在地板上拖，廚房的地板**太髒了！**」

他走到廚房旁邊，看起來像是要進去。我擔心，假如我堅持要他待在外面，他就會大發脾氣。我便說：「哎問題來了，你穿著披風真的很想穿過廚房吧。可是我不希望被子髒掉耶。」他想了一下，然後把披風拿起來、甩到頭上，這樣就不會拖在地板上，隨即走進廚房。離開廚房時，他才又把披風放下來。

我說：「你成功解決問題了耶！現在知道怎麼穿過廚房又不弄髒披風囉。」

過了幾天，艾迪娜又寄來一封郵件：

我找到了一個耍寶的好機會！我叫班恩把影片關掉，過來吃晚餐。但他看到一半停不下來，看起來快要鬧脾氣了。

一般在這種情況下，班恩會開始大喊：「我想再看一個影片啦！」然後我會說：「不行，班恩，我說過了，看完這個就關掉。」他就會開始哭鬧，我會說：「我剛才就說過我們要吃飯囉，你冷靜一點，不准再看了。」

這次，我卻是故弄玄虛地說：「嘿嘿！我有個很棒的主意！想聽聽看嗎？過來一下，我告訴你。」我在替自己爭取時間，其實我根本還沒有任何點子。

他走過來坐在我旁邊。「假裝我們現在就在影片裡面。」我搖晃著身體，假裝自己要變成機器人，然後開始說話：「我－是－機－器－人，我是－機器－人，這－是我－說話－的聲－音。」

班恩被逗得笑呵呵。我繼續佯裝機器人的聲音說：「吃－晚餐－的時間－到了，我們－去－廚房，我們－走吧，我們－走吧，我們－走吧。」我們拖著機械人的腳步走到廚房，接著遇到了地板上的障礙物（紅被子），我假裝自己無法前進。

「前面－有－披－風……卡……卡－住了……」

班恩乖乖地撿起被子，好讓我往前走。

那晚後來我們就這樣玩著傻里傻氣的機器人遊戲，班恩完全沒有鬧脾氣。你說對了耶。雖然我認為玩遊戲太耗體力，但我自己的心情也好多了，而且不像我處理他嘶吼亂叫時那般心累。

我們最後一次通話中，艾迪娜回想道：「我自己生孩子之前，就當過保母，也當過夏令營輔導員。我很尊重孩子的感受，但是一旦換成自己的孩子，心裡有一部分仍然覺得，孩子應該要有人好好看管，

而不是有人傾聽。他們應該要聽大人的話、乖乖服從，否則就要承擔後果。

我以前認為，我沒有時間去考量班恩的感受。單純一聲令下感覺更有效率……但是說實話，命令花的時間更多，因為實在不太管用。對我來說，你的方法還是有違直覺，但是現在我已經懂了『花時間才能省時間』是什麼意思了。」

我覺得應該提醒艾迪娜，不要把自己的期望放得太高。孩子難免會有挫折，這個年紀的情緒起伏本來就很劇烈，以後還會有更多的崩潰時刻！他們可能會感到疲倦、飢餓或就是過不了某個關卡，即使我們的安撫技巧再高明都一樣。但有了上述各種方法，我們就可以減少家中上演灑狗血的場面，並在風暴過後更快地與孩子重新連結。

重點整理

孩子崩潰求助熱線

1. 肯定孩子的感受。

把感受說出來：「你非常生氣吧，你想用手機拍照。」

畫下來：「來，這裡是紙和鉛筆，把你的感覺畫出來。」

2. 提供選擇。

「你可以玩積木，或是幫我擺餐桌。」

3. 故意耍寶。

「我－是－機－器－人，吃－晚餐－的時間－到了，晚－餐－晚－餐。」

4. 嘗試解決問題流程。

「我不希望沙發濕掉，你不想換衣服。我們該怎麼辦呢？」

5. 採取行動，但不帶羞辱。

「我要把手機收起來囉，我擔心它又掉到地上。」

6. 滿足基本需求：飲食、睡眠和休息時間。

7. 調整期待、改變環境，不要改變孩子。

想想期待是否符合孩子的發展歷程。

親職筆記本

小寶寶的感受

我的兒子只有九個月大，但我不斷努力盡早學習親子溝通的策略。

平常，只要我把危險的東西從他身邊拿走（不論我多仔細收拾，他都有辦法找到危險物品），他就開始哇哇大哭，我會採取以下行動：先用安慰的口吻說：「噓……」和「天哪，不哭不哭……」、對於他為「小事」大哭置之不理、趕快把其他玩具拿給他、要是我真的很累，就會說：「噓！噓！不要哭！沒事啦！不要哭！」

但這些方法沒有一次奏效！

因此，雖然我知道去肯定小寶寶感受聽起來有點呆，但我真的開始練習認真看待寶寶的不滿。我運用聲音配合著他的情緒，然後說：「哎唷！媽媽每次都把東西從我手上拿走！我只是想要玩玩看啊，但是她每次都把東西拿走！我好生氣～～～！」

我第一次採取這項方法時，寶寶吸了口氣，略帶顫抖與鼻涕，不再大哭，反而盯著我看。我再度運用煩躁（但沒之前大聲）的聲音，表達出他當下可能有的感受。

如今，我還加上其他策略。我會對他說：「問題是，這個東西放進嘴巴裡不好耶。」我假裝在耍寶，亂親他一通、在他肚子上吐舌頭吹氣。然後，我讓他探索另一個空間，或邊抱他邊做事。

聽起來很扯，但我覺得真的很有幫助。他大哭的時間縮短了，我的心情也好多了，因為他好像不再獨自承受挫敗感，似乎感覺自己的心聲被聽見了。

我要媽媽陪！

我老婆叫我帶著三歲女兒達莉亞上床睡覺，但女兒卻不斷哀哀叫，不斷說想要媽媽陪她。我努力保持愉快的心情，繼續帶她往房間走，但她卻愈來愈激動，簡直就要崩潰了。

我知道自己應該接納女兒的感受，但這樣的情況下，我真的沒辦法換位思考。她看起來太不講道理了，我完全想不到她當下的感受，唯一想到的就是：「你真的想要媽媽陪吧。」

達莉亞：對啊！

我：你喜歡她陪你。

達莉亞：因為媽媽更厲害！

我：媽媽為什麼厲害？我想看耶。

達莉亞示範媽媽幫她換睡衣的方法，這是她頭一回讓我幫她換睡衣，而沒有哭著找媽媽。

我老婆開心極了，自己不必費心去改變達莉亞——作戰成功！

第十章 分離焦慮

喬安娜與茱莉好：

我兒子今年三歲，只要我出門上班，他就變得又緊張又難過。他每星期有一天會住阿嬤家，也不會鬧脾氣（偶爾有小插曲而已）；但他只要是保母陪伴，就會開始大哭大吼，哀求我留在家裡陪他。保母也說，每次我不在家，兒子都會問我去哪裡了，找不到我就會非常難過。

我嘗試過耐心向他解釋，媽媽要上班才能賺錢養他，因為我們需要吃東西，我們也希望他能有機會度假、探索世界各地，而且我喜歡上班，就像他喜歡上學一樣（我可不希望他長大後覺得工作既辛苦又沉悶）。但任憑我說什麼都沒用。

每星期都會發生一樣的事，希望你們能指點迷津啊。

——職業婦女

這位職業婦女好：

我們明白你的衝動，那些說給兒子聽的上班理由，全都很有道理啊！但想必你也發現了，情緒無法光靠解釋來消化。三歲小孩在難過時，不太可能說：「哇，媽媽，你清清楚楚地列出上班的好處，我終於明白了，我要放下個人感受，把眼光放遠一點才對。」

最能安撫你兒子的方法，還是**肯定他的感受**。當然，不能選在你急著要出門上班前，而是要找個平靜的時刻，好好與兒子坐下來聊。放下你內心的理由和邏輯，專注於他的感受。

你不妨運用類似以下的句子：

「媽媽一直在想，你**真的**很不喜歡我把你留給保母帶喔！」「這樣你會很難過，你一定想緊緊抱住媽媽，不讓我離開！」「你好希望媽媽不必上班。」「你比較想要我每天都待在家陪你。」

先給兒子一點時間回答，鼓舞他說出所有的不滿。你再用自己的話重述他所說，讓他知道你明白也接納他的感受。

「噢，所以有時候保母惹你生氣喔！你不喜歡她叫你把盤子裡的東西吃乾淨！你比較想要自己決定什麼時候肚子餓、什麼時候吃飽了。」「原來啊，你不喜歡午睡唷，午睡好無聊，而且你不覺得累。你比較想要看電視。」

逐一寫下孩子的委屈，也許有助肯定他的感受：「等我一下，我去拿紙和鉛筆，我要把你覺得煩的事情全部寫下來。」

你兒子絕對愛聽自己想到的內容被大聲讀出來，情緒愈強烈愈好！一旦孩子覺得自己心聲完全被聽見了，你就可以**展開解決問題的流程**：「我在想，有沒有什麼辦法，可以讓保母陪你的這段時間變得比較好玩，至少不要那麼無聊。我們來一個個列出來吧。」

在列出的清單中，你可以寫下改善現況的各種點子，務必要每一條都寫下來，再離譜的想法都一樣（辭職！把保母關在衣櫃裡！）。你可以請兒子想想，他和保母一起從事哪些活動會比較開心——玩黏土、手指畫畫、烤餅乾、設計障礙賽跑道——還有他認為應該要避免的事。也許，兒子想要把你的照片放在口袋裡，或手裡拿著某個小紀念品，即使你不在也可以安撫他。再來，你們可以一起瀏覽列出的點子，在兩人都喜歡的方法旁邊打勾，就可以把新計畫付諸行動了。

如果你決定不說明上班有多重要，而是開始肯定孩子的感受，說不定就會發覺問題其實很簡單，可以用簡單的辦法解決；也許你會發覺問題其實另有蹊蹺，可能白天保母陪兒子時發生什麼事，令他心事重重。這項方法最大的優點，就是會從孩子身上得知更多事，接納感受不僅能幫助孩子平靜下來，還可以帶來重要資訊！

重點整理

分離焦慮

1. 肯定感受。

「你真的很不喜歡我把你留給保母帶喔！」

2. 用書寫肯定感受。

「我去拿紙和鉛筆，我要把你覺得煩的事情全部寫下來。」

3. 嘗試解決問題的流程。

「我在想，有沒有什麼辦法，可以讓保母陪你的這段時間變得比較好玩。」

第四單元 孩子的態度有夠差——愛抱怨、哀哀叫、講不聽等各種難搞行為

第十一章 哀哀叫——逼人發瘋的魔音穿腦

「媽～～咪～～～～！我好餓～～熱死了～～又好無聊喔～～什麼時候才要回家啦～～？」

噢，就是這種語調，讓你想要摀住耳朵、拔腿狂奔，離得愈遠愈好。究竟人類演化上出了什麼毛病，害得孩子學會這種磨人神經的音調起伏？孩子只要哀哀叫，大人通常會運用另一種抑揚頓挫來反駁：「你好好說話，不然我**聽不清楚**啊。」孩子只好提高音量和嗓門。

他們哀哀叫的原因是什麼？我們要如何阻止呢？

親愛的讀者，我們來看看能否讓你產生類似的情緒，以便從科學的角度來理解此事。想像一下，你和另一半在逛百貨公司，你看到一件吸睛的森林綠襯衫，就把它從衣架上拿了下來，結果另一半卻說：「哎不會吧，你上禮拜才買了新衣服耶，哪裡有需要再買？別忘了，我們要抓緊預算。今天來的目的是買新烤箱，別想其他的！」

「但是這件襯衫是我最愛的顏色耶，正好搭我的新褲子呀，這樣我上班就能穿整套新衣服了。再

怎麼說，這件剛好在打折，而且我當然需要啊！你講點道理嘛。」你是不是感覺自己有點像在哀哀叫了？你覺得灰心喪氣，主導不了決定，還要想辦法說服另一半接受自己的需求。

另一半說：「你想得美，不准哀哀叫！好好說話，不然我聽不清楚。」（咳咳……我們最好還是先暫停想像，否則會逐漸心生殺機！）

希望你最近沒有遇到類似情況，但孩子一直身處這樣的窘境，本來就有各種需求，又缺乏主導權，不得不設法說服大人，他們真心想吃冰淇淋嘛……想要回家嘛……想要有人背嘛……想要輪到自己嘛……想要第一個嘛……想要晚點睡覺嘛……拜託拜託嘛！處處都得央求大人，也不是件容易的事！

孩子哀哀叫不停時，我們的策略之一還是肯定他們的感受，再提供一個選擇來幫助他們釋懷。給予了選擇，孩子就有機會想辦法自助，而不是自認滿腹牢騷、只能依賴大人。

假如在小兒科診所候診等了半天，孩子哀聲說：「好無聊喔」，我們直覺會想回答：「放輕鬆嘛，才過五分鐘而已呀。」（說不定還要再等四十五分鐘！）

要是這樣說真的有效，你就會跳過這章不讀了！

不妨改成：「一直等下去真的很難耶！那我們該怎麼辦呢？既然去不了其他地方，你想要畫畫，還是想要玩間諜遊戲？或者我們去走廊玩，你看看自己要單腳跳幾下，可以來回一趟呢？」

孩子哀怨地說：「沒有事情可以做啊！」你不妨給予更為開放的回答：「有時候，想想看自己有心情做什麼，說不定會有幫助唷。你比較想到戶外，還是在室內呢？」或「你是想坐下來做東西，還是想要動一動呢？」

我們也可以運用書寫來肯定感受。許多孩子看到自己的心聲寫成白紙黑字，就會產生一股滿足感。你可以把孩子各種不滿都寫下來，然後誇張地朗讀出來：「喬伊不喜歡待在候診室，這裡有股臭臭的味道，好無聊喔，好沒意義喔，玩具都不好玩！」一旦痛苦的煎熬被寫在紙上，就有機會轉變為較為正面的感受。

一起出門買東西時，假如孩子哀哀叫，不妨準備一張「願望清單」，鼓勵孩子寫下自己想要的東西。你也可以用手機，把孩子想要的東西拍下來，而處理清單或照片的方式會視情況而定。孩子可能想把零用錢存起來，你也可以把清單當作生日禮物的參考，或單純當作孩子各種三分鐘熱度的紀錄。

另一個減少孩子哀哀叫的方法，就是給予孩子主導權。那實際的作法呢？舉個例子：孩子有一袋袋的萬聖節糖果，你費心地放在他們拿不到的地方，這樣他們就不會吃糖吃出病來。但如今，你發現自己陷入保管糖果餅乾的窘境，結果孩子每天都吵著要吃糖好幾回，任憑你講再多均衡飲食的重要性，他們都充耳不聞。通常，你會視孩子當天吃了多少健康食物，以及自己有多少力氣與孩子周旋，機動決定要不要發零食。但這樣太難預測，反而讓孩子更是「盧」個沒完。你心想，早知道就取消「不給糖就搗蛋」的活動了。

「怎麼可以讓孩子保管萬聖節糖果啊？難道不會發生『監守自盜』的情況嗎？」

以下這位家長跳脫這個僵局，讓孩子主導自己吃糖果的多寡：

糖言蜜語

我發現，自己以前根本是讓孩子學會來煩我。於是我設法扭轉局面，坐下來與孩子說：「媽媽有個問題，需要你們幫忙。我們每天都為了萬聖節的糖果吵架，我真的不喜歡這樣子耶！我希望由你們來負責這件事，不要交給我決定！我們知道糖果很好吃，但是也知道一下吃太多並不健康。我覺得，我們需要想出一個大家都同意的計畫，究竟每個人一天應該吃多少糖果呢？」

我先把談判門檻設得很低：「你們覺得，一天吃一顆就夠了，還是一天吃兩顆？」

孩子一臉憂心地說：「有些糖果很小顆，這樣應該吃三顆才公平！」

我認為聽起來很合理。

「那裝糖果的袋子應該放在哪裡，才不會一直看到或太容易拿到呢？畢竟誰都不想整天看到糖果當著我們的面，太誘人了。」

大家一致同意，冰箱上方的櫥櫃最適合。每天早上我會把袋子拿下來，孩子認真地挑選當天要吃的糖果，再也不囉哩八嗦或哀哀叫，我終於解脫了！

- 活動的轉換也會引發孩子的抗議。假如事先知道要去的公園或要找的玩伴會讓孩子玩瘋，不妨**給予孩子時間的主導權**。最好有個計時的小工具，像是上發條的計時器或沙漏，想要花稍一點的話，還可以找個視覺化計時器。這些工具有助孩子較具體地理解時間消逝的抽象概念。我們可以對孩子說，需要他們幫忙才能準時離開，然後請**他們**自己設定計時器，離開時間到了

就告訴**我們**。

- 對於容易喊餓的孩子，我們可以**給予他們食物的主導權**；對於年幼孩子，我們可以把食物擺在他們拿得到的地方，不必等他們向我們吵著要吃東西。香蕉或餅乾等零食可以擺在較低的架子，紅蘿蔔條和花生醬則可以放在冰箱最底層。部分食物可以存放在適合兒童的小型容器中。舉例來說，如果我們把一小瓶牛奶擺在冰箱底層方便拿取，然後把營養麥片放在適當的小罐子裡（尺寸取決於你願意清理多少地上的麥片屑屑，或願意留多少給家中狗狗「善後」），孩子就能自己拿早餐吃，又不至於弄得太亂。
- 在商場購物時，我們可以給予孩子**備齊東西的主導權**。孩子只要積極參與其中，就不太可能變成哀哀叫的磨人精。大孩子抱怨晚餐菜色的話，就可以負責準備飯菜，鼓勵他們**搜尋自己想嘗試的食譜**，把食材加入購物清單，三不五時替家人下廚。
- 如果我們知道要逛的商場會激發孩子的物欲，不妨**給予孩子金錢的主導權**。事先提醒孩子當天的目的——比方說買朋友的生日禮物——再建議他們把零用錢帶在身上，萬一看到超想買的東西，才不會身無分文（別忘了先給零用錢！）。這項方法很適合讓孩子練習自己做決定，我們也不必與孩子吵個不停，只為了是否要買某個會發亮的塑膠小玩具。

如果孩子老是吵著要買名牌牛仔褲和襯衫，但價格超出你的預算，就想辦法讓他們自己作主，思考在預算範圍內能買什麼衣服穿。另外也要告訴孩子，你為了買今年的新襯衫和褲子存了多少錢，他們可以負責尋找適合的衣服。我們並不是建議你交出信用卡，自己跑出去散步。孩子可以把購買計畫給你過目審核；假如他們想開拓更多選項，甚至可以考慮在社區為鄰居服務，例如幫人掃掃院子、遛遛狗以便多賺點錢。

但是把哀哀叫與溝通畫上等號的孩子呢？有沒有辦法可以表達我們盼望聽到比較好聽的語氣？

對於看似慣性哀哀叫的孩子，我們可以**描述自己的感受**、**提供正確資訊**，**告訴孩子可以做什麼**、**避免說不可以做什麼**。「尼科，我覺得這樣的說話方式沒有用耶，我喜歡別人用低沉的聲音問我，像這樣……」你就可以用自己最誇張又粗啞的聲音來示範：「媽媽，可以請你幫我把花生醬塗在麵包上嗎？」

如果他還是哀哀叫，你可以**給予選擇**，讓他感覺不必依賴你：「尼科，你可以用低沉的聲音請我幫忙，要是你沒心情，就可以自己塗花生醬，這裡有一把塑膠抹刀。」

最後，你要是拒絕了孩子的央求，務必不要中途又屈服，否則孩子很快就會懂得死纏爛打。假如他們想要吃糖果當早餐，你又已告訴他們「這樣不健康喔」，就必須堅守立場，即使孩子對你魔音穿腦也一樣。你可以**肯定孩子的感受**、**運用想像力實現你無法（或不想）做到的事**，**接著給予孩子一個選擇**。「你超級無敵想要吃糖果當早餐吧！要是你有個每餐都給你吃巧克力的媽媽，不是眼前這個堅持要健康飲食的無聊媽媽，一定很棒！哎唷好討厭！這樣的話……你可以吃藍莓配優格，或是吃水煮蛋，決定好了再告訴我。」

假如孩子繼續發動哀哀叫的攻勢，你就可以告訴孩子「我沒辦法聽下去囉」，然後就離開現場！避免使用辱罵字眼，也不要屈服於要求。孩子自己遲早會得出結論，哀哀叫並不是有效的策略。

你只要給予孩子主導權、提供選擇、讓孩子有能力自助，他們就比較不容易陷入哀怨呻吟的迴圈。我們無法保證孩子從此都不哀哀叫，但上面這些方法肯定有助耳根清靜。

當然，有時這些技巧都不管用，反而吃個三明治和睡午覺就沒事了。我們要求孩子遵守社交禮節前，必須先滿足他們的**基本需求**。想要哄騙又累又餓的孩子忘記基本的需求，絕對是自討苦吃。你要學會分辨哪些「仗」值得打，哪些則可以大方地認輸。

親職現場的真實故事

奇異果的幸福

我兒子雅各害得我好怕上街購物。他看到什麼就哀求著要買，這次我對他說：「你可以到蔬果區挑個水果，想吃什麼就買什麼。」他非常認真地看待自己的任務，忙著研究每種水果，根本沒空哀哀叫。最後是一袋奇異果出線。我因此恍然發現，看著別人掌握著所有的決定，自己卻只能袖手旁觀真的會受不了。

長高了

我試過叫艾登改用低音說話。他本來像平常一樣，哀哀叫說還要喝牛奶。我就告訴他：「這種口氣問我的話，我不會想要幫忙喔。我喜歡你用低沉的聲音說話。」接著我示範了一次。

他無可奈何地哀叫：「可是人家好～～渴～～嘛！」

我沒有就此屈服，而是告訴他：「也許你現在沒有心情用低音說話。你願意的話，可以自己去倒一杯來喝。你現在長得夠高了，可以拿得到牛奶囉！」

我看到他眼睛一亮，艾登確實沒有心情用低音說話，但他很願意自己去倒牛奶喝，根本是發現新世界！要是我當初把牛奶放到小一點的瓶子裡，就更不容易灑出來了，但至少他倒牛奶的動作又慢又小心，非常得意！

退場機制

我們有次到朋友家作客，我和梅芙說差不多要走了，她卻開始哀叫抗議。我把她拉到一邊說：「聽起來你還沒準備要走喔，你還沒有玩夠吧。」

「對啊！」「現在有個問題，半小時後我得去學校接弟弟。我們可以現在就走，時間就會很足夠，或者也可以再待五分鐘，不過之後就要趕時間，只能匆匆忙忙穿上鞋子和外套，然後匆匆忙忙地出門喔。」

「那就匆匆忙忙吧！」「好吧，我用手錶計時，五分鐘後會響，手錶交給你拿著唷，時間到了，就告訴我要趕路囉。」梅芙知道可以告訴我何時離開，就開心得不得了。

看影片時間

我和四歲女兒蒂安娜每天的一大衝突，就是她是否可以看影片。我只要拒絕，她就苦苦哀求。我發覺，她大概覺得我的決定太過隨性。有時我會答應（特別是我正準備煮晚餐或郵件寫到一半的當下），有時我會拒絕（尤其是外頭天氣不錯，讓我覺得看影片很廢，或剛讀了一篇文章討論長時間盯螢幕的後果）。看樣子，蒂安娜覺得盡量誇張地哀哀叫、發牢騷才是上策，只要我受不了就會屈服。

我決定和她訂出時間表：我告訴她每天可以看兩部影片，一部是早上看，前提是她做好準備以準時出門，另一部則要留到我煮晚餐時再看。我畫了一條褲子和一件襯衫（代表穿衣服的時間），一碗穀物麥片（代表吃早餐的時間），平板電腦（代表看影片的時間），一輛汽車（代表去托兒所的時間）等等。

每張圖片旁邊，我都畫了可供勾選的方塊，再讓她把圖片塗上顏色。她變得很熱衷於塗顏色、做出好多張時間表，也暫時忘記了看影片的事！

現在她很喜歡把方塊打勾勾，每當吵著要看影片時，我就叫她去看看時間表，再告訴我看影片時間是否到了。

重點整理

哀哀叫

1. 肯定孩子的感受，接著給予孩子選擇。

「一直等下去真的很難耶！那我們該怎麼辦呢？你想要畫畫呢？還是說到走廊玩來回單腳跳的遊戲，等輪到我們看醫生再進來呢？」

2. 運用書寫來肯定孩子的感受。

寫下孩子的所有不滿，或製作一張願望清單。

3. 給予孩子主導權。

——掌管時間：

「我需要有人負責拿碼錶，告訴我們什麼時候離開唷。」

——掌管食物：

「那你翻一下食譜，說說看你對什麼菜有興趣。」

——掌管部分活動：

「這是我們的購物清單，麻煩幫我找這四樣東西唷。」

——掌管金錢：

「今天我不會買玩具喔，但是你看到很想要的東西，可以自己拿零用錢買。」

「今年我們只能花這麼多錢買新衣服，想不想找找看在預算範圍內的三件襯衫、三條褲子呢？」

重點整理

4. 說出你的感受、提供正確資訊，告訴孩子可以做什麼、避免說不可以做什麼。

「我喜歡你用低沉的聲音問我，這樣我才比較想幫忙。」運用你最誇張又有磁性的嗓子示範一下：「媽媽，可不可以請你幫我塗花生醬呢？」

5. 給予孩子選擇。

「你可以用低沉的聲音請我幫忙，要是你沒心情，就可以自己塗花生醬。」

6. 不要對哀哀叫屈服，肯定孩子的感受，運用想像力實現你做不到的事，再給予孩子選擇。

「你超級無敵想要吃糖果當早餐吧！要是你有個每餐都給你吃巧克力的媽媽，一定很棒！那你可以吃藍莓配優格，或是吃水煮蛋，決定好了再告訴我唷。」

7. 滿足孩子基本需求。

孩子是否累過頭、餓肚子或在崩潰邊緣？可能就要讓他們午睡、吃東西，或加以安撫但不帶批判。

親職筆記本

牛奶打翻了：孩子反應的轉變

以前，我和三歲兒子常常發生以下的插曲：

麥爾斯：〔故意把牛奶打翻到地板上〕

我（語帶怒氣）：「你在幹嘛啊？我們明明說過了，喝牛奶要在餐桌上喝，現在可好，你把地板弄得髒兮兮的！快去拿抹布來擦乾淨！」

麥爾斯：〔事不關己地離開客廳，我跟在他後面，連哄帶騙、威脅利誘和淚水攻勢整整十分鐘。〕

讀完《讓小小孩瞬間聽話的說話公式》這本書後，我和兒子的互動如下：

〔麥爾斯故意把牛奶打翻到地板上〕

我（語帶關切）：「噢，地板上有牛奶耶。」

〔麥爾斯默默走進廚房，拿了抹布，開始擦地板。〕

我（自言自語）：這是什麼神奇的魔法？？？

重拾母女連結

我的女兒瑪雅今年十二歲。她以前很愛我又黏我，但過去一年來，她都表現得好像我是大壞蛋，動不動就不爽、翻白眼，或氣沖沖跑回房間、砰的一聲關上門。

上星期又發生了一件事，按以往經驗絕對會引發母女吵架。瑪雅要打造一個壁虎棲息地，所以得買一些搭配的植物。她做了大量研究，只為了找出最適合生態缸的植物。

我開車載她去了一間園藝中心，但她清單上的植物卻連一株都找不到。她沮喪得不得了，我很想叫她不要小題大作、勸她買些現場有展示的植物。幸好，我剛參加完工作坊。

我說：「好煩喔！你花了那麼多心思，替生態缸挑好最適合的植物，但是他們居然一個都沒賣！會不會太離譜了！」

我當下就發覺，她並沒有像平時一樣生我的氣。我覺得自己和女兒有所共鳴，不再針鋒相對。她看起來平靜了一點，於是我就問她：「那我們要怎麼辦呢？」

她說：「我們回家吧，看看能不能上網訂囉。」

結果，我們也沒在網路上找到她想要的植物，但她卻不以為意，沒有因此不爽。隔天，她突然主動給了我大大的擁抱，這真的有夠難得，我都不記得她上次抱我是什麼時候了！

第十二章 輸不起的孩子——競爭的兩難

喬安娜與茱莉好：

我們家的六歲兒子實在輸不起，就連有助於日常瑣事的小遊戲也一樣（誰可以先穿好衣服呀？誰可以先扣上安全帶呀？）。只要他贏不了，就會大叫要求重來。

我們很想全家一起玩桌遊，但是他動不動就哇哇叫、亂丟東西，有時甚至拳打腳踢，害得大家興致全消，到頭來我們乾脆能免則免。就連打牌輸掉一回合，他也會崩潰。

可以幫我們想想辦法嗎？

——輸不起小怪獸的老媽

輸不起小怪獸的老媽好：

確實，我們常忍不住想讓家中孩子比賽誰先穿上衣服、刷完牙、扣好安全帶等等，這樣就能快速完成手邊的事。不過務必抗拒衝動！這條路可謂是滿布荊棘。

孩子瘋狂地設法超越彼此時，你可能會在效率上暫時有所提升，但並不值得。換來了時間的效益，但失去了家庭的和睦。比賽後孩子會對彼此不爽和生怨，更別說可能會崩潰，可能破壞了家中氣氛。你也不希望孩子受到彼此成就的威脅，只因為兄弟姊妹贏了就自認沒用，或因為打敗兄弟姊妹就自認了不起。對於年紀較小、力氣較小或肢體較不協調的孩子來說，輸給能幹的哥哥姊姊會特別難受。競爭不見得就要從家庭開始，家人之間若能合作會更好！

如果你希望來場「看誰先好」的比賽，又不想產生負面影響，可以不要讓孩子當作彼此的對手。不妨讓所有孩子分在同一隊，看看他們能不能打敗你：誰先坐上車扣好安全帶，是小孩還是大人呢？（在此強烈建議讓孩子獲勝！）他們可以趁慢吞吞的父母上車前，就互相幫彼此扣好安全帶。

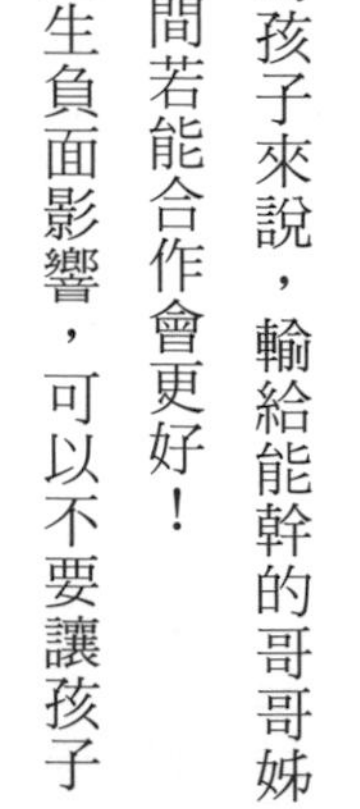

還有另一項方式讓孩子加緊動作，又不會引起手足衝突，就是鼓勵孩子用破紀錄的時間達成目標。「你要花多少分鐘穿好衣服？哇，你覺得自己能在五分鐘內穿好嗎？聽起來不太可能耶。好唷……準備好了……預備備……開始！……天哪，你只用了四分三十秒！太不可思議了！」

假如孩子還在因為上次的比賽而隱隱不爽時，可能就要先避免嘗試這項方法，最好確認他們明白目標是破紀錄，而不是打敗彼此。

「那麼桌遊和打牌呢？難道這些沒帶來正向的影響，譬如簡單的算術能力或培養運動家精神嗎？難道這些遊戲不能當成開心的家庭活動嗎？」

喔，當然沒錯！但我們先考量孩子的發展程度，能不能享受也許會「失敗」的活動。遊戲本來就應該要好玩。假如孩子還沒準備好面對有輸有贏的遊戲，感覺就像我們逼他面對失敗。年紀尚小的孩子分不清楚輸掉遊戲與「輸家」的區別。

櫻桃（喬安娜的經驗分享）

我大兒子快滿四歲時，我幫他買了一款桌遊。我興奮得不得了，相信桌遊會讓親子互動更上一層樓，同時甜蜜地回憶起童年玩遊戲的日子。那天，我們滿懷期待地打開了「數櫻桃」，丹丹開心地把轉盤和小籃子裝好，再把塑膠小櫻桃放進遊戲圖板上的樹洞裡。接著，我們正式開始玩桌遊。

老天爺，丹丹的風度跑哪裡去了？我的孩子怎麼了？他霸占著轉盤，一遍遍地轉，掉出自己想要的號碼才甘心。但轉盤指針指到「打翻籃子」時，他也不願意把櫻桃放回去。我堅持自己的立場，努力想說明輪流的意義、輸贏的觀念和玩遊戲的風度。丹丹故意不理我，我阻止他照自己意思玩，他就滿臉不開心。幸好，我遲鈍的大腦及時領悟，孩子才沒有崩潰。我放棄了自己的堅持，「數櫻桃」後來成了隨性的表演活動，只要撥撥轉盤、把櫻桃在圖板上排好，然後再摘進籃子，丹丹就能開心數著戰利品。

不論是運動、桌遊或卡牌，只要遊戲牽涉到比賽，就不是太適合年幼孩子的活動。我們玩桌遊的美好回憶可能來自童年後期。年幼孩子無法理解為什麼自己一定要輸、為什麼要等別人好才輪到自己、為什麼要遵守擲骰子或轉轉盤的討厭規定。家長擔心孩子表現得像被寵壞的媽寶，擔心假如孩子凡事都輸不起，就無法培養交友所需的社交能力。慢慢來嘛！孩子很可能只是身心發展上尚未完備，暫時無法參與這些活動。

而對於學齡孩子來說，競賽性質的遊戲經常是與同儕互動的一環，但仍舊可能很難坦然接受失敗，伴隨而來的生氣與失落在所難免。話說回來，這對大人來說也不容易啊！假如我們想教導孩子樂在遊戲、從中獲得滿足，方法之一就是稍微改變遊戲規則，淡化相互競爭的元素。不妨參考以下師長想出的成功案例。

有始有終

我們家有款桌遊叫「糖果樂園」，裡面有各種想像中的糖果，全家人都很喜歡玩。但我們家小兒子實在欠缺「遊戲風度」。有次他輸掉大崩潰，我就對他說：「你不應該生我們的氣呀，當初是**你**說要玩的耶！」聽到這句話，他居然把手指塞到耳朵、放聲尖叫。

我謹記著自己要肯定他的感受，所以試著說：「桌遊有時候玩起來真的很討厭耶，當初是覺得看起來很好玩才說要玩，但是偏偏抽到爛牌，害你最後沒辦法贏，這樣一點都不好玩！」他把手指拿出耳朵說：「對啊！」旁邊的哥哥弟弟也熱烈回應，桌遊又好玩又討厭。

我問：「那有沒有辦法讓大家都覺得好玩呢？」他們就稍微改變了一下玩法：凡是先走完一圈的玩家就是「第一位贏家」，但其他玩家還是可以繼續玩到終點，所以後來就會聽到孩子得意地呼喊「我是第二位贏家」、「我是第三位贏家」。輪到我走完一圈時，我就有樣學樣，假裝很開心地說：「哈哈，我是最後一位但我也是贏家！終完走完了！」

分數加倍再加倍

我非常喜歡玩拼字遊戲，但介紹給我的孩子玩後卻是樂趣全無。我的實力完全輾壓七歲和十一歲的兩人。太爽了！打敗小蘿蔔頭！我才不要為了顧及他們的感受，故意拼出三個字母的單字。但他們慘敗幾次後，就再也不想和我玩了。我就想出了個辦法：三個人共同努力「打敗拼字遊戲」。我們要一起在十步內獲得兩百分，否則就算遊戲贏了。過程中，我們把所有分數加總，孩子看到我拼出分數可以翻二倍或三倍的長單字，就開心得不得了，我等於幫了他們大忙。後來，他們也逐漸樂於拼出比較複雜的單字，計畫大成功！

爸爸規則（茱莉的經驗分享）

我兒子七歲時，我老公唐納打算教他下西洋棋。兩人剛開始玩時，唐納一切按照規則來、採取非贏不可的態度，藉此示範正確的遊戲規則。想也知道，艾許只有一開始學得興致高昂，後來一再輸給爸爸就覺得沒意思了。

唐納聽取我的建議，開始擬定「爸爸專屬的規則」，以便和兒子公平競爭，自我附加各式各樣的限制，譬如減少可以使用的棋子，或在艾許遭圍困時給予提示，艾許就有機會得勝。艾許因此對西洋棋十分躍躍欲試。久而久之，唐納開始問艾許，希望爸爸不要手下留情，還是保留一半實力，艾許便會視情況決定挑戰大小。艾許獲得主導權後，得以享受下棋的過程，也學會從挫敗中學習。時至今日，他依然喜歡下西洋棋（而且對手完全不必讓步了！）。

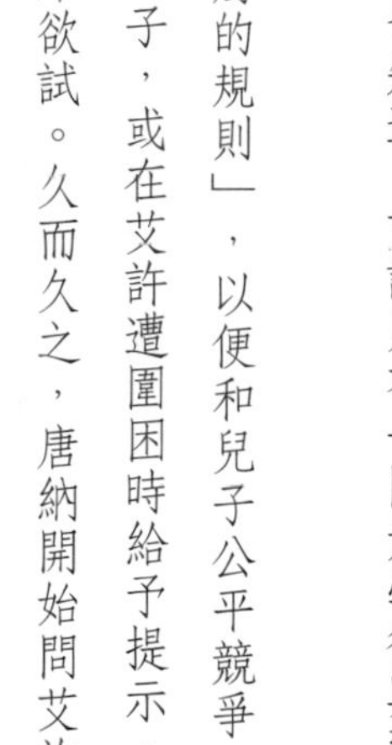

與時間賽跑

我家孩子非常喜歡玩賽跑。可是每當分出勝負時，老是有人不滿大哭、相互指控作弊。對年幼的弟弟妹妹來說，與身材高壯的哥哥比賽，等於被迫接受挫敗，每次必輸。我們買了一只大秒錶，結果成了最划算的投資。孩子合力製作了障礙賽道，過程中必須要爬過隧道、跳過呼拉圈，以及各式各樣需要攀爬或繞過的東西。每次只有一個人參賽，再由另一個人計時。等到下一回合，孩子就會努力打破自己的紀錄。他們特別喜歡輪流計時，可以大喊「預備備～～跑！」，然後把每個人的「目前紀錄」寫在一張圖表上。我進一步解釋，別人的表現並不重要，因為每個人雙腿的大小長短都有差異，練習頻率也不一定。出乎意料的是，這項方法好用得不得了。原本以為他們還是會彼此較勁，但結果並非如此，就連隔壁老愛幸災樂禍、輸了就哭的男生，也開心地和我家孩子進行這個版本的賽跑。

浮誇的演技

我們每次玩卡牌遊戲「卡卡神偷」時，只要有人「偷走」我的卡牌，我就會假裝大驚小怪：「不會吧，我的好牌都沒有了！小偷好殘忍哪，什麼都偷光光了。這樣我連飯都沒得吃了吧？我會餓死！哪位好心人要請我吃晚餐啊？」如今，孩子都很喜歡看到自己的卡牌被偷，這樣就可以瞎掰一些悲慘的台詞。

找零錢

我都會在星期五挪出時間，陪我教導的資源班小學生玩桌遊。他們數一數二愛玩的就是「這樣多少錢」。玩家抽選卡牌，執行上頭買東西的指令，「顧客」負責計算所需紙幣和塑膠硬幣，再交由「收銀員」收集。最後剩下錢最多的玩家，就可以贏得勝利。孩子尤其喜歡數錢和找零，但討厭輸掉的感覺，往往會擺起臭臉！

這些資源班的孩子對於失敗早就見怪不怪，因此才會分配到特殊的班級。我認為，學會數學能力來理財，比一再失敗更有價值，所以我決定去掉數學的元素。我們還是繼續玩桌遊、按卡牌指令買東西，討論如何處理買來的東西，但刻意不數錢來找出最後贏家。我原本以為，孩子會因為這件事提出質疑，像是：「贏不了的遊戲玩起來有什麼意義？」但居然沒有任何一個學生提到。重點是玩，而且要玩得開心。

家庭遊戲之夜

每個月，我們家都會和另一家（同樣有三個孩子）舉行桌遊之夜。六大六小都玩得很開心，我們玩比手畫腳、單字導演、看圖說字和單字分類帽，但我們不想讓遊戲成為勝敗之爭。因此，大家都會努力猜出對方在畫什麼東西，或者表演的作品名稱，或者瞎掰超級荒謬的定義。兩家人玩得不亦樂乎、笑得人仰馬翻，好像就沒有人會在意分數了。

部分讀者也許會覺得，我們這樣似乎會寵壞孩子，沒給他們機會面對激烈的競爭，可能就無法培養堅毅的性格。請放心，我們兩家人親眼見證了六個孩子（每家各三個）在成長過程中，充分享受著各種競賽型活動。綜合來看，他們參與過團隊運動與個人運動（網球、曲棍球、籃球、足球、棒球、越野和摔跤比賽）、電競比賽、黑客松和五花八門的卡牌和桌遊（每逢停電和家庭遊戲之夜必定會玩）。他們無論輸贏都展現良好的風度，也懂得為年幼孩子調整遊戲的強度，而且玩的過程常常開懷大笑。我們深信自己在孩子小時候所付出的一切，譬如教他們重視競賽／遊戲本身帶來的快樂與滿足感，而不是只想到輸掉後的難過感受，反而有助孩子陶冶性情，真正實現運動家精神。

重點整理

競爭的兩難

1. 調整自身的期待。

「我們來換個玩法：現在我們不要當敵人，而是要聯手來打敗遊戲！」

2. 給予孩子主導權。

「你希望我放點水，還是發揮全力呢？」

3. 肯定孩子的感受。

「好討厭喔！因為你拿到爛牌，就沒辦法玩到最後了。」

4. 故意耍寶。

「不會吧，我的好牌都沒有了！什麼都被偷光光了……什麼都沒了啦！這下子怎麼辦才好？」

5. 嘗試解決問題的流程。

「有沒有什麼辦法，可以讓大家都覺得遊戲好玩呢？」

親職筆記本

更衣室的解決之道

我帶三歲女兒瑞秋到游泳池玩。我們本來打算游完泳去拜訪表親，但她累到脾氣開始暴躁起來。以下是我們兩人在更衣室的對話：

瑞秋：我不想去找表姊他們玩了。

我：你想要回家。

瑞秋：我想要回家，睡在我的床上。

我：你很累吧。

接著，我提議她可以在車上睡覺，但她不喜歡在車上睡覺，就用力把置物櫃的門甩上。

我：感覺你很生氣，甩得很大力耶！再甩一次！

這句話完全是天外飛來一筆，我以前從來不會這麼回答，瑞秋滿臉驚訝。我幫她把置物櫃的門打開，她再次狠狠地把門甩上。

我：哇，超級大聲！你真的超級生氣的！

她看起來冷靜不少。

我：好囉，我要帶你去車上囉。

瑞秋：我現在想去找表姊他們玩了。

最後我們順利成行！

第十三章 叫囂咒罵和「不雅」用詞

「蠢貨！」「你腦袋裝大便！」「臭呆瓜！」「喂，屎面人！」「（本書不打算列出的髒話琳琅滿目，請運用想像力！）」

孩子使用髒話的原因有很多。有時，他們發覺說髒話可以惹毛大人或讓朋友驚聲尖笑，感到洋洋得意。他們會故意嘗試不同的髒話，看看是否可以引發對方的反應。對他們來說，這好玩得不得了。

問題是，我們愈是嚴格禁止孩子說髒話，髒話就愈來愈有力量和吸引力。

面對正在嘗試使用髒話的年幼孩子，比較溫和的回應方式之一，就是**描述自己的感受**、**傳達正確資訊**。你可以說：「喂！我不喜歡聽到髒話喔，你可以盡量和朋友亂聊，但對父母和師長不可以這麼隨便。」有時，光這樣說就夠了。但假如孩子依然故我呢？

另一項策略，就是故意用**耍寶的方式**，做出孩子想看到的反應：「不管你說我是什麼，就是不准說我是『花椰菜大腳怪』！」孩子硬是要這麼稱呼時，你就可以語帶誇張地抗議：「哎唷！討厭啦，就說不能叫我『花椰菜大腳怪』嘛，我快受不了了啦，哇嗚！」[1]

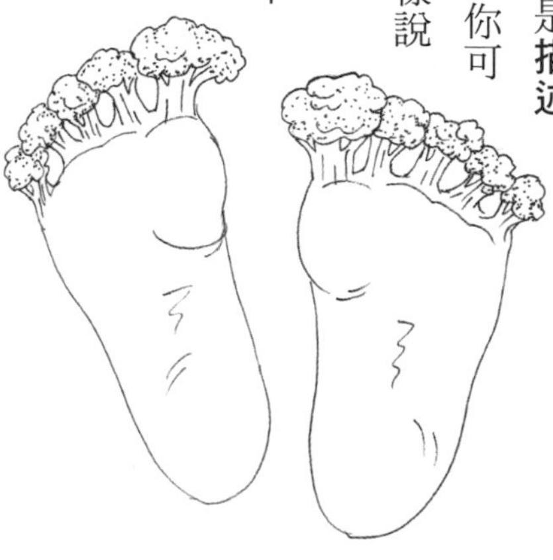

可是，說不定你孩子並非出於好玩想說髒話看看，而是符合當下的語境，換句話說就是真的難聽。舉例來說，孩子一回家，就向你抱怨說數學老師很「ㄐ……」（但孩子是真的說出那個四聲字）。

「難道我們不能跟她說，這樣對老師很沒大沒小，我們家的人不准講這麼難聽的話？」

如果我們自己採取相同的策略：

假設你有個壞老闆。有天，明明是他自己犯錯卻想逃避責任，在所有同事面前把錯怪到你身上。你氣個半死回到家，另一半問你：「怎麼啦？」你就像火山爆發一樣說：「那個討厭鬼（只是你用更難聽的字眼）居然在整個部門同事面前給我難堪耶，說我每次上呈表格都搞錯！」想像另一半回答：「哎，這樣說老闆沒大沒小啦，我們家的人不准講這麼難聽的話！」

你當下直覺反應會是什麼？

你會心想：「呃，我也是家中一分子，我偏偏就說了難聽的話……你也是討厭鬼！」還是你會暗自決定：「我以後再也不要跟你分享工作上的問題了。」之後另一半只要想要來個「抱抱」時，你都會假裝自己忽然頭痛。

如果批評對方宣泄憤怒的方式，反而會逼他們把氣出在你身上，或乾脆避口不談，那孩子說出刺耳的話時，我們可以怎麼辦呢？

方法1 肯定感受

我們可以回到基本原則，**先肯定孩子的感受，再說出你的感受。**

「聽起來你真的很生老師的氣耶，她一定做了什麼事情，才會讓你這麼受不了！問題是，我覺得『ㄐ……』那個字眼真的很刺耳。如果我們要繼續聊下去，得找個不一樣的用詞才行喔。」

方法2 視情況採取行動

假如孩子依然故我呢？**視情況採取行動**，主動表示不想參與對話。

「我現在沒辦法聊這個問題喔，那個字眼讓我覺得很不舒服，所以沒辦法好好專心聽你說完。」

但要是孩子使用難聽的字眼來攻擊**我們**呢？

昨天，我家的雙胞胎想在睡前玩臉部彩繪。他們都洗過澡了，但我沒打算讓他們臉上又塗滿顏料。結果兩人就開始吵，我只好告訴他們：「不准就是不准！沒得商量！」他們居然頂嘴大吼：「你是大笨蛋！」「我討厭媽媽！」

孩子的心情差到極點時，往往會設法在腦海中找最有殺傷力的用詞來宣洩挫折。難就難在要給孩子足夠強烈的用詞，卻又不致得罪他人（別忘了，即使是難聽的用詞也算是進步呀！畢竟孩子不再拳打腳踢或咬人，而是在「使用言語表達」耶！）。

你可以**肯定孩子的感受**，然後告訴他們**你的感受**：「看來你們真的鐵了心，一定要在今天晚上玩臉部彩繪，可是我不喜歡別人這樣罵我耶！」再來，你可以**告訴孩子可以說什麼，不要一味禁止他們說什麼**。建議孩子採用能表達感受但不太刺耳的用詞：「你們可以這樣跟我說，『媽媽，我真的非常非常生氣！我真的很想玩臉部彩繪嘛！』」

這也許就會帶到理性的討論：「看樣子，我們得找個大家都可以的時間來玩臉部彩繪喔。我們有哪些選項呢？明年找個禮拜二放學後有空嗎？」（開玩笑啦！我們只是在使用想像力實現無法達成的願望。）「好，我們把想法都寫下來，這樣就不會忘記。」

你也可能因為心情太差或倍感受辱，實在沒有心情幫孩子梳理感受。這樣的話，你可以告訴孩子：「我不喜歡別人這樣罵我，現在心情真的好差，沒辦法好好跟你聊了。」說完就氣呼呼地離開。等你稍微冷靜下來後，再重新思考這件事，進而嘗試解決問題。

「媽媽昨天晚上真的很生氣，我不喜歡被罵得那麼難聽，你不高興是因為我不讓你玩臉部彩繪。我們都不希望同樣的事情再度發生！那我們想看看，可不可以找個大家都方便的時間來玩彩繪。」

簡單來說，孩子使用「不雅」用詞的理由不盡相同。但無論是什麼理由，明令禁止可能反而讓相關字眼更有吸引力。我們面對童言無忌時，不妨故意耍寶，既能滿足孩子嘗試的渴望，又能避免我們失去理智。孩子口不擇言來表達強烈感受時，我們可以肯定這些感受，同時示範我們覺得較順耳的用字遣詞。

親職現場的真實故事

你沒禮貌！

我的八歲女兒和我說話的態度經常很沒禮貌。那天，我陪她走到公車站等車。半路上，我眼看她快到十字路口卻還沒停下腳步，就下意識地想保護女兒，便一把抓住她的手。她卻立刻把手抽出來說：「白癡喔！」

我實在受不了她這種說話態度，我覺得這都是看太多美國電視節目害的（我和我先生都是英國人）。我都會對她說：「你這樣很沒禮貌喔！」因為事實如此啊！她得知道不能用這種態度對大人說話。

但問題是，我女兒從小就非常固執，通常會馬上頂嘴：「你才沒禮貌！」參加了工作坊之後，我才發覺自己的回應其實也是辱罵：「你很沒禮貌」和「白癡喔」本質差不多。我想要以身作則，卻得到反效果。

後來她又對我使用難聽的字眼時，我說：「你那樣對我說話，我很傷心耶。」女兒馬上改口：「媽媽對不起！」

我聽了目瞪口呆。原來避免女兒沒禮貌的妙招，就是不去指責她沒禮貌啊！

換句話說的藝術（喬安娜的經驗分享）

（小叮嚀：這段文字包含一個不雅用詞。）

那年我十二歲。有天我放學回家，超級生老師的氣。我記得自己坐在餐桌前，打算向我媽討拍。我說那個老師根本就是「王八蛋」（asshole）！我媽嚇了一跳說：「喬安娜，那個字眼非常難聽耶。」

「但是他**就是**王八蛋啊。」我毫不退讓。

「喬安娜，好了！我聽了不舒服，你一定可以找到更適合的用詞，來形容惹自己生氣的人。」她走到書櫃前面，抽出一本同義詞詞典，沉甸甸地放在我面前。我滿臉好奇，就查了一下那個單字，驚喜地發現它白紙黑字印在詞典上，就得意地說：「同義詞詞典不覺得這個單字太難聽呀。」

接下來的十分鐘，我們仔細閱讀著這個難聽字眼的同義詞，笑看每個稀奇古怪、早就被時代淘汰的髒話。最後，就連我媽也不得不承認，真的找不到適合的替代用詞，無論是 *unpleasant*、*disagreeable* 或 *half-wit oaf*，都少了原本的味道。儘管如此，我仍明白我媽聽到髒話會渾身不自在，我應該要避免在日常對話中使用。但同時，我也覺得自己獲得她的體諒，而且過程中還學到了很棒的新單字。

好「ㄅㄣˋ」（茱莉的經驗分享）

有天，我們差不多快吃完晚餐時，三歲的雪莉突然大聲說：「拉希好笨！」我告訴她，這樣說哥哥可能會傷他的心，但她聽了反而更是說個不停：「拉希好笨！拉希好笨！」

這個舉動大踩我的地雷，我立即喝斥：「夠了！閉嘴！」

但雪莉依然故我。

我對當時六歲的拉希說，我們可以去客廳，離妹妹遠一點。拉希其實並不在意，而我與雪莉拉開距離後，頓時發覺她只是在實驗罵人的威力。我建議拉希和妹妹玩玩我教過他的遊戲：可以說我——

——，但是不要說我——。

我們回到餐桌旁，雪莉馬上又開始說：「拉希好笨！」但這次，拉希回答說：「你可以說我好笨，但是不要說我是『草莓派』喔！」

果不其然，她改口大喊：「拉希是草莓派！」拉希也浮誇地演了起來，假裝大聲哀嚎、雙手揮舞，妹妹則歇斯底里地大笑起來。這樣鬧了好幾回後，兄妹倆都笑到在地上打滾。

回想起那頓晚餐，我發覺雪莉可能是覺得自己被晾在一邊，因為我當時一直和拉希聊他在學校發生的事。三歲大的她，只好藉由罵人來提升參與感。

重點整理

叫囂咒罵和「不雅」用詞

孩子使用髒話來感受罵人的威力時，你可以：

1. 說出你的感受、傳達資訊。

「我不喜歡聽到這麼難聽的話喔，你和朋友在一起才可以這樣說。」

2. 故意耍寶，做出孩子想看到的反應。

「不管你說我是什麼，就是不准說我是『花椰菜大腳怪』！」「喂，花椰菜大腳怪！」「哇嗚！」

孩子使用髒話來宣泄強烈的感受時，你可以：

3. 說出你的感受。

「我不喜歡別人罵我笨喔！我現在沒心情聊臉部彩繪了。」

「問題是，這個字眼真的讓我很不開心耶。」

4. 運用較為適當的字詞來肯定強烈的感受。

「聽起來你真的很生老師的氣耶，她一定做了什麼事情，才會讓你這麼受不了！」

重點整理

5. 告訴孩子可以說什麼，不要一味禁止他們說什麼。

「看起來你們真的鐵了心，一定要在今天晚上玩臉部彩繪。你們可以這樣跟我說，『媽媽，我真的非常非常生氣！我真的很想玩臉部彩繪嘛！』」

6. 採取行動但不帶羞辱，主動表示不想參與對話。

「我現在沒辦法聊這個問題喔，那個字眼讓我覺得很不舒服，所以沒辦法好好專心聽你說完。」

7. 如果潛在的問題仍然存在，你可以嘗試解決問題的流程。

「媽媽昨天晚上真的很生氣，我不喜歡被罵得那麼難聽，你不高興是因為我不讓你玩臉部彩繪。我們都不希望同樣的事情再度發生！那我們想看看，可不可以找個大家都方便的時間來玩彩繪。」

親職筆記本

鞋子會吵架

我希望瑪雅快點穿上鞋子。由於孩子經常吵架，因此我靈機一動，撿起她那雙鞋子，開始替鞋子「配音」：

「我想陪瑪雅上學。」「不行，我想陪她上學，輪到我了！」「才不是，明明就輪到我了！」「才不是咧！每次都是你陪她上學。」

瑪雅大笑出聲，然後說：「好了啦好了啦！我有兩隻腳啊！你們可以一起陪我上學唷。」說完，她就把鞋子穿上了。

第五單元

化解衝突

第十四章 分享的藝術——全都是我的！

分享是實現世界和平的第一步。

我們希望孩子懂得分享。分享不單單是重要的價值觀，畢竟在有限的空間和預算之下，我們不可能擁有**一切**，因此父母自然會思索自古以來的哲學問題：

「為什麼孩子老是想玩其他孩子正在玩的玩具，可是明明先前對那個玩具完全沒興趣呀！為什麼偏偏是別人手中的玩具才好玩呢？」

答案是，因為這就是人類大腦的運作方式，也是我們學習的方式。孩子看到別人操控某個東西時，就會產生模仿的衝動：想自己把鑰匙插進鑰匙孔來打開家門、想自己按下洗碗機的按鈕讓它嗡嗡運轉起來、想自己拿起手機觸控螢幕、想用鋒利的大刀來切紅蘿蔔等等。

我們明令禁止時，孩子就哭喊哀嚎，因為這破壞他們DNA中固有的人性原始驅動力。[1]孩子看到其他小朋友玩玩具時，同樣的驅動力就會發揮作用，認定那個玩具是自己「需要」的東西，而且是現在就需要！這就造成了兩難的局面，我們不希望喝斥或責罵孩子與生俱來的好奇心和求知欲，但又必須找到方法來處理伴隨而來的所有衝突。我們希望孩子學會凡事不必立即獲得滿足、學會尊重彼此需求來解決爭端，還有學會**不要一直吵架**！但孩子在互搶東西、放聲尖叫時，這些大腦科學家幫得上忙嗎？我們得橋接科學理論與現實生活之間的落差。

你也許已猜到了，想要終結這類混亂局面，並沒有一體適用的簡單解方，一切都取決於孩子的年齡和發展階段、周遭環境以及想獲得物品的性質，牽扯了十分複雜的因素。

在本章中，你會讀到經家長實際測試後成功的辦法，可以有效解決教導孩子學會分享的亙古難題。

學步兒和嬰兒

喬安娜與茱莉好：

我們家有兩個小孩，分別是三歲的女兒和九個月大的兒子。兒子現在可以爬來爬去了，已會走路的女兒就變得占有欲極強，很愛搶走弟弟手裡的東西。假如我強迫她還給弟弟，她就會開始崩潰。她以前對弟弟很溫柔，但現在只要弟弟爬到旁邊，她就會抓起自己的玩具跑開。

聖誕節快到了，我擔心專門送她禮物，可能會強化她的占有欲。我們是否應該考慮禮物上不要寫名字，讓兩人輪流打開禮物就好？也許不去強調玩具是她自己的，多多練習與弟弟分享，有助她培養分享的好習慣。

——小器鬼的媽媽

小器鬼的媽媽好：

這個問題值得好好討論！感覺我們愈要求孩子分享，她就會愈來愈擅長分享。關鍵在於，孩子「練習分享」時，內心真正的想法和感受。如果孩子因為自己年紀較長而持續感到挫折，再也沒有真正屬於自己的東西，便可能會愈來愈擔心弟弟會搶她的東西。我們猜想，這樣的「練習」可能會讓她的占有欲更強，也更受到弟弟的威脅。

想想看，如果有關當局宣布，某樣珍貴資產不再是你所專有，你會作何感想？你原本有自己的汽車，但現在管委會卻決定你以後買的車是社區住戶共用，等於也要分享給新鄰居（共享制度更為環保，也能避免鄰近街道交通堵塞，同時減緩停車位不足的問題）。鄰居可能隨時都會過來你家拿鑰匙、開車出門辦事。

也許你當下沒有要用車，但你卻老是覺得難以放鬆。你無法隨時想開車就開車，而且這次鄰居借車會借多久？你需要開車時，有辦法要得回來嗎？還是鄰居會開始斤斤計較，害得你不得不讓步？對方還車後，保險桿上是否會出現刮痕或後座都是餅乾屑呢？

以前車子是自己的，你完全不必緊張，甚至多次借車給自家車送修的朋友。但那是你的個人選擇，因為心情好所以大方出借。但現在不是你說了算；你並不是在「分享」，而是被迫放棄曾以為屬於自己的財產。

好了，不聊車子了。我們回頭聊你的三歲女兒！

其中的平衡有賴拿捏。第一項目標，是減輕大女兒對寶寶搶她東西的憂慮。第二項目標，則是保護小兒子探索新奇世界的權利，而不會受到霸道姊姊的阻礙。

想要達成第一項目標，給予大女兒更多主導權，可能有助她放鬆並練習雅量。而送女兒屬於她自己的禮物，並不會剝奪她練習分享的機會。你可以把分享的困難當成母女倆要共同解決的問題。一切得從**肯定孩子的感受**開始。

「天哪，弟弟真的好愛拿你的東西喔！你手中的玩具特別吸引弟弟。你想要拿回來的時候，弟弟就又哭又鬧，這樣真的很煩！」

不要直接訂下分享的規則，設法**給予孩子主導權**。

「我們應該怎麼辦呢？你想玩那隻泰迪熊，但是弟弟卻在咬它的耳朵。如果我們從他手中搶過來，他又會大哭。我在想，你能不能找到另一個弟弟喜歡的東西，像是有沒有什麼玩偶，可以拿在他面前晃來晃去，這樣他就會放下泰迪熊了。」

你可以給她**選擇想分享哪些玩具**：

「我們要準備一箱玩具給弟弟玩。他喜歡什麼玩具呢？你來決定箱子裡要放什麼吧。」

這樣一來，你在解決問題時便同時顧及兩個孩子的感受，既理解女兒想要保護自己東西的需求，也能保護寶寶手中的玩具不會被搶走。

你可以給予**描述型讚美**，讓女兒曉得她拿東西給弟弟玩時，弟弟有多開心。不要只說「懂得分享很棒喔！」，改說：

「哇，弟弟笑得合不攏嘴。我覺得他真的很喜歡那個老虎玩偶耶！」

假如孩子不願意分享，也不要貼上自私的標籤，反而應該肯定她的感受，保有未來仍然願意分享的渴望。

「你現在還沒準備好和別人分享新的玩偶吧。」

這意味著未來某個時間點，她仍然**會**做好分享的心理準備。

我們自己也有些物品可以大方與孩子「共享」，有些物品則會選擇自己使用，這樣想也許有助換位思考。

「沒問題，儘管拿木湯匙去敲罐罐，看得出來你玩得很開心唷，我只要戴上降噪耳機就行了。」

「不行，你不可以把媽媽的耳環戴在黏土動物上唷。我要把珠寶盒擺在衣櫃最上層，我們去找些毛根來玩吧！」

三歲學步兒的標準可能看似並不理性，但她愛護自己東西的心情和我們大人一樣。對於他們來說，學習與才剛會爬的弟妹相處確實是件辛苦的事。

但我們別忘了第二項目標，寶寶也有自己的權利呀！你現在八成已曉得，哪些東西屬於女兒的「特殊所有物」，哪些則屬於較籠統的共同所有物。當然，第二類的物品還包括寶寶的玩具、累積多年口水和齒印的舊玩具，還有那些不得不共用的大型玩具，因為有限的室內空間只擺得下一件，例如兒童攀爬架、可摺疊帳篷和隧道。

你得**採取行動**來保護寶寶應有的權利，避免被心智尚未成熟的姊姊給侵害。假如你是抱持同情的態度（肯定孩子的感受、給予孩子選擇）而不是語帶責罵來達成目標，就可以加速孩子的學習歷程。

「我不可以讓你把手搖鈴從弟弟手裡拿走。這是大家都可以玩的玩具，現在輪到弟弟玩了。但是還要等他玩完，真的好不耐煩喔！不然你一邊等，一邊找其他事情做吧！你想幫我把湯匙收起來，還是想用蠟筆畫畫呢？」

即使孩子哭了，你也可以表達同情。記住，所有感受都可以獲得接納，但部分行為必須有所限制。

「真的好難！沒有人喜歡一直等吧！唉！」「雖然你很久沒玩手搖鈴了，但是你還是很珍惜它吧，以前有很多美好的回憶呢。」

沒錯，你必須克制衝動，不可以說：「那是給寶寶的玩具啊！你長大了啊！老是想搶弟弟的東西，這樣不乖喔！」但管好自己的舌頭絕對值得，因為責備只會讓孩子感到自卑，無法幫助孩子學會雅量。

大孩子的分享之道

「但假如大孩子為了搶東西吵架呢？難道不應該訂下規則嗎？」

一定要啊！為了管控人數（和維持理智），無論是上學、玩伴相約，還是在家中，最好訂定分享的基本規則。你要**向孩子說明**這些規則的內容。當然，我們得先想出規則來，過程可能並不簡單。

孩子搶著玩的是單人使用的大型物品（例如彈簧床、盪鞦韆或滑步車）嗎？也許可以計時輪流玩看看（孩子也許會發明計時之外的共享方式，譬如一個孩子坐車時，由另一個孩子在後面推，也可以設置路障讓坐車的孩子繞來繞去）。

如果孩子是在搶某人剛收到的生日禮物，壽星有權訂下分享玩具的規則，也可以逕行把玩具收起來。

或者，已屬於共同所有物的舊玩具，但偏偏某個孩子想要搶著玩，只因為看到它在另一個孩子手中。沒有人會希望屋子或教室裡每個物品都得靠計時來輪流使用。孩子玩得正起勁時，也不會想一直被提醒：「五分鐘內換人！」此時的規則可以是：孩子必須先開口徵詢對方同意，然後等對方玩完再接手。但所謂等待並不只是乾等，畢竟年幼孩子根本不可能「耐心等待」，大人得從旁幫助，譬如說：「真的耶！最棒的玩具果然是弟弟正在玩的那個吧！看起來最有趣耶。反正還沒輪到你，我們就找點事做吧。跟我來……」

有時只要提前計畫得合作或同步進行的遊戲，就可以避免玩伴同樂時發生衝突。收好容易吸引孩子注意的吵人玩具，譬如遙控汽車、咆哮恐龍、會喊著要尿尿和「媽媽」的電動玩偶。拿出麵粉、鹽和水讓孩子玩黏土；擺出一籃子氣球讓孩子可以拍來拍去；倒出一袋積木（或任何當下熱門的拼裝玩具），只要有一大堆可替換的零件就好；也可以讓孩子到外頭去玩攀爬設施、滾下草坡。當然孩子之間還是會有零星的小鬥嘴，但到時就會有心力去加以處理，因為衝突會愈來愈少見。

在每天（有時是每分鐘）的親子拉鋸戰中，遊戲規則得視情況不斷調整，無法一體適用。最妥當的原則就是：「找出每個人的需求，再想辦法加以滿足。」沒錯，這樣會很複雜，但本來就是**全世界**數一數二複雜的問題啊！戰爭就是了爭奪資源而開打的！如果我們能幫助孩子想清楚如何和平地分享（或不分享），就能以自身的教養方式為榮。

但你開始擬定新版遊戲規則之前，務必先思考這個問題：針對已懂得講理的大孩子，不妨把搶玩具這件事當成練習**解決問題**的絕佳機會。我們很容易就會想訂定自己眼中公平的規則，但正如以下不同的經驗所顯示，孩子往往會想出自己的解決方案，而且可能是因為**他們**自己的點子，所以效果經常更好。

蛙鞋哇哇叫

我帶著七歲的艾瑪和五歲的歐文到游泳池玩，以為這樣我整個下午就不會聽到姊弟倆吵架了。但耳根子僅清淨了大約十五分鐘。我們只帶了一雙蛙鞋（我知道這樣有點克難！），一到游泳池後就是艾瑪在使用。歐文實在等得不耐煩了，伸手要把她的蛙鞋直接脫掉。

我的腦海幾乎同時閃過兩個完全矛盾的念頭：「姊姊還要用啊，你不可以亂搶。」「拜託妳，讓**弟弟也穿穿看嘛，我們剛到游泳池就是妳在用了。**」

姊弟倆爭吵不休，誰也不讓誰，我不知道該聽誰的話。此時我靈機一動，覺得何不來嘗試解決問題的流程，叫姊弟倆自己想辦法。我何必自己球員兼裁判咧？我就說：「糟糕，我們遇到問題了！我們只有一雙蛙鞋，但是兩個小朋友都想用。艾瑪穿了一段時間，但是還沒打算休息；歐文等了很久，希望輪到自己。我們該怎麼辦呢？徵求好點子！」

歐文說：「應該換我穿蛙鞋了，因為艾瑪已經穿很久了。」艾瑪說：「我還要再用一下子，因為我想在水底下游到另一頭。」歐文說：「那我們一人穿一隻嘛。」

我差點脫口而出：「這樣不行啦，你只會在水裡兜圈子。」沒想到艾瑪說：「好啦！給你**一隻**！」結果，兩人各自用一隻蛙鞋開心地游著，這絕對不是我想得到的解決辦法，但我完全能樂觀看待這項方法：我的孩子慢慢意識到，不必動手動腳或暴力威脅，也可以解決衝突。

丁字梁（茱莉的經驗分享）

雪莉、拉希和艾許分別六歲、九歲和十二歲時，我們家有一個倒吊在天花板鉤子上的丁字梁，非常受到孩子們的歡迎，他們老是搶著要掛在上面旋轉。我可不想在客廳安裝三根丁字梁。我要他們心平氣和地輪流，所以制定了五分鐘的規則，

但這條規則並不能避免衝突。我開車載放學的孩子回家，他們在車上就吵了起來，爭執著到家後

誰先玩丁字梁。

「我先玩！」「不公平，你不行先玩，昨天你就先玩了！」「年紀最小的先玩！」

我一開始擔心他們從梁上摔下來受傷，但如今才發覺，三人推擠踩踏造成的危險才可怕。我腦海浮現的畫面是，我還沒完全停好車，他們就從車上滾下來，互相肘擊拉扯，只為了先進屋子。我大喊：「喂！」終於引起他們的注意。

「我們麻煩大了！三個小朋友都想玩丁字梁，但是丁字梁只有一個。我們不能每次都『先搶先贏』，因為不是每個人都覺得公平，所以要訂下更適合的規則。在想出人人都滿意的規則前，大家暫時都**不准**玩喔。」

接下來就進入談判階段，兩大爭議點分別是：誰可以先玩、每人玩多久。原來，年紀最小的雪莉最想要第一個玩，年紀最長的艾許願意等待，但想要玩比較久。結果三人決定，雪莉先玩兩分鐘、再由拉希玩四分鐘、最後艾許可以玩六分鐘，三兄妹感到非常滿意。我這才鬆一口氣，自己不必費力管控這群小鬼頭。

◆◆◆

有時，你不必跑完解決問題的流程，只要給予孩子自主權，就能享受片刻的寧靜。

分享藍莓

我家三個孩子都把藍莓視為美味的點心。我把一大碗藍莓放在餐桌上，卻看到九歲兒子快速舀一大堆到自己的盤子裡。「艾力克斯！這些藍莓是給你們三個人吃的喔，你拿走超過三分之一了！」我把桌上所有藍莓都拿走，分成三個小碗後才又擺出來。你一定猜得到接下來發生的事：

「他的比較多！」「才沒有，你的藍莓有一邊都快滿出來了！」「不公平，我要艾力克斯那一碗！」

我嘆了口氣後說：「你們都希望自己拿到多一點藍莓。我不知道該怎麼辦耶，我沒有耐心去一顆顆藍莓慢慢數喔。」

艾力克斯插話了：「我來數！崔佛和凱蒂可以看著我數。」

我們把全部的藍莓放回碗裡，弟妹露出銳利的眼神，監督艾力克斯依序在每個小碗放一顆藍莓。最後依然剩下兩顆藍莓，艾力克斯慷慨地給弟妹一人一顆；他握有主導權後，凡事就更大方了，而且大家都很滿意這個分配。

「假如是蛋糕這種沒辦法數的點心，不管怎麼切都會有比較大片的蛋糕，或是因為多了某小塊擠花糖霜，看起來比較漂亮呢？」

我們知道有些家庭運用「蛋糕屑遞減法則」，效果絕佳。假如三個孩子都認定其中有片蛋糕「最大片」，就從那塊切出一些蛋糕屑，分配給其他「小片」的蛋糕。換成「小片」蛋糕比較大了嗎？再把一半的蛋糕屑分回去。這項分配任務必須認真進行，以達成數學上的平均值。過了一兩分鐘後，一定沒有人分得出哪片更大，孩子就會甘願繼續吃蛋糕了，因為那點蛋糕屑再也不重要了。以後孩子就能照此方法自己去分配，不必你操心囉！

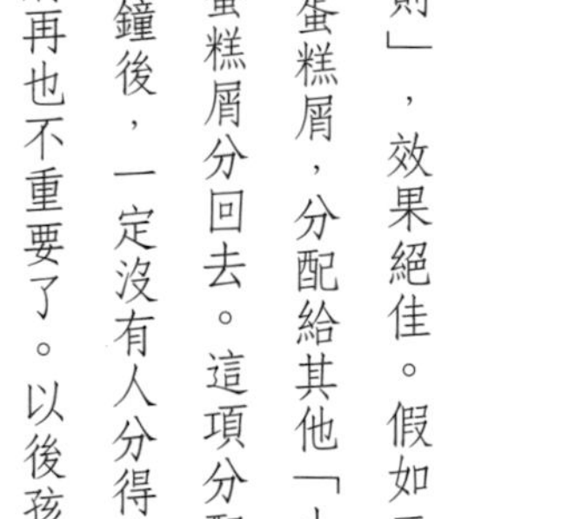
圖 1
圖 2

哪一塊比較大？

身為成年人的我們，當然知道多一顆或少一顆藍莓沒什麼大不了，孩子早晚也要知道這件事。我們無法老是遷就孩子對於絕對公平的渴望，但肯定孩子的感受、給予他們主導權，有助他們更快理解、接納人生中難免會出現的小小不公。

❖❖❖

有時，分享難題的最佳解方，就是找到方法來完全避開。

為了娃娃哇哇叫

我們以往都會邀請漢娜幼兒園同學放學後來家裡玩，但他們後來相處得愈來愈不愉快，因為漢娜不願意別人分享自己的玩具，只要朋友碰了她的東西，她就會放聲尖叫或伸手去搶。假如同學的家長也待在我們家，場面就會格外尷尬，漢娜看起來像極其自私又被寵壞的女生，我也覺得自己是失職的媽媽！

工作坊結束後，我開始要漢娜在同學來玩之前先做好準備。我問她，想和同學從事什麼活動，還有想「展示」哪些玩具。我還問她，是否有些特別的玩具她不願意分享，再把那些玩具收到衣櫃上層。我不必再堅持她要與同學分享所有的玩具，真是減輕了很大的負擔。

某天，同學莎拉來玩之前，她忘記把自己最愛的洋娃娃敏迪收好。果不其然，莎拉發現了敏迪，漢娜就開始尖叫：「還我！」這要是在以前，我絕對會斥責漢娜，叫她回房間反省。但這次我告訴漢娜：「莎拉不知道那是妳特別喜歡的洋娃娃喔，妳可以請她把敏迪還給妳，然後借她玩別的洋娃娃。」

我得承認，接下來她的反應令我訝異。她立即停止尖叫，然後對莎拉說：「請把敏迪還給我，她只喜歡我抱她，妳可以抱皮皮唷。」

我覺得，這項方法有助漢娜慢慢以正面的態度來思考分享的價值。

令人搖擺不定的遙控車（喬安娜的經驗分享）

丹丹三歲時，我朋友送他一台遙控卡車，當作他的生日禮物。丹丹開心得不得了，他以前都沒有收過這麼酷炫的玩具。那輛卡車還會特技表演，超大的輪子讓它即使翻轉一百八十度，依然能繼續往前開（而且電池用量很凶，不過這點在此先不多談）。

下回玩伴相約時，丹丹迫不及待想炫耀給同學看，上車時懷裡還抱著遙控卡車。我見狀就覺得不妙。

但我先肯定他的感受。「丹丹，我知道你想給大家看遙控卡車，因為它真的很棒。」「對啊，大家都會很喜歡！」

接著，我提出問題。「我在想，小朋友只要看到你的車，都會想要拿去玩。我知道你才拿到遙控卡車沒多久，你願意這麼快就跟其他小朋友分享嗎？」

「我不要他們把車子弄壞，只是要給他們看我遙控，他們可以看就好了。」

我再次提出問題，但換句話說。「我擔心的是，其他小朋友可能很難一直看你玩這麼棒的玩具，因為他們會想換自己遙控看看。光是在旁邊看，他們可能會覺得很難受。」「是喔……」

我給予丹丹做決定的主導權。「想想看，你想要把車子帶到學校、借同學輪流玩看看，還是想把車子留在家裡，因為是超特別的新玩具呢？」「那我把它留在家裡好了。」

問題解決囉。

後記：數星期後，我們要參加圖書館的說故事時間，路上順道前往銀行辦事。銀行行員送給丹丹一支棒棒糖（她都伸手拿糖給丹丹了，才想到徵詢我的同意，不過這點在此也不多談！）我在圖書館前停好車，丹丹還在吸著棒棒糖。我不禁暗自偷罵那位行員，因為我完全能預見，逼孩子吐出口中棒棒糖再進圖書館，勢必會掀起一場口角。

我語帶猶豫地說：「我很擔心，你一邊含著棒棒糖、一邊走進圖書館，其他小朋友看見就會心理不平衡，也想要吃棒棒糖。」

丹丹把棒棒糖拿了出來，接著說：「然後他們的爸爸媽媽就會很傷心，因為他們身上沒有棒棒糖可以給小朋友。那我把它留在車上吧。」

我們在車子地墊上找到原本的包裝紙、除去灰塵，把棒棒糖重新包好。

令我吃驚的是，丹丹滿足於充滿人工櫻桃香料的甜膩棒棒糖時，不僅能思考其他孩子的感受，還能同理這些孩子的父母！我想應該是之前那個針對遙控卡車的討論，激發了他換位思考的能力。

重點整理

分享的藝術

1. 運用詞彙肯定孩子的感受。

「弟弟真的好愛拿你的東西喔！你想要拿回來的時候，弟弟又哭又鬧，這樣真的很煩！」

2. 給予孩子主導權。

「你想玩那隻泰迪熊，但是弟弟卻在咬它的耳朵。我們該怎麼辦呢？你能不能找到另一個玩偶，可以拿在弟弟面前晃來晃去，這樣他就會放下泰迪熊了。」

3. 提供選擇。

「今天你的同學放學後要來我們家喔，哪些玩具你想要一起玩、哪些玩具要收起來呢？」

4. 描述型讚美。

「哇，弟弟笑得合不攏嘴。我覺得他真的很喜歡那個老虎玩偶耶！」

5. 採取行動但不帶羞辱。

「我不可以讓你把手搖鈴從弟弟手裡拿走。這是大家都可以玩的玩具，現在輪到弟弟玩了。」

重點整理

6. 傳達資訊。

「遊戲規則是，不可以搶別人手裡的東西喔／每個人可以玩五分鐘的彈簧床／等前一個人玩完才輪到自己。」

7. 嘗試解決問題的流程。

「我們只有一雙蛙鞋，但是兩個小朋友都想用。我們該怎麼辦呢？徵求好點子！」

第十五章　那不是玩具！——孩子想「分享」大人的東西

說也奇怪，孩子偏偏喜歡玩大人的東西。我們忙著掏錢買各式各樣高級玩具，他們卻盯上了我們的物品。對於孩子的模仿欲，我們也許應該感到榮幸，而不是一味嫌煩。

「但我要用的時候找不到啊。重點不只是價格，還有不方便，我不想和孩子分享！」

有時，不妨**調整我們的期待**、重新界定我們對「玩具」的想像。想想看，相較於只要給孩子一個膠台和一疊補充包去玩，買下整套兒童專用（又超貴）的美勞用品，說不定還更浪費錢。

「那意思是不是說，我們大人使用的所有東西，孩子都應該要有一份啊？像是洗碗機、微波爐、除草機之類的？因為我家孩子就愛這些家電。」

我們並不想無限上綱，認為凡事要不是全有就是全無。我們先看看自己有什麼辦法，可以給孩子心目中的那些東西，接著再**改變環境**，視情況提出替代方案。

我們必須先選擇對自己有利的東西。洗碗機和微波爐不可能當成玩具，但你準備要洗碗盤時，可以**給予孩子主導權**，負責按下洗碗機按鈕；或你準備加熱剩菜剩飯時，可以讓孩子負責按微波爐按鈕。你甚至可以**寫張便條**，直接貼在家電按鈕上。

理想中的家庭環境是：我們能**告訴孩子可以做什麼**，**避免說不可以做什麼**。收納刀具的抽屜可能需要兒童安全鎖，但收納湯勺、塑膠容器和蓋子的抽屜可以不必上鎖；孩子不能使用除草機，但可以推著會吹泡泡的除草機，滿足模仿媽媽動作的渴望；你也許想要保護好自己的辦公用品，但買個幾疊彩色便利貼和一盒迴紋針，說不定會是很划算的投資，因為許多家庭用品其實都能改造成安全耐用的「玩具」，又不至於超出預算範圍。

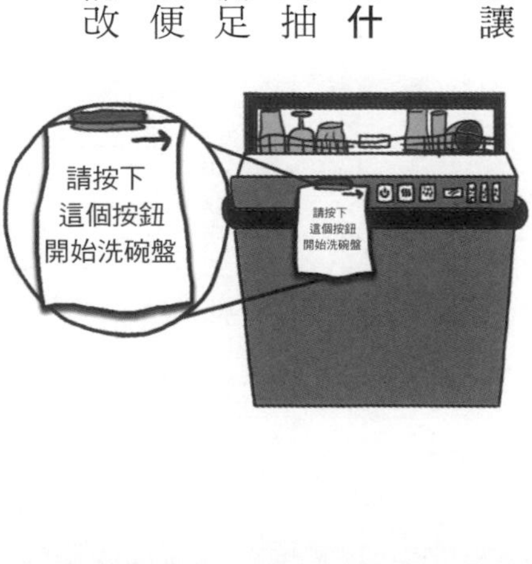
請按下
這個按鈕
開始洗碗盤
請按下
這個按鈕
開始洗碗盤

別忘了，你當初想要養孩子，本來就不是為了維持生活上的整潔和簡單，想必也不希望孩子對父母所作所為毫無興趣，反而期待著昏天暗地的親子生活，見證孩子無比渴望與環境互動和模仿父母行為，隨時抓緊機會體驗未來的生活。

親職現場的真實故事

加料（喬安娜的經驗分享）

我先生下班回家，看到我正喝著咖啡、讀著報紙，兩歲的丹丹則開心地坐在地板上，周圍擺滿了各種香料。「現在是什麼狀況？」我丈夫驚恐地問。

「喔，丹丹在玩香料。」我平靜地回答。

我先生表示不解：「為什麼他非得要玩香料啊？香料很貴！他有自己的玩具啊。」我嘆了口氣，自己本來正在享受片刻平靜，香料讓兩歲的兒子忙得不可開交。我調整了自己的期待，但偏偏我先生不明白。

數天後，我回家看到了一幅賞心悅目的場景：丹尼周圍擺滿了香料罐，他正仔細地一罐罐聞著，還把蓋子擰上擰下，我先生有點心虛地看著我：「哎唷沒辦法，妳說得沒錯，真的沒必要跟他計較。」

這番話聽起來就是順耳！對了，我寫這段文字時，丹丹早已是大人了，仍然熱愛各式各樣的香料，目前是創意十足的廚師。

夾夾樂

吉萬打開餐具抽屜，發現了一支大夾子，就從抽屜取了出來，接下來一小時都在屋內到處探索，想用他的「咬咬怪」來把各種東西夾起來，玩完才把夾子放在自己的玩具箱內。我把夾子撿了起來，擺回原來的抽屜中，吉萬見狀就大哭，我不滿地說：「大夾子不是玩具喔。」他扯著嗓門回嘴：「它是玩具!!」

我這才發覺，自己根本可以花幾美元再買個夾子，更何況這個「咬咬怪」還比吉萬的其他玩具便宜許多。因此，我就送給他一個大夾子，他收到禮物欣喜若狂，接連好幾星期都在大幅鍛鍊手部的精細動作。

我先生認為我太寵孩子了，主張孩子不能看到父母有什麼就要什麼。但我覺得自己不再事事都禁止吉萬時，他反而更願意遵守規定。昨天晚上，吉萬站在凳子上，伸手要打開收納刀具的抽屜。我想都沒想就厲聲警告：「不准拿刀子!!」

他嚇得身體往後縮。後來，他爸爸下班回家，吉萬就指著抽屜，極其嚴肅地搖頭說：「爸爸，不可以拿刀子喔。」以往我明明對他更嚴厲，卻難以嚇阻他的行為。

不過，我還是在刀具抽屜上加裝了兒童安全鎖。

玩不膩的膠帶

一般人需要仰賴空氣和水才能生存，索拉雅大概只要靠膠帶和紙板就能過活。我以前都會設法限制她使用膠帶，因為覺得她只是在浪費資源。但我參加教養工作坊後有所領悟，直接前往辦公用品店，買了特大包的膠帶組。我只拿了其中幾捲膠帶當作備用，其餘全都給索拉雅使用。我把衛生紙捲軸、雞蛋盒、舊保麗龍餐盤和其他容器，逐一裝進一個板條箱，當成她的全新「工作室」，結果索拉雅非常喜歡，我再也不必指責她浪費資源。以前的我才真的是浪費：花錢買了一堆玩具，結果沒幾天她就不玩了。看樣子，膠帶真的有無限可能呀。

重點整理

重點整理：那不是玩具！

1. 給予孩子主導權。

「要打開洗碗機囉，你可以按下開始的按鈕嗎？」

2. 調整期待、改變環境（記得選擇對自己有利的東西）。

——訂下明確的界限：

「我要把這個抽屜上鎖囉，這樣你就不會不小心玩到尖尖的刀子。」

——也要適時妥協：

「你可以用湯勺來舀起水槽裡的水。」

3. 告訴孩子可以做什麼，避免說不可以做什麼。

「這些便利貼和迴紋針都是給你的，你想怎麼用都可以喔。」

4. 寫張便條。

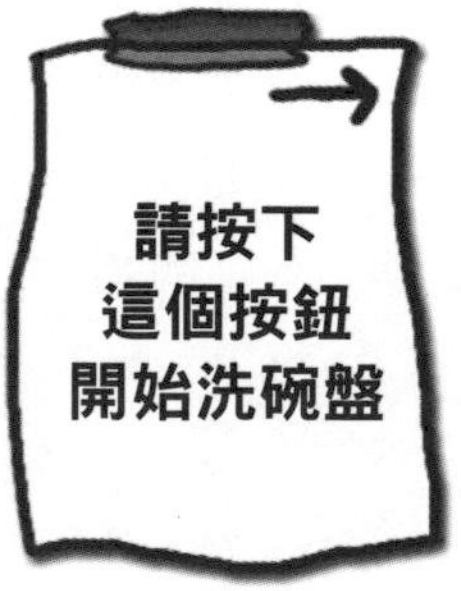

親職筆記本

東歐來的髒腳丫

我是斯洛維尼亞人，共有三個孩子——五歲半的尤里、三歲的安娜卡勒拉和十一個月大的大衛。尤里從兩歲開始，就愛亂發脾氣、行事固執、大吼大叫、經常挫敗和質疑大人。「原來是這樣啊？這就是為人父母的滋味？」

尤里真的令人頭痛，他非常聰明又善良，但身上有著兩個極端——原本的陽光開朗可能忽然就變成狂風暴雨。因為我和尤里很像，所以每當遇到衝突，我需要花很多心力來控制自己不去咆哮或不停說教，尤其是我筋疲力盡時，腦袋幾乎處於停機狀態（大衛晚上都不太睡覺）。

我想分享一個故事來說明我和尤里如何解決了問題，不再像以往的「老樣子」，即大吼大叫、心情暴躁，最後都是祭出處罰（像是沒有睡前故事可以聽）。這次，我嘗試了你們推薦的解決問題流程。

某天下午，尤里在外面玩完回到家，球鞋上全是泥巴，偏偏那天早上我剛掃完地板，第一時間的反應還是「老樣子」：「把你的髒球鞋拿到外面，今天我才剛掃完家裡！」他的反應則是憤怒，因為我不讓他進門拿拖鞋。我開始「連番說教」，說不能穿著髒鞋子在屋內到處亂走，尤里的憤怒值直線上升！接著我突然有所自覺，好吧，這樣下去不是辦法，不妨嘗試溝通工具吧。我拿了紙筆陪他坐在外面，開始談論他內心的感受。我說，我知道他很氣我不讓他進到屋裡。然後，我畫了一張暴怒的臉孔，頭頂上有一道道閃電。他點了點頭，對我說他真的很生氣，因為我叫他在門口脫掉球鞋，可是假如沒有先拿拖鞋，他的襪子就會髒掉。他看起來比較放鬆了，身體已不再「憤怒地抽搐」，還略微露出微笑。我畫出一棟笑容滿面的乾淨房子，還有一棟哭喪著臉的房子，不僅長滿雀斑還蓬頭垢面。我問尤里如何保持房子的整潔。我們都認為，進屋前要先把髒鞋子脫掉，假如拖鞋不在門邊，他可以請我或其他人幫忙拿來。從此以後，他都乖乖遵守我們倆同意的辦法。：- D

自從我們使用「家庭成員如何溝通」相關工具後，他就更常來找我抱抱，每天好幾次說愛我。我總算再次感受到，眼前這個男孩不是敵人，而是我的寶貝兒子了。

剪頭髮

我女兒蓋莉有次說：「我想要剪自己的頭髮。」

我只好不厭其煩地再說一次：「我們不會剪自己的頭髮喔。」

「但是人家真的真的很想要剪自己的頭髮嘛。」

那陣子，我母親剛好來探望我們，她先前都不太相信參加了教養工作坊，就能學會如何和孩子溝通。因此，我想在她面前展現一下自己剛學會的溝通技巧。

「是喔，妳真的很想要剪自己的頭髮耶！雖然妳知道我們都是請別人幫忙剪頭髮，但是妳自己也想要試試看，想到這裡真的有點難受。那我們來畫頭髮給妳剪好不好？」

我問她想要什麼髮色，她說：「紫色！」「誰要來畫頭髮呢？」「外婆！」

外婆便畫出紫色頭髮，蓋莉小心翼翼地剪了下來。她十分滿意自己的成果，也不再吵著要剪自己的頭髮了。

第十六章 數位的困境（之一）——兒童的3C螢幕使用原則

假如有人發明某個輕薄短小的裝置，方便隨身攜帶又能立即安撫孩子，不用胡亂投藥，是不是很吸引人？父母想必都會覺得超級實用！也許你有非參加不可的線上工作會議，而孩子卻用芭比娃娃互打對方的腦袋；也許你在滾燙的爐子前煮晚餐，孩子卻爬到你的腿上；或你累得剩半條命，只希望孩子乖乖自己玩，你好躺著休息一下！3C螢幕百百種，都能立即解決上述問題。

3C螢幕不僅能帶給孩子歡樂，也可以富有教育意義。你想必已發現，許多遊戲都可以幫助孩子無痛提升數學能力、增加外語詞彙、豐富視覺詞彙、學習空間概念等；孩子從五花八門的節目和電影中，也可以看到討喜的角色展現慷慨、勇敢與善良等值得效法的人格特質；而電腦技能的培養，對於未來（當然還有現在）絕大多數工作與職涯更是實屬必要。

那3C螢幕的問題何在？我們自己引介給孩子的科技，結果孩子真心愛上後，為什麼我們還要為此和孩子拔河呢？

其中一個問題是，我們身處前所未見的領域。沒有人確切知道，孩子從蹣跚學步時就接觸大量3C螢幕科技，究竟會導致什麼後果。各方資訊有時相互矛盾，有些專家警告，過度接觸3C螢幕後果恐不堪設想，有些專家卻認為這只是危言聳聽。很多人都擔心，孩子花太多時間盯著螢幕，卻忽略了「現

實生活」。我們希望孩子可以適量運動、面對面與人建立關係、培養現實世界中的能力，譬如烹飪、演奏樂器、騎腳踏車等等。

因此，我們經常給予孩子前後矛盾的資訊，一方面要孩子多多投入別出心裁、寓教於樂的活動，一方面又說：「寶貝，你太入迷囉，差不多要休息了！關機了、收起來，這會妨礙大腦的發育！也會影響身體健康！」

我們告訴孩子不要過度盯著 3C 螢幕，但這對孩子有多大的意義呢？不妨思考我們平時介紹新玩具或活動的方法。一般來說，我們不會因為規定的時間到了，就立刻收走玩具或結束活動，只拋出「玩太多不好」這種理由。我們不會在孩子把積木都市或樂高太空船蓋到一半時直接把他們拖走，也不會在他們玩鬼抓人、做黏土蟲、騎腳踏車或看書的當下，厲聲地說：「夠了沒！」當然，我們也許要孩子放下手邊的事去吃晚餐、洗澡、寫功課或上床睡覺，但不會直接說那些活動**本身**有害，而是會提醒他們接下來該做的事。

想想看，假如另一半推薦你一本讀了就停不下來的書，而正當你讀到高潮迭起的情節（主角在暴風雨中攀附著懸崖，究竟會不會順利脫困，還是會不慎墜落、慘死在下方凹凸不平的岩石上？），他忽然抽走書、砰地一聲闔上，然後說：「好了，讀太多對眼睛不好！」「你可以週末再繼續看。」「少囉嗦，我五分鐘前就先提醒你了。」

此時，你內心可能升起了負面感受！同樣地，我們設法限制孩子使用 3C 的時間，他們感到不解和生氣，進而與我們針鋒相對，也就不足為奇了。

我們的意思並不是孩子應該毫無節制地盯著 3C 螢幕。但重點在於覺察，我們衝進去宣布「時間到了」的當下，孩子會有什麼感受？

那現在該怎麼辦？由於缺乏普世皆準的公式來計算盯著3C螢幕多久才算健康或不健康，我們就以一個前提繼續討論：每個家庭要決定適合的使用時間。

我們的看法是，本書既有的溝通方法仍然適用。如果我們想要解決3C螢幕導致的衝突，就必須從肯定感受開始，再進一步嘗試其他選項：傳達正確資訊、提供孩子選擇、解決問題流程、改變環境而不改變孩子、採取行動但不帶羞辱。那我們要如何把這些方法應用到3C螢幕造成的親子齟齬呢？

我們可以**肯定孩子的感受**，再提供**合乎孩子年齡的資訊**。舉例來說，面對你的五歲孩子，也許可以這樣說：「爸媽叫你關掉平板電腦真的很煩吧，畢竟玩遊戲才玩到一半，誰都不想突然關機！問題是，每個人都需要休息、花點時間活動肌肉，你長時間坐著盯螢幕不太健康唷。」

如果我們每天隨機讓孩子接觸3C產品，他們可能隨時都會拚命地吵著（拜託、哀求和哭喊）要使用。你可以**提供選擇**，開放特定時段讓孩子使用。不妨思考一下適合自己的方式，你願意給孩子從兩個不同時段擇一嗎？譬如吃晚餐前的時間，或托兒所放學且寶寶午睡的時間？孩子一旦有心理準備又參與決策過程，就比較容易接受時間的規定。

我們當前的挑戰實在嚴峻。許多電腦遊戲和影片串流平台，都設計得讓人容易沉迷其中。想把孩子的注意力從螢幕前抽離，不妨**強調他們可以做什麼**，**避免說不可以做什麼**。事先安排好下一個活動，這樣孩子即使看不了影片，仍可以享受其他樂趣，不要說「不准再看電視了，不然大腦要變成漿糊了」，而是可以興奮地說：「好囉，我們去吹肥皂泡泡吧，來看泡泡飛多高才破掉！」

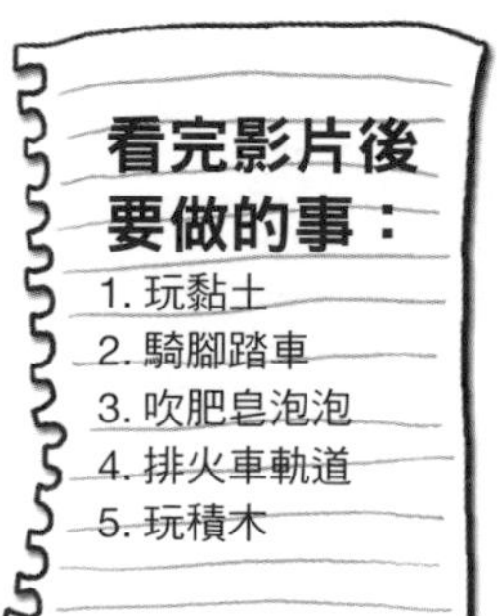
看完影片後要做的事：
1. 玩黏土
2. 騎腳踏車
3. 吹肥皂泡泡
4. 排火車軌道
5. 玩積木

你也可以**嘗試解決問題的流程**：挑個沒有親子衝突的時刻，找孩子一起坐下來聊聊，肯定他們喜歡玩3C的感受，簡單表達你對於久坐的憂心，再請孩子陪你集思廣益，想想避免衝突又能轉移焦點的好方法，以及列出孩子之後可以從事的活動。

最後，你希望轉移孩子對螢幕的注意力時，消除誘惑來源是極為有用。面對這般誘人（甚至可說是令人成癮）的科技產品，期待孩子自律未免不切實際。我們需要**改變環境，而不是改變孩子**。這就代表要把3C裝置放在孩子拿不到、甚至看不到的地方，好比我們不會沒事把一大袋糖果留在餐桌上，等到牙醫費用高到嚇人才來生孩子的氣。

以下是家有年幼孩子的父母分享如何使用上述方法，進而減少3C螢幕引發的衝突：

憤怒鳥／憤怒兒

我那三歲兒子奧利佛自從他叔叔把「憤怒鳥」安裝到我手機上後，就完全迷上了這個遊戲。他動不動就央求著要玩，每次我叫他關掉遊戲，他就會大發脾氣。我試過叫他設定計時器，但一點用都沒有。後來，我們試著給他主導權，每破完一關就要停止遊戲，但也沒有效果。我們只要施加任何限制，他就會鬧脾氣給我們看。最後我實在受不了，把遊戲從手機刪掉了。他頭幾天出現戒斷症狀，但後來也接受現實，遊戲真的沒了。終於換來耳根的清淨！

固定一小時

我曾幻想著可以完全不碰3C螢幕。我的孩子花太多時間盯著螢幕時，事後往往變得暴躁易怒，而且很難乖乖上床睡覺。但其實，我真的無法放棄這個唯一能讓他們專注的工具，而且線上還有很多優質教育影片，而從小培養電腦素養的價值更是不在話下。

我找來所有孩子坐下聊天，表示玩遊戲和看電視真的很好玩。接著我才說明，看太多影片對於眼睛、大腦或身體都不健康，我說他們可以每天晚餐前用3C螢幕一小時（畢竟張羅晚餐是整天我最忙亂的時刻）。他們可以決定要玩電腦或看影片，或自行分配兩者的時間（注意：我在此提供了選擇）。每逢週末，我們會舉辦「電影之夜」，暫時解除一小時的限制。我知道隨著他們愈長愈大，一定會有更複雜的細節，但目前的執行狀況良好。

離婚爸爸戰勝電視

我和前妻有共同監護權，每星期只有兩個下午能見到三歲女兒。她老是求我開電視給她看，我原本每次都會讓步，因為不想把我們相處的寶貴時間浪費在吵架上。老實說，我不想有任何舉動害她掉眼淚。假如她告訴她媽媽，下次不想來找我怎麼辦？但後來，我覺得自己還是在浪費和女兒相處的時間，因為我們倆就一直盯著電視看。

於是，我買了一大堆美勞用具。後來她來找我時，我先讓她看了一個影片，接著就關掉電視，語帶興奮地對她說：「爸爸給妳看樣東西喔！」我本來以為她會立刻掉淚，但她連哀都沒哀一聲。我說：「來外面吧，我們來玩手指彩繪！」女兒玩得愛不釋手，現在我們建立了全新的習慣：先看一支影片，然後就是勞作時間。

泥巴派的妙用

我們每天光是為了決定3C螢幕使用時間，就和家中五歲和七歲的孩子討價還價、商量個大半天，生活的樂趣都快消耗殆盡，最後我們乾脆決定，週間完全禁止使用 3C。我們把相關裝置（包括電視遙控器）擺在拿不到也看不到的地方，然後允許孩子在週末每天使用最多兩個小時。實施新規定的頭一星期十分難熬，孩子都怨聲載道、牢騷不斷。但我們一再肯定他們的感受：「真的，你們很討厭這樣子！」我們偶爾也會提供其他活動給孩子選擇，但多半都被一口拒絕了。過了一星期，他們就不再苦苦哀求了。由於我們口徑一致地說「不行喔」，因此他們自己找到其他樂子。我們也更願意讓他們從事一些髒兮兮又吵鬧的活動（像是烤餅乾、舉行室內障礙賽，甚至允許他們在後院挖洞，再用水管把洞填滿來製作泥巴派）。

螢幕的魔力

新冠疫情爆發導致封城後，每當我得線上開會時，就會較為放任五歲的兒子玩智慧型手機上的遊戲。但我只要告訴他該休息，他就變得非常不高興，哭得沒完沒了，起初的興致都沒了！

我決定嘗試和他一起解決問題，我說：「我知道你非常非常喜歡玩地鐵跑酷（Subway Surfers），問題是一開始玩就容易停不下來！我真的不希望每次都為了這個吵架耶。我們一起來訂下遊戲和休息的規則，你覺得該怎麼辦呢？」

我建議我們使用計時器，他可以自己設定時間。他想讓語音助理 Alexa 來告訴他休息的時間（他八成懷疑我可能會不到二十分鐘就喊停，所以更信任 Alexa！）。

建立新規則後，確實效果更好。兒子的心情不再那麼差了，但他還是會哀求多玩一分鐘。我們又嘗試一遍解決問題的流程。這次他想到了一個好點子，我要比特殊手勢當作一分鐘的提醒，這樣時間到了他才不會被嚇得措手不及。

有時遊戲時間到了，他仍然會悶悶不樂。我就會對他說，他居然能想辦法靠自己的力量玩這個遊戲，而且躲火車的速度超級快，我深深覺得很厲害，另外也可以告訴他接下來有什麼活動。這些話都有助安撫孩子的心情。

重點整理

3C 世代兒童的螢幕使用原則

1. 肯定孩子的感受。

「爸媽一直叫你關掉平板，真的很煩喔。你才玩到一半，還不想休息。」

2. 傳達資訊。

「長時間坐著盯螢幕不太健康喔。」

3. 提供選擇。

「你想要看影片還是玩遊戲呢？」

4. 告訴孩子可以做什麼，避免說不可以做什麼。

「好囉，我們去吹肥皂泡泡吧，來看泡泡飛多高才破掉！」

5. 嘗試問題解決的流程。

「我們一起來想想遊戲和休息的規則，不要每次都為了這個吵架。」

6. 改變環境，不要改變孩子。

你不希望孩子接觸 3C 螢幕的話，就放在他們拿不著也看不到的地方。

第十七章 數位的困境（之二）——青少年的３Ｃ螢幕使用原則

孩子不斷長大，３Ｃ螢幕使用時間的管控就變得極其複雜。許多青少年都有自己的智慧型手機，加上學校可能會提供筆電或平板，３Ｃ螢幕滲透到他們生活各個面向，包括社群交友、寫功課、休閒娛樂，還有按照父母的要求（或命令）定時聯絡。孩子也可能藉此發揮個人創意：運用軟體作曲或製作影片、參與線上討論群組、利用各種教學影片探索嗜好，甚至自學程式設計。所有活動幾乎都離不開電腦螢幕，大概只有洗澡時間除外（當然，手機有防水保護殼另當別論）。即使我們想要遠離科技、親近大自然，也會運用智慧型手機下載步道地圖應用程式，以免自己在山裡迷路。想要替３Ｃ螢幕的使用訂定簡單的規定，無疑是天方夜譚。只要施加任何使用限制，都會找得到許許多多的例外和漏洞，這還得聘請律師團隊花上數個月來分析，到頭來相關規定依然無法落實。

但即使理解上述的警語，大多數人仍不願意採取放任手段。我們仍然想要確保青春期的孩子拿捏好生活中的平衡。我們曉得數位科技的魅力強大，因此想幫助他們學會管理科技的使用。

我們有哪些選擇呢？

你可能早就發覺，光是嘮叨孩子去外面玩、警告他們腦袋會變漿糊，並沒有達到預期的鼓勵效果。你的孩子忙著炸毀敵人坦克、查看社群媒體的按讚數，通常不會太在意你有多擔心他們的身心健康。

我們知道部分家長的管教極為嚴厲，對待大孩子也毫不留情，密切監控每項３Ｃ產品的使用，確保週間只能用電腦寫功課，僅允許週末有一小段自由時間（但仍需受到監督）。這類管教方式可能會衍生不少問題：

- 大一點的孩子平時鮮少有我們的監督，大部分時間都在上學、從事課後活動、跟朋友出去等等，因此一成不變的規則難以執行。
- 如果孩子覺得一舉一動都被監視，代表我們不信任他們能獨當一面，親子關係就有可能遭到破壞。
- 有時，嚴密監控可能會適得其反，孩子容易過度沉迷於3C，就像飲食嚴格受到控管的孩子，反而更容易對應該禁口的食物上癮。
- 無法使用3C螢幕，可能會讓孩子難以聯絡朋友，他們也無法運用網路來培養正向又健康的興趣。
- 許多孩子可以規避師長監控、偷偷註冊影子帳號，可謂上有政策下有對策。
- 每當我們訂下規定，下達最後通牒，恐怕會把自己隔絕於孩子的線上活動之外，從而喪失影響或保護他們的機會。

想要幫助孩子學會拿捏3C螢幕時間和其他活動之間的平衡，不妨先採取以下看似不合理的行動：

方法1 參與青少年的世界

如果你和孩子的感情融洽，就更容易影響他們的行為。如果你一開始就認定孩子的喜好是浪費時間、孩子重視的事物沒有價值，勢必會難以和他們有效溝通。如果你敞開心胸、了解孩子的嗜好，他們就會比較願意考慮你的觀點。

問問家中沉迷遊戲的孩子什麼是反坦克策略，然後坐下來實際陪孩子爆破一回（如果你受不了爆破坦克，或很怕轟爛殭屍或外星人，就問孩子有沒有遊戲不會太刺激你較為「敏感」的神經）。問問家中著迷社群媒體的孩子最近流行的迷因、哏圖分享網站或影音平台，讓孩子教你當紅平台的使用方式，這樣他們就可以擔任老師，你則是扮演呆頭呆腦的學生（很多大人其實也是本色演出！）。不要光是站在螢幕後方對孩子講話，而是要站在孩子的那一側，體會他們當下的感受。

為了撰寫本章，我們特地請教不少年輕人，他們要我們提醒家長在此務必謹慎。你無法指望孩子會分享個人的社群貼文，因為這可能會讓他們失去朋友的信任，或看似無傷大雅但可能會害他們丟臉，或少了脈絡就無法向外人解釋。你要讓孩子自行選擇想分享的社群貼文。孩子愛玩的遊戲多半節奏明快，幾乎不太可能快速上手。問問孩子哪款遊戲可以親子共樂，或是否能單純在旁邊當觀眾。別忘了，你是想「進入孩子的世界」，不是「闖入孩子的世界」。想想看，平時要是對家中青少年緊迫盯人、探聽他們與朋友往來的種種細節，勢必會侵犯到孩子的隱私；同樣地，我們也得尊重孩子網路社交生活的隱私，除非出現任何嚴重問題的跡象，否則不要擅自介入。

方法2 告訴孩子可以做什麼，避免說不可以做什麼

一味**禁止**孩子做某件事的成效，絕對比不上給孩子機會去做其他事。我們告訴孩子不要再用電腦時，等於在奪走他們重視的東西。如果我們希望孩子拓展能力，最好把期望包裝成機會，不要讓孩子覺得有剝奪感。

想想看，類似情況下你會有何感受。如果另一半拚命阻止你吃不健康的食物，以下哪個說法讓你比較願意改變？「馬上放下巧克力棒！這樣你的血糖會升高，到時候就會罹患早發性糖尿病！」還是「我剛剛做了超好吃的穀物脆片，裡面放了腰果和杏桃唷。想不想吃吃看呢？」

好啦好啦，也許你根本不打算吃穀物脆片。真正的問題在於，你要怎麼知道孩子心中的想法呢？

方法3　嘗試解決問題

你也許很想教訓孩子、批評孩子浪費時間，但如果想得到較為正面的回應，就要先**肯定孩子的感受**，尤其要肯定他們對特定3C產品愛不釋手。千萬別劈頭就說：「你遊戲這樣玩下去，腦袋遲早會變得不管用，肌肉也會慢慢萎縮，到時全身只剩懶骨頭。」一開頭要先表達你對孩子喜愛的多人連線遊戲深感興趣，也可以表達即使朋友見不到面，依然可以分享照片和聯絡感情，實在太方便了。

接著，你可以**說出問題**。你可以告訴孩子，擔心他缺乏睡眠或運動帶來的影響，或過度關注社群媒體可能造成的憂鬱。無論你的憂慮是什麼，簡短地表達出來，切勿攻擊孩子本身的性格。

記得給予孩子機會表達他的觀點。說不定你就會發覺，從爸媽角度來看，孩子玩電腦遊戲玩太久，但孩子不可能說停就停，因為玩到一半會破壞所有玩家的遊戲興致，甚至可能害他以後被禁止重回遊戲。你可能會得知，孩子有些朋友只要發文或簡訊數小時沒人回覆，就會覺得不受尊重。你要去傾聽並了解孩子的觀點（「噢，所以我叫你遊戲玩到一半就關掉電腦，就好比足球比賽進行到一半叫你脫隊，害大家中途少了一個球員，這樣你會很難做人！」）。

你可以**傳達相關資訊**，表示就連單人遊戲都設計得令人難以中途停玩。而且不只遊戲如此，其他數位媒體演算法也同樣精明，吸引使用者點選一個又一個不能錯過的內容，簡直沒完沒了。你也可以描述自己的憂慮，即花太多時間滑社群媒體，往往會讓人覺得自卑、遭到冷落，或無法展現「完美形象」。

再來，你可以向孩子**徵求點子**，邀請家中的遊戲小高手或社群媒體達人腦力激盪。他們可能有興趣嘗試什麼新事物呢？也許你的孩子擅長玩線上吉他遊戲，很想嘗試實體吉他課；也許孩子很愛玩跳舞機，有意加入學校熱舞社；也許你們倆都很想一起練跑，然後參加當地的五公里泥漿公益路跑；當地社區中心可能會開設戲劇工作坊、樂高機器人競賽、遙控飛機社團、戶外攀岩一日遊，或攝影班和陶藝班等等。你也許根本不需要正規又有組織的活動，光是在家嘗試烹飪或木工體驗就可能激發靈感。假如你家孩子企圖心十足，可能會想要賺些零用錢的工作，像是遛狗、顧貓、鏟雪、耙樹葉等等。

你也可以考慮讓孩子學習程式編碼或平面設計，這樣他們就可以架設個人網站或自行開發遊戲。既然孩子著迷於電腦遊戲，乾脆就讓他們盡情學習、發揮創造力吧。說不定，孩子就找到了未來成功的職涯（另一項好處是家中多了名電腦技師，只要遇到電腦當機或其他千奇百怪的故障情形，孩子就可以及時救援）。

你們可以集思廣益，安排不碰 3C 螢幕的時段和地點：晚餐時間、關燈睡覺後、阿嬤壽宴等等。你也可以和孩子共同思考，每天花多少時間盯著螢幕才合理。孩子認為多少時間才足夠完成功課和玩遊戲？你自己認為多少時間合理？雙方能達成妥協嗎？誰來負責記錄時間呢？實際上要如何執行？

我們並非建議你擬定嚴格的時間表，而是要和孩子一起探討這個問題，進一步正視數位困境，再共同訂下目標。

一視同仁

我女兒十二歲，成天都盯著手機看，長時間滑社群媒體。聽膩了我的嘮叨，她寧願把自己關在房間，好幾個小時都不出來。我沒辦法讓她坐著好好聊一下，因為她老說自己真的「很忙」。因此，我利用電子郵件轉寄一篇文章給她，文章中提到長時間滑社群媒體的後果，順便表示我明白她得用社群媒體和朋友保持聯絡，但我也擔心上網過度伴隨著負面影響。

這篇文章提到了智慧型手機上的設定，可以記錄手機使用時間，以及社群媒體的使用時間。我問她是否考慮啟用該設定。她同意記錄使用時間，但前提是我也照辦。

結果我們母女倆都大吃一驚，自己居然會如此頻繁查看手機。女兒很訝異自己花在社群媒體上的分鐘數，我則沒想到自己花這麼多時間看新聞。我們決定設定手機通知，這樣就可以減少盯螢幕的時間，對雙方都有好處。我轉寄那篇文章給她，完全沒想到也可以改變自己的行為。

「番茄鐘」的妙用

我兒子十四歲，非常聰明，花一堆時間用電腦。其實他已自學了編碼，老是在忙著寫極其複雜的程式，所以我並不擔心他的腦袋壞掉啦！但我確實擔心他的運動量不夠，因為他可以整天都坐在椅子上盯著電腦螢幕，也不會想到活動一下筋骨。

我和兒子跑了一次解決問題的流程。我先告訴他，自己非常佩服他程式編碼的工夫，肯定他一切都無師自通、動力滿滿。我接著表達自己的關心，長時間坐在電腦前不休息對身體不好，又拿出一份研究報告，指出工作久坐對健康的不良影響，再問問他可否想想辦法。

想也知道，他後來上網做了些功課，進而發現了番茄鐘工作法，可以設定專心工作與休息運動的間隔。如今，他都按照個人行程來安排時間，我也總算比較放心了。我十分欣慰自己不必嘮叨，他就可以自己處理這件事。

◆◆◆

我們在此要特別致歉，本章有些例子可能太過時了。時下科技產業真的日新月異，說不定你正用遠距虛擬大腦閱讀這段文字，看到「3C螢幕」這個老舊說法還忍不住發噱。

科技的變化太過快速，多少也能說明這個主題為何如此複雜。我們在上文僅探討了皮毛，著重於3C螢幕時間的問題，未能討論諸如影音內容、品質和其他未知變數（例如疫情期間被迫在家工作）等相關因素。假如我們有個統一的公式，可以計算出適合兒童發展各個階段3C螢幕每日使用時間，那這件事無疑簡單許多；或假如我們有足夠信心能讓孩子自律，更是再好也不過了。可惜螢幕時間並不像維生素C或鈉，沒有每日建議攝取量可供參考。每個家庭需要釐清親子雙方都能接受的適當原則。

有鑑於上述種種變因，有些家長會產生危機意識，進而加強管控，而不是重視溝通；有些家長（有時根本是同社區的鄰居）選擇直接投降，因為發覺要管控孩子對科技的使用難如登天。

我們的用意是提醒你重視親子的溝通！父母所不欲，勿施於兒女。我們面臨相同的處境，迎接著世界日益數位化之下同樣的難題，覺得拿捏其中平衡很辛苦，實屬正常。但只要你和孩子能站在同一陣線，就更有機會協助孩子培養未來派得上用場的能力，於此同時還可以維持良好的親子關係。

重點整理

青少年的 3C 螢幕使用原則

1. 參與青少年的世界。

「我可以跟你一起玩這個遊戲嗎？」

2. 告訴孩子可以做什麼，避免說不可以做什麼。

「想不想學吉他／學跳舞／組隊參加樂高比賽／學鉤針編織／學烤麵包呢？」

3. 嘗試解決問題的流程。

「我有點擔心你的身體耶，因為長時間坐在電腦前不休息對身體不好。可不可以想個辦法呢？」

第十八章　處罰可以讓孩子提早適應「現實人生」嗎？

喬安娜與茱莉好：

我覺得你們提供了好多實用的觀念，但我實在沒辦法接受不處罰孩子。這樣未免太縱容他們了！假如父母不處罰惡劣行為，這樣孩子要如何學會承擔自身行為的後果呢？他們只會變得無法無天啊！這樣以後出社會該怎麼辦？到時候他們收到開車超速的罰單、上班慣性遲到被開除，一定會被嚇得不知所措吧！

——無法視而不見的家長

無法視而不見的家長好：

養育孩子的過程中，針對不當行為**沒有給予教訓**聽起來也許很極端，說不定還有人覺得離譜。孩子得學會循規蹈矩，無論在家、上學、外出、工作都是如此，也要知道一旦**違規**就會產生後果。我們也同意，孩子經常受到保護、行為缺乏後果，很可能難以學會對自身的行為負責。

問題是，大人思考著要給孩子何種「教訓」時，多半是設法祭出處罰，產生嚇阻作用，藉此刺激孩子改變行為。其實，這類教訓本質上就是處罰，只是換了個說法而已。

簡單回顧一下反對處罰的論點。不少研究證實了許多師長的親身經驗，即處罰是不完美的工具，其背後的原因不一而足。處罰無法探究不當行為的原因，通常只讓孩子憎恨施加處罰的大人，或設法避免下次被逮個正著。處罰迫使孩子進行自私的思考——只關注自己需要承擔的後果，而不去重視解決問題或加以補救。孩子與同學或手足發生衝突時，遭處罰的孩子更難和平地解決問題。說也奇怪，現實的情況出乎意料：一旦我們不再施加處罰，孩子反而較能學會善加規範自身的行為*。

但假如你試過肯定孩子的感受、強烈表達過你個人的感受、給孩子改過自新的機會、跑過解決問題的流程，孩子卻依然故我呢？

不妨思考一下，我們都如何處理自己與成年人的衝突。一般來說，我們不會把心力用於想給對方「教訓」，至少在重視這段關係的前提下不會如此。我們可能會覺得**有必要採取行動，藉此保護他人或財產**。但我們會設法抱持尊重的態度，這樣對方就會理解我們面臨的困境，又不會覺得受到責難。你可以透過以下幾個例子，體會給予對方教訓和不帶羞辱地採取行動兩者有何差異：

以下的「教訓」恐怕會毀掉一段友誼：

「我真不敢相信，你居然又要向我借錢。你連上次的錢都還沒還我耶！我應該給你一個教訓才對，你不必來我家烤肉了，你根本不配來參加！」

相較之下，以下的回應不僅會保障個人帳戶不再失血，還可能繼續維持友誼：

＊至於哪些強大的工具可以有效激勵孩子改善日後的行為，請參考第三章。

「我不想再借錢給別人了，因為我不喜歡自己得主動討債，也不希望這件事情影響我們的友情。」

如果店經理想給顧客以下的教訓，八成就不必做生意了：

「嚴正警告：未帶可重複使用購物袋的顧客就是在破壞環境，我們會把這些無恥顧客的姓名和照片張貼在公布欄！」

相較之下，店經理若採取以下行動，既可以提倡相同的環保觀念，又不會與顧客為敵：

「公告：本店即日起實施環保新規定，不再提供單次使用的塑膠袋，您可以攜帶自己的購物袋，也可以在店內購買，感謝您的配合。」

夫妻間出現以下對話，大概不久就要聘請離婚律師了：

「你又遲到一個小時！先前明明答應過會早點回家顧小孩，這下我怎麼有辦法準備明天的報告啊。」

「哎呀，對不起，我不小心忘了時間，然後路上又塞車才會……」

「你說話不算話，後果自負。這個週末你休想跟朋友去看球賽，我等等要去 eBay 把你們的票給賣掉。」

相較之下，以下這對夫妻的婚姻還有未來：

「我好沮喪喔！本來希望你早點回家顧小孩，我就能準備好明天的報告了。」

「哎呀，對不起，我不小心忘了時間，然後路上又塞車才會……」

「那我可能沒辦法幫忙準備晚餐或哄孩子上床睡覺囉，我得躲在房間完成工作才行。」

一般人只要覺得自己的行為會讓對方採取某些措施，而且不會帶有「給予教訓」的處罰意圖，就有可能改變行為或加以彌補，因為思緒沒有被憤怒和怨恨所蒙蔽。

那我們與孩子打交道時，情況又會如何呢？以下是各種「應受處罰的不當行為」，不妨體會一下「給予教訓」，以及採取行動但不帶羞辱來保護他人和財產，兩者之間有何區別。

• 孩子在大街上狂奔：

X 不要說：「你這個壞小孩，現在開始不准到外面玩了。」

O 採取不帶羞辱的行動來保護孩子：「我要帶你到屋內囉，小朋友不可以在大街上亂跑，我很擔心來來往往的車子會撞到你。」

• 孩子把家裡弄得亂七八糟：

X 不要說：「你今天下午休想跟朋友去逛百貨公司了，我早就提醒過你廚房弄亂要先收拾乾淨，但是你只會在那裡打電動，只能怪自己不聽話。」

O採取不帶羞辱的行動來保護自己：「你只要把廚房清理乾淨，我就帶你去百貨公司。流理台要先清空，我才能開始準備晚餐。要是我最後得自己整理，心裡一定會很不平衡。」

- 孩子粗手粗腳地使用你的東西：

X不要說：「太離譜了，你竟然把我的手機摔到地上，你答應過我會小心的啊！夠了！你不准再碰那支手機，就只會拿著手機到處跑！」

O採取不帶羞辱的行動來保護財產：「我現在要把手機拿回來囉，我擔心手機掉到地上會摔壞。」

你也許已注意到，我們並不是建議你縱容孩子。在上面例子中，孩子並沒有真的在大街上亂跑、驚險地閃避車輛；父母也不必做牛做馬地寵溺兒女；孩子也不見得會利用父母的犧牲為所欲為。我們都有各自的底線，這些都必須讓孩子知道。但我們設定這些底線時，孩子聽到的內容就很重要了。如果他們聽到：「一定要給你點教訓」，就會很想叛逆；但如果他們聽到：「這是我的底線囉！」即使他們可能還是不高興，但就有機會反思並從經驗中學習。

但孩子長大後，發現社會上大多數人沒有讀過這本書，又該怎麼辦呢？

「從小被捧在手心、備受呵護、沒被處罰過的孩子，長大後到了可以考駕照的年齡，開在州際公路上，以每小時九十英里的速度狂飆，該怎麼辦呢？交通警察不會幫自家小寶貝跑解決問題的流程啊。」

孩子即使在家中沒有受到處罰，也可以明白自身行為會在「現實世界」產生後果。就此來說，重點在於：我們如何確保孩子開車可以顧及自己與他人的安全？

處罰無法教會孩子這件事。研究顯示，儘管交通罰單有助於充實地方政府的財庫，卻無法鼓勵駕駛改變自己的行為。許多收到罰單的駕駛，日後依然會再度超速。實際上，雖然他們看到警察時絕對會減速，但接下來的數個月內，再次收到超速罰單的機率，是未收過罰單駕駛的兩倍以上。[1]

為人父母，我們並不希望孩子因為可能被抓才謹言慎行。更重要的是，我們不希望自己在孩子心中是洪水猛獸，這就好像多數駕駛見到交通警察的態度，往往避之唯恐不及。那並不是我們理想中的親子關係！

如果你的孩子是危險駕駛，不可能指望一張罰單就能改變他的行為。你可能會沒收孩子的車鑰匙，同時向他清楚表示，此舉並不是要處罰他，而是為了保護他，以及保護同一條路的其他駕駛。你可以**肯定孩子的感受，也強烈表達你的感受：**

「我可以理解，開快車並享受速度帶來的力量，真的很容易上癮！不過我們要先想出安全駕駛的方法，否則我沒辦法讓你開這台車。因為萬一你真的受傷了，或是不小心害別人受傷，我絕對無法原諒我自己。」

接著，你們會跑**解決問題的流程**，直到構思出雙方都滿意的計畫。

「但萬一平時被寵慣的孩子找到了工作，卻每天都遲到怎麼辦？到時候老闆沒閒工夫跑解決問題的流程，就直接把孩子給開除，這樣他不會大吃一驚嗎？」

一個人只要預期不當行為會遭受處罰，就會學會尋找規避處罰的方法。假如上班遲到嚴重恐遭解雇時，他可能會想辦法偷偷溜進辦公室，或會專注於捏造愈來愈高明的藉口，像是車子發動不了、公車塞在車陣中、鞋子咬腳害他走太慢等等。

相較之下，一個人從小就懂得解決問題，便會尋找方法來滿足雇主和自己的需求。也許他會設計更能叫自己起床的鬧鐘，像是鬧鐘響的同時會發出閃光、震動和噴水到自己頭上。

但假如他的創意仍然無法喚醒沉浸在夢鄉中的自己，結果又遲到了呢？老闆就會開除他，但此舉目的不是為了處罰他，而是在保護自己的企業。而這位年輕的前員工，從小見到父母如何解決問題，就不會因此傻眼或不知所措。換了下一份工作，他就懂得反思自己需要更努力準時到班，因為他知道雇主有自己的底線、無法容忍一再遲到的員工。

但是我小時候也常被處罰啊，現在還不是好好的！

「等一下！你們這是在說，被處罰的孩子這輩子就完蛋了嗎？我小時候也常被爸媽處罰，現在還不是好好的。」

我們並非覺得你不是堂堂正正的公民或用心教養的善良家長！

但也有可能，你現在的行為端正**並不能歸功於處罰**，而是幸好處罰沒有導致問題。打個比方：你不能因為自己成長的年代尚未出現兒童汽車座椅和安全氣囊，就主張小孩在高速行駛的車子上不繫安全帶蹦蹦跳跳，依然可以活得好好的。你只是運氣特別好罷了。所有長期科學研究都顯示，孩子遭受的處罰愈頻繁和愈嚴厲，日後出現行為問題的機率就愈大。[2]

你現在品行端正，很可能是因為父母**沒處罰你**時做了其他事，譬如營造了讓你感到安心可靠的家庭環境、懂得在你需要訴苦時同理傾聽、給予你建議來處理生活中的棘手問題、展現對你的關愛、鼓勵你獨立自主、抱持愛與尊重指點迷津。

說不定，你其實在破碎的家庭中長大，但具有非常堅毅的性格，而且生命中至少有一個貴人——可能是老師、阿姨或教練——在關鍵時刻從旁給予支持和鼓勵。

我們意思並不是，假如你至今都把處罰當成管教手段之一，孩子的未來就會一片黑暗；我們只是要表示，其實有更適當的策略可以運用，你不妨嘗試看看！如果我們長遠的目標是**教會孩子尊重他人、循規蹈矩、解決眼前問題，並且防患於未然**，處罰就不能算是最妥當的方法。

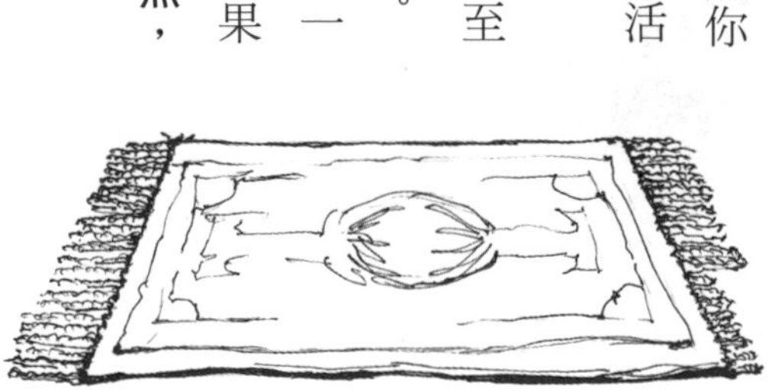

實踐篇：學齡前兒童

愛涅特是參加過我們教養工作坊的媽媽，家庭美滿，但三歲的兒子艾文破壞力十足。他早就被處罰過很多次，包括不准玩遊戲和禁止看電視，他卻依然學不乖，老愛拿黑色麥克筆畫著高級的白色沙發、握剪刀割枕頭、用蠟筆塗牆壁。

她在工作坊中討論完處罰的替代方案後，便嘗試了全新的方法。她說：「艾文，地毯的流蘇都被剪掉了，媽媽好傷心喔！這塊地毯是阿祖送的，對媽媽非常重要。希望你可以幫我補救。」她拿出一把皮尺，壓在流蘇的邊緣上。「要很小心剪喔，這樣才會對齊。」

艾文說：「對不起，媽媽。」（以前他挨罵時從來沒有道歉過。），再用剪刀小心翼翼地把流蘇剪齊。接著，愛涅特和兒子討論他的美勞。「你很喜歡做美勞，但是我不喜歡家具被畫上東西，我們來想想辦法。」母子決定準備一個美勞箱，裡面放艾文專屬的用品，可以用來畫畫、塗色和剪貼。

隔天，艾文把水灑在桌巾上，跑到媽媽跟前說：「桌巾上面有水，我們要怎麼補救呢？」自從地毯事件後，艾文家再也沒有發生「美勞慘案」。更重要的是，艾文和媽媽不再相互對立，而是有了合作的關係。

實踐篇：青少年

「但孩子長大以後呢？難道他們不需要處罰嗎？」

一位高中生物老師分享過，他有個學生馬可經常擾亂上課秩序。馬可的精力充沛，一進教室，該老師就會接到學生各種小報告：「馬可亂摸我」、「馬可絆倒我」、「馬可搶走我的筆」、「馬可亂丟我的筆記本」、「馬可一直亂哼歌」。

馬可被趕出教室好多次、被抓去訓話、被找去和校長懇談，甚至被勒令停學過，一切辦法都試過了，所有處罰都祭出了，但馬可依然不願意配合。

最後，老師決定嘗試不同的方法。他邀請馬可放學後留下來聊天，開頭先設法從馬可的觀點來看待衝突：「老師發現你真的很有活力，喜歡上課的時候到處走動，乖乖坐在位子上真的不適合你喔！」馬可語帶熱情地回應，原本陰沉又狡猾的表情消失了。他告訴老師，自己對生物一點興趣都沒有，他以後想要成為一名焊接師傅。老師便提議，馬可放學後可以上幾堂焊接課，早點開始做些準備，也答應會幫他詢問相關課程。他要馬可想些點子，可以宣洩精力又不會擾亂課堂。馬可主動表示，他覺得坐不住時，可以做開合跳。老師也同意了，前提是他要在教室後方跳才行。

這次談話後，課堂氣氛大為改善。馬可再也不會在上課時去煩同學，他與老師展開了一項焊接專案——連接銅管來製作一個號角。師生關係大幅改變，馬可不再去激怒老師，而是想讓眼前這位關心他又尊重他想法的老師刮目相看。

◆◆◆

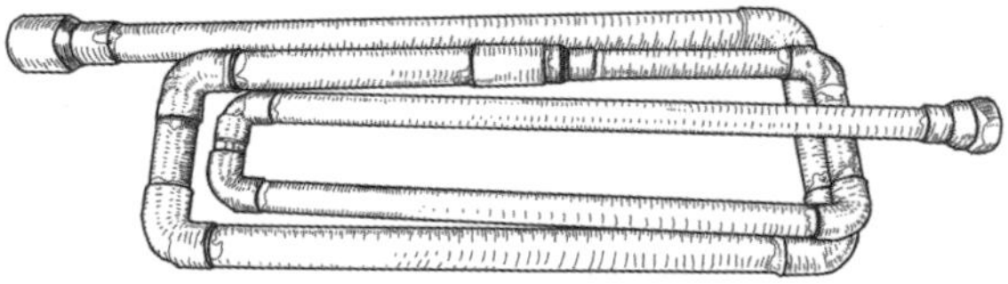

孩子即使沒有在家中或學校裡受到懲罰，出社會後還是能學會如何避免懲罰。

在「現實世界」中，孩子會經歷各式各樣的痛苦。我們不必非得讓孩子承受各種痛苦，他們才有辦法做好準備。舉例來說，我們不會故意擦傷孩子的膝蓋，好讓他們能做好在操場上擦傷的準備；我們也不會故意霸凌孩子，好讓他們做好被同學或同事訕笑的準備。

也許你還在想：「但在現實世界中，不當行為有時**的確**會有處罰啊。」沒錯！但這不代表處罰就一定有效。我們知道，被處以罰金或徒刑的成年人往往會成為累犯。[3]

實際上，處罰只會教給孩子錯誤的觀念。更重要的是，處罰甚至不具有效的嚇阻作用，那何必把處罰帶進家庭和學校呢？

我們平時挺身保護他人和財產、鼓勵孩子設法彌補和解決問題，全都在示範生活中發生衝突時，孩子應該抱持的態度。錯誤的態度是：「誰應該遭到處罰？處罰是什麼？」「怎樣才能逃過犯規的懲處？」正確的態度則是：「我犯了錯要怎麼補救？」「下次我應該做什麼不同的事情？」

教導孩子如何補救和解決問題，不僅有助他們改善現在的行為，長大後也就知道和平解決衝突的方法。

親職筆記本

守門員

我住在四層樓高的連棟住宅中，裡面的木頭樓梯很陡。我有個孩子才一歲三個月，所以大門是非常重要的安全工具！問題是，另外兩個兒女分別是四歲和五歲，可以隨意打開大門走樓梯。我們遇過不只一次的驚險時刻：我沒發現大女兒沒把門關上，小的就筆直地朝樓梯前進。

以往我都會罵：「怎麼可以沒關門！」再用氣急敗壞的口吻警告種種「可能的後果」！四歲的女兒聽不太懂我滔滔不絕的數落，只覺得自己是沒用的壞姊姊，但依然沒有「學會教訓」，事後又會忘記關門。

我下定決心要嘗試用不同的方式來處理這個問題，因為我知道四歲的孩子很健忘，指望她當個完全可靠的姊姊，根本不符合她的心智發展階段。

當然，後來大門再次沒關時，我一時忘了原本的計畫，反射地大吼：「妳沒關門！」但一看到她悲傷的神情，我就忍住了，不像往常一樣繼續說教，而是改說：「嗯，我們一定要把門關好喔，這樣小寶寶才不會受傷，但是要記住這件事很難。我們來想些點子吧！」

五歲的哥哥這時跑了過來。我還沒反應過來，兄妹倆臉上就堆滿笑容，拿著圖畫紙做著標語，準備掛在每個門上。哥哥寫下：「把我關好！」

兩人樂此不疲地把大門想像成某種生物，盼望有人幫忙關上。妹妹在標語上畫了笑臉，就成了「善意的提醒」。然後，他們忙著把標語貼在所有門上。說來不可思議，之後的兩星期，居然沒有人忘記關門耶！

第六單元
睡覺與洗澡時間的拉鋸戰

第十九章 刷牙——最可怕的磨人時刻

孩子是不是和刷牙有仇？有些孩子每逢刷牙就哀哀叫，別人聽了還誤以為我們要幫孩子拔牙咧。對於部分家長來說，每天晚上都要與孩子拔河。家長除了舉手投降（你真的投降過嗎？我們也是），還能怎麼辦呢？

我們先從孩子的觀點來看刷牙這件例行公事。刷牙可能伴隨著許多不大舒服的感覺，像是牙膏本身的味道、刷毛刮過牙齒的感覺、刷頭靠近喉嚨讓人想吐的感覺等，甚至光是仰著頭又張開嘴巴坐著，就可能令人渾身不對勁，更別提你得放下手邊玩到一半的東西，特地進行刷牙這件苦差事。

而孩子對於刷牙的好處也半信半疑，不過就是可以避免不良的結果：如果每天規律刷牙，也許遙遠未來的某個時刻就不會蛀牙囉。

刷牙這件事太令人心累，我們如果願意加入一些不正經的元素，才比較可能成功說服孩子。

以下是我們一個親職小組集思廣益後的點子，可以在刷牙時間**耍寶一下**：

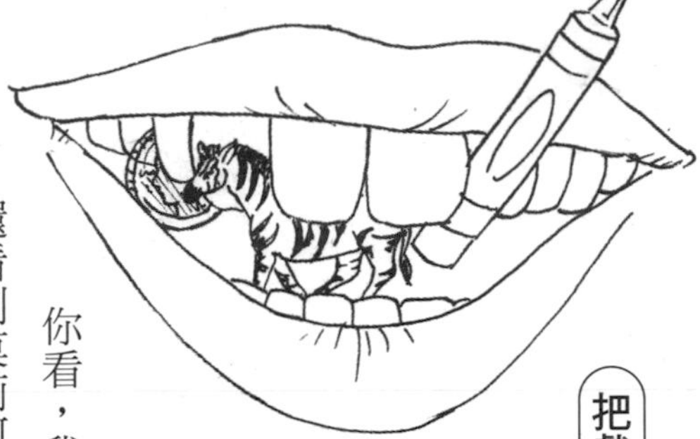

把戲1　把遊戲帶入浴室，輕鬆轉換活動

「我們把泰迪熊帶到浴室裡，這樣他就可以看著你刷牙了。來吧，熊熊——想不想讓傑克幫你刷牙呢？」

假裝在孩子牙齒裡發現了有趣的東西：「噢，這是早餐吃的玉米片耶……這是點心時間吃的藍莓屑屑耶。哇，紅蠟筆耶，我不記得晚餐有煮呀……啊，還有你之前找很久的網球耶。」

假裝動物園裡動物都跑光了，大家都找不到，拿起牙刷徹底搜查一下：「噢你看，我好像找到袋鼠了耶！不對不對，等一下，不是袋鼠，是河馬啦！我的天哪，還看到莫莉阿嬤站在一群企鵝旁邊耶！阿嬤想不想讓我刷一下呀？」

把戲2　賦予牙刷不同聲音

軍官的聲音：「立~正！牙齒齊步~走！列隊檢閱！」

機器人的聲音：「必須——清潔——門——牙——嗶！」

老鼠的聲音：「你的牙齒後面藏了什麼東西呀？喔喔喔，原來是美味的花生醬，好吃！」

假裝你是古怪的牙醫，你的孩子來到診間看診，叫他先敲敲門，然後說：「歡迎來到我的牙科專用椅」（其實是蓋上的馬桶）。假裝你搞不清楚如何使用牙刷：「天哪，這個東西用來幹嘛？放到你耳朵裡嗎？等等，牙膏要擠在哪裡呢？」

假裝刷牙是一場比賽，設定兩分鐘：「好囉……預備……開始！現在來到第一顆牙齒，好了！第

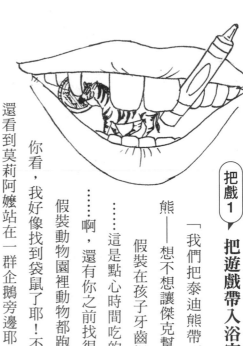

一顆刷乾淨了。接著是第二顆、第三顆，唉呀這顆可厲害了，裡面卡了好多麥片耶，時間不等人哪！這支綠色牙刷有辦法在時限內破關嗎？」

遊戲融入刷牙是很棒的開始，但我們可能還需要其他方法。不妨翻到本章結尾的重點整理，其中有更多親職小組提出的好點子。

親職現場的真實故事

豎起大拇指

我得慚愧地承認，自己很久沒幫安東刷牙了。我曾用過蠻力逼他，但我只有兩隻手，需要兩個人按住他，一個人撬開他的嘴，另一個人趁他大叫時幫他刷牙。

我嘗試過給安東主導權，特地帶他去賣場逛街，任他挑選三種不同口味的牙膏，結果一點用也沒有，三種口味他全都討厭。原來，自閉症孩子對於強烈的味道往往十分敏感，也許這才是他痛恨刷牙的主要原因。我打電話給牙醫請教他的意見，得知牙膏其實並不是刷牙的重點。安東可以用清水刷牙，我大大鬆了一口氣！

工作坊結束後，我找安東聊了一下，首先肯定他的感受：「你真的不喜歡刷牙喔。」

他說牙膏的味道很噁心，我把牙刷塞進他嘴裡時，他覺得自己快要窒息了。我告訴他，這聽起來真的很可怕，接著說：「你知道嗎？我剛才和牙醫講完電話，他說你可以不用牙膏刷牙耶！」然後我把牙膏全部塞進櫃子裡，砰的一聲關上了門，安東一臉滿足的樣子。

我見機不可失，就處理下一個問題：「但是我們還是需要一個暗號，這樣你覺得快窒息的時候，我就知道要停下動作。你想要捏我的手，還是豎起大拇指呢？」他選擇了大拇指。

對了先告訴你，我們家中有請一位打掃阿姨，名叫菲洛梅娜。我故意問安東，希望菲洛梅娜「牙齒阿姨」先清理「樓上」還是「樓下」的牙齒。他選擇了「樓上」先清理，我小心翼翼地幫他刷上排牙齒，過程中他只有豎一次大拇指。我暫停動作，等他放下拇指，才繼續刷了下排牙齒。最後我大喊：「任務成功！你的牙齒乾乾淨淨囉！」這真的值得慶祝。

愛講話的牙刷

昨天晚上，我真的沒有力氣再耍寶了，但我知道這是做工作坊作業的最後機會了，艾莉亞卻還沒有刷牙。於是，我略帶敷衍地對她說：「聽聽看，有奇怪的聲音。」語畢我摀住嘴，假裝是牙刷在說話，滑稽地大喊：「艾莉亞，我好想妳！好想妳的牙齒！」

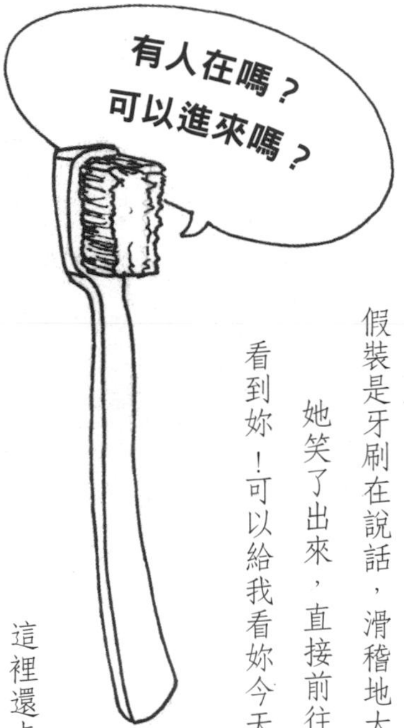

她笑了出來，直接前往浴室。我拿起牙刷，朝著艾莉亞說：「嗨！好高興看到妳！可以給我看妳今天晚上帶來的宵夜嗎？」

她說：「好啊！」她把嘴張得大大的。

我開始邊幫她刷牙邊說：「哇，妳留了一片早餐烤吐司給我耶，好好吃唷！謝謝！天哪，這裡還卡了一小塊蘋果。妳還帶了哪些宵夜呢？」

她說：「還有雞肉！」接著她又張大了嘴，玩得可開心了！我不得不承認，這回不像以往的拔河那麼心累。

幫娃娃上刷牙課

昨天萊莉不想刷牙。通常我會說：「這樣啊，但是妳一定要刷牙。」每天都要進行拉鋸戰。但這次我回答：「我們來教娃娃怎麼刷牙吧。」她回道：「那要兩個娃娃！」接著，她帶了三個娃娃進來。我們家裡有一個小工作室。首先，我們先刷萊莉的牙，示範給娃娃看。然後，她把第一個娃娃放在凳子上說：「把嘴巴打開開。」

她幫三個娃娃刷了牙（沒有用牙膏），我則忙著打掃浴室，偶爾讚美她兩句，說娃娃與她真是合作無間。

重點整理

刷牙

1. 肯定孩子的感受。

「你現在沒心情刷牙吧。」

「刷牙要一直張開嘴巴，好討厭喔。」

2. 用想像來實現願望。

「真希望晚上可以把牙齒拿出來，丟到洗碗機洗。這樣的話，早上起床再放回嘴巴裡就可以了。」

「要是我們是鯊魚就好了，牠們都不需要刷牙，只要一直長新牙就好。」

3. 故意耍寶！

「哇，我在妳牙齒裡發現去年弄丟的防寒手套耶。」

「我們要刷哪裡呢？刷手肘嗎？」

4. 給予孩子主導權。

實施「暫停／繼續」的暗號：孩子需要休息時可以使用特殊的暗號，像是豎起大拇指或捏手臂。

給孩子自己刷牙的機會。讓孩子先自己刷，再換家長來「補強」。

5. 提供選擇。

「今天你想用什麼口味的牙膏呢？薄荷口味還是草莓口味？」

重點整理

「你想在廚房水槽刷牙，還是在浴室刷牙呢？」

「你想要坐在馬桶上刷牙，還是站在洗手台前面刷牙呢？」

6. 給予資訊。

運用牙菌斑顯示劑*，給孩子看哪些牙齒需要再好好刷。

請牙醫向孩子說明刷牙的重要性（孩子比較願意聽爸媽以外的權威所說的話）。

7. 寫便利貼。

「您已受邀出席晚餐後的刷牙派對。愛你的牙刷敬上。」

「今晚的活動：

吃晚餐。

刷牙。

穿睡衣。

讀狗狗繪本。」

8. 調整期待：改變環境，不要改變孩子。

有些孩子不喜歡普通牙刷刷起來的感覺，反而比較願意接受電動牙刷。

* 牙菌斑顯示劑會對牙菌斑產生反應，呈現粉紅色的染色體，孩子就可以看到哪些牙齒不乾淨。但聽說牙菌斑顯示劑可能會把浴室瓷磚染色，所以別說我們沒提醒喔！

親職筆記本

來自印度的洗澡經驗談：淹大水了快撤離！

我的兩個兒子分別是七歲和五歲，有天剛從外頭玩回家，滿身大汗又筋疲力盡，根本需要快點沖澡。我溫柔提醒了兩次，但兄弟倆充耳不聞。

我腦海忽然浮現一個妙招，於是就用充滿權威的口吻宣布，浴室淹大水了，鴨鴨、蛙蛙和烏龜亟待救援，我們需要英勇的救難人員幫忙。

兩個兒子立刻跑進浴室，幫自己和玩具都洗了個澡才乖乖出來。我特地頒發了勳章給他們（禮物來自各種他們受邀參加過的生日派對），肯定兩人的辛苦。

他們非常喜歡這類扮家家酒，我從那次開始就常常使用這一招。

三個特殊步驟——睡前大戰

昨天晚上，我家孩子睡前大鬧脾氣。他先是上了床、又下了床，哭個沒完。我只不過是想讓他把頭躺到枕頭上而已啊！最後，我沒有採取商量、要求或威脅的手段，而是想起他很喜歡一個電視節目，其中凡事都能分解成「三個特殊步驟」。我就說：「好，睡覺有三個特殊步驟唷。第一步驟：頭躺在枕頭上。第二步驟：拉上被子。第三步驟是什麼呢？搭太空船去月球嗎？」他立刻鑽進被窩、頭躺在枕頭上，咯咯咯笑了起來，彷彿忽然開了竅。我們花了一兩分鐘，討論了第三步驟各種搞笑的可能：吃早餐、在天花板上走路、到圖書館等等。他後來就乖乖躺下睡覺了。太神奇了！不對，原來單純耍寶這麼有效。

斯洛維尼亞的餓死鬼梳子

我之前和三歲女兒安娜·克萊拉遇到的問題可麻煩了，每次想幫她梳頭簡直是噩夢一場，因為她的頭髮容易打結，梳頭時都會崩潰地大叫大哭。我常常梳子都還沒拿起來就覺得累了，因為內心知道接下來的劇碼。但後來，我靈機一動，拿起梳子耍寶。梳子說她好餓喔，她要吃髮結才能吃飽飽耶。我一邊幫安娜梳頭，一邊說：「嗯哇嗯哇，吃吃吃，好多好好吃的髮結唷，但是我還是好餓，想要吃多一點！」從那天起，早上梳頭就成了有趣的遊戲，現在女兒快滿六歲了，我們已經不玩這個遊戲了，但偶爾她會說：「媽媽，妳來演一下餓死鬼梳子吧！」:-)

第二十章　如廁大作戰

喬安娜與茱莉好：

我家裡有三個小孩，大女兒是五歲的莫莉。自從戒尿布以來，她就常常大便在內褲上。我們目前已排除了疾病的可能（花了一整年上醫院檢測），只要找到鼓勵她的誘因，她還是可以自己去上廁所，但誘因都很難持續下去。到頭來，她都會回到老樣子，蹲下來上大號，又不承認自己需要上廁所。

我真的用盡各種方法了！我曾讓她自行承擔後果（她大便在內褲上後，我就說不能去公園玩囉，因為她要洗澡，我還要幫她換上睡衣）、對她說過大便在身上很臭、刻意不關注她大便在內褲上的事（我要她自己清完大便去洗澡，她卻哭著要我進去陪她）、玩過貼紙集點活動當作獎勵（結果只撐了兩天）、連續兩個禮拜沒罵過她半句（還是沒用）。

我努力對她展現耐心，但整天下來發生了三四次（有時還五次），我真的快發瘋了。遇到這種情況實在心累，要是在公共場所更是尷尬，而且還很浪費錢，因為有時大便的汙漬洗不掉，我只能把內褲當垃圾丟掉。

拜託幫幫忙！

——便便星人的媽媽

便便星人的媽媽好：

這真的有夠令人氣餒耶！感覺妳們母女倆都很不好受。

我們先轉換一下心情吧。大部分的五歲孩子都喜歡看到大人耍寶，而且這位媽媽想必也發現，只要嚴厲指出孩子的不是，他們很可能就聽不進去。

下次女兒又大便在內褲上，不妨對她說：「便便好賊喔！雖然我們想要便便進到馬桶裡，但是它還是會偷溜出來，跑到內褲上！」

如果她坐在馬桶上大不出來，可以語帶同情地說：「噢，這個便便好固執喔，就是不肯出來耶！」一旦女兒成功大到馬桶裡，即使一點點都好，就應該好好熱烈慶祝一番，唱歌或手舞足蹈都可以。「哇！便便進到馬桶裡了，太棒了！萬歲！萬歲！今天是開心的便便日！」（請隨意換上自己的歌詞。）不要說她是「乖小孩」，因為這等於在說她不小心大便在褲子上就是「壞小孩」。不妨著重描述她的成果，高興地說：「成功了！妳把賊賊的便便大到馬桶裡囉！」

目前，暫時不要叫女兒自己清理大便，也不要刻意置之不理，或讓她承擔犯錯的後果。實際上，假如妳想盡辦法找機會給予女兒正向的關注，一定會很有幫助。盡量強化女兒對妳的感情——讀故事書、玩她喜歡的遊戲、抱抱她等。這樣不僅可以滿足她的基本需求，還能修復因為如廁問題而產生的負面感受。當然，想克制煩躁的表情實在不容易，但要記住老方法並不管用，告訴自己先嘗試新方法一個星期就好。

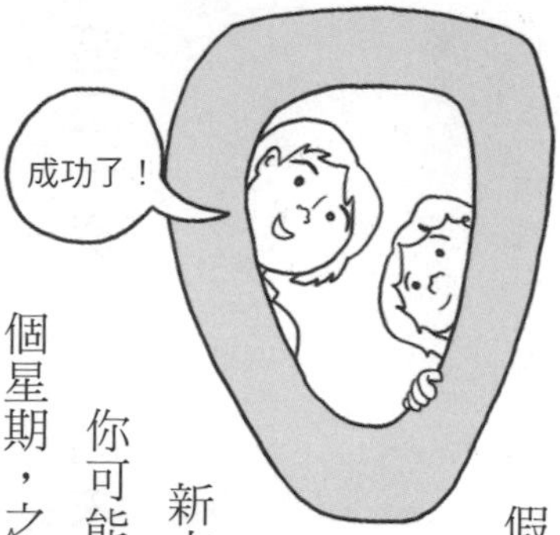

你可能也想設法跑一遍解決問題的流程，但應該先擔任「馴便師」這個新角色一個星期，之後再來思考如何解決問題。我們要先撫平孩子因為指責和丟臉造成的傷痛。

希望一切順利，再來信告訴我們結果如何囉！

——喬安娜與茱莉

喬安娜與茱莉好：

我開始採行新方法好幾個星期囉！在此要開心地向兩位回報，莫莉的便便危機有了大幅的改善。一開始，她還是習慣大便在內褲上，但感覺很高與我可以幫她清理。我說「便便很賊」，她就會笑得很開心。她偶爾成功地在馬桶裡大了一些便便，我們就在浴室熱烈地慶祝了一番，又唱又跳。

我們也跑了解決問題的流程，莫莉提出了一些點子：

媽媽數到十，莫莉就會坐在馬桶上。

莫莉會在馬桶上坐十分鐘，努力把便便大進馬桶。

我們買了如廁腳凳，因為她說坐著腿懸空很「痛」。

如果媽媽猜大便快要出來了，她就會說暗號：「賊便便！」

前面兩個點子不太有用，但我覺得她喜歡共同解決問題，因為可以享受母女的時光。我有兩三回看到她蹲下來說：「賊便便！」接著她就跑進廁所，第一次只大出來一點點，我們開心地慶祝。她從馬桶上下來後，過了幾分鐘又說：「我覺得便便又要溜出來了！」說完就跑回馬桶上坐著，結果拉出一大坨便便。她因此感到非常得意呢！

從此以後，她不需要提醒就會自己去廁所便便，但她依然會特地跑來告訴我，我也每次都給予熱烈的反應。

上星期某天她放學回家後，開始拉肚子！我擔心會前功盡棄，就告訴她：「拉肚子比普通便便更可怕唷，想要好好上廁所更難了。如果妳覺得想要拉肚子了，就必須立刻衝到廁所唷。」我本來還心存懷疑，但那天下午她居然跑了好幾次廁所，一次都沒有拉到褲子上！看樣子，腹瀉反而讓她有了進階的如廁訓練。

莫莉對於我的心情變化向來都很敏感。先前如果早上她大便在褲子上，我只要生她的氣，當天在學校就會一大堆狀況。老師都十分擔心，因為她不願意好好寫作業，而且看起來心事重重，校長還請我去和各科老師懇談。但自從如廁訓練有了進展後，莫莉在學校配合多了。她願意乖乖寫作業，不管在學校或家裡都開朗許多。

老實說，昨天我才覺得有夠心累，壞脾氣全寫在臉上，孩子整天下來又吵又亂，我簡直快累壞了。以往我只要表現出不耐煩，莫莉都會很不開心、情緒潰堤，但昨天她卻一副處之泰然的樣子，還能好好聽我的話，幫忙我整理家裡，事後依然保持著好心情。

我在想，大概我先前給她的正向關注還有「庫存」吧。

重點整理

如廁大作戰

1. 故意耍寶。

「便便好賊喔！」

——對著無生命的東西說話。

「喂，便便，你應該要到馬桶裡，不是莫莉的褲子上喔！」

——唱歌搞笑。

「萬歲！萬歲！今天是開心的便便日！」

2. 描述眼前所見。

「成功了！妳把賊賊的便便大到馬桶裡囉！」

3. 花時間重建親子關係。

讀故事、玩遊戲、畫畫、抱抱、玩摔角、唱歌跳舞等等。

4. 嘗試解決問題的流程。

「把便便大到馬桶裡很不簡單耶，我們要想想辦法！」

親職筆記本

蛋頭先生要尿尿

我們有次去朋友家拜訪，兩歲的凱西雙腿交叉、身體扭來扭去，顯然是想尿尿，但卻說什麼都不去廁所。我極度擔心她會尿在朋友家的地毯上！但我一時又無法說服她去上廁所，她只顧著玩蛋頭先生。我就說：「蛋頭先生要上廁所耶。」她就乖乖帶著蛋頭先生走進廁所，身體依然左右扭動，接著脫下褲子，成功尿在馬桶裡了！

卡牌妙用無窮——四分鐘的睡前活動

兩歲半的賽門最近睡前愈來愈會拖時間，磨蹭老半天才做完該做的事，等到他上床睡覺，我的耐性都要磨光了。不過，這封信是要分享耍寶成功的經驗。

我設計了一個睡前遊戲，內含好幾張護貝卡牌，背後都貼上魔鬼氈。我請藝術家老爸負責畫插圖，分別是洗澡、穿睡衣、刷牙、上廁所、找最愛的玩偶、讀故事書。

遊戲一開始，所有卡牌會集中成一堆，如右圖所示：

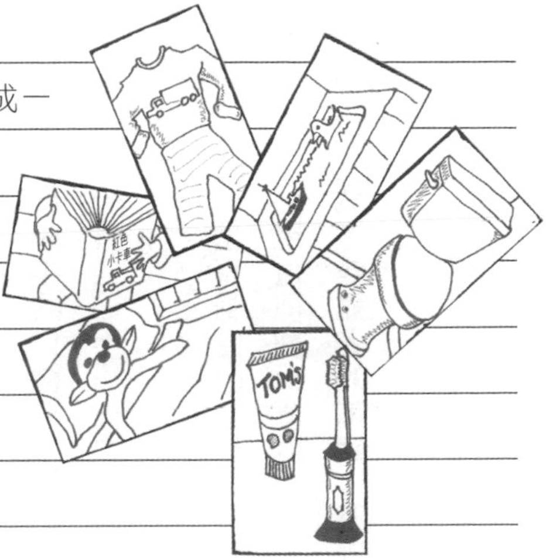

賽門可以決定所有活動的先後順序（只要沒漏掉任何一項即可），完成後就把對應的卡牌黏在板子上。

全部的卡牌黏在板子後，就會如下圖所示：

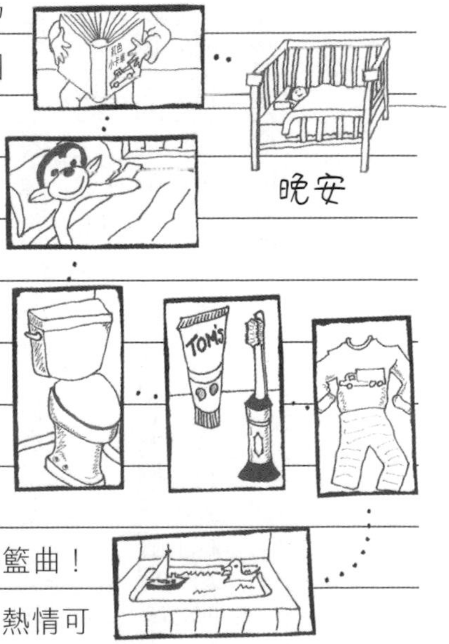

我太感謝有這些卡牌的幫忙了，因為可以省下自己囉嗦的時間，不必無限迴圈問他：「接下來要做什麼呢？穿睡衣還是刷牙？」賽門自己可以去挑一張出來。睡覺的卡片上畫著他最愛的猴子玩偶，沒了猴子就別想上床睡覺了，所以一定要找出來擺到床上。

賽門玩睡前遊戲玩得很認真，睡前活動的完成速度可謂破天荒地快，也就有更多時間可以讀更多故事書、唱更多搖籃曲！這真是太棒了！真心希望他對這個遊戲的熱情可以持續得久一點。

第七單元 **敏感話題**

第二十一章 離婚——幫助孩子面對巨變與失落感

凡是經歷過離婚的伴侶，都很清楚這件事對家庭造成的龐大壓力。孩子很可能會出現各式各樣的行為退化或情緒不穩，而當下已在面對痛苦與失落的家長，也許無力給予耐心或關愛的支持。因此，以下各項建議都是理想中的目標喔！假如你「沒心情」就放過自己，以後再嘗試即可。

遇到人生觸礁的時刻，不妨檢視一些基本的溝通技巧，因為這些往往最先拋諸腦後（或跟著前任一起甩出大門了）。

你最需要做的，是克制自己忍不住會輕忽或無視孩子的失落感。我們非常想對孩子解釋離婚的原因，指出就算家中出現這種翻天覆地的變化，「也不見得是壞事」，但孩子卻亟欲有人聽到他們的感受。**如果你可以接納這些難受的情緒，反倒較能帶給孩子內心的安慰。**

肯定孩子的感受

我們先來看看，父母準備離婚時常見的親子對話，再把我們的內心話和真正能幫助孩子的話兩相比較。

例子一

媽媽：我和爸爸以後要住在不同的家裡囉，我們會輪流照顧你。

孩子（開始啜泣）：我不想去別的家！

不要說：

「寶貝，媽媽知道，但這樣真的比較好。別哭了啦，你也不喜歡爸爸媽媽吵架不是嗎？分開之後，大家都會比較開心，你到時候就會發現也沒什麼啦。我會讓你自己布置新房間喔，全部由你作主。」

- **肯定孩子的感受：**

「你真的不喜歡搬家吧。」「你會好想念這個家喔。」

「突然要搬家，一定會覺得很傷心。」

- **運用想像力實現願望：**

「你不喜歡爸媽住在不同的家，要是能像以前那樣就好了。」

「你真的很希望全家人都住在這裡，永遠都不要搬家。」

「要是按一個鈕就能到爸爸家，按另一個鈕就能回到這個家，那該有多好！這樣隨時都可以去找爸爸或媽媽了。」

- **運用畫畫肯定感受：**

「我們都好難過喔。我要來畫一張我很難過的圖，你想不想也畫一張呢？」

「雖然我們週末會見面，但是不能每天見面一定很難受。我要給你一張我的照片，也會把你的照片放在床頭。」

例子二

搬家日子即將到來。你帶孩子去參觀新家和新學校，他卻開始邊哭邊說：「人家不想轉到新學校，人家喜歡以前的學校啦。」

不要說：

「噢寶貝，新學校很棒唷！老師非常溫柔，你一定會交到很多好朋友，你看，操場看起來很好玩對不對？」

- **肯定孩子的感受：**

「這真的很辛苦，不但要轉到新學校，還要認識新老師和新同學，沒有了以前那間學校的自在和熟悉感，你一定很想以前的老師和朋友吧。」

- **運用想像力實現願望：**

「真希望可以帶他們一起來！」

例子三

你和前夫／前妻目前分居，兩人擁有共同監護權，這次換你帶孩子回你家了。

孩子：我討厭去你家，我不要去。

不要說：

「你明明就很喜歡呀，記不記得媽媽上禮拜天來接妳的時候，妳哭得好傷心？她還費了好大一番工夫才把你拉走耶。」

- **肯定孩子的感受：**

「又要打包又換地方，真的很辛苦。」

「你真的不想要一直換地方，喜歡待在一個地方久一點，不要每個禮拜都換。」

- **運用想像力實現願望：**

「假如我和媽媽住在隔壁就好了，你可以隨時來找我或媽媽。」

「但願我有一根魔法棒，咻一下把變成你的東西變兩份，就不用整理行李了。」

例子四

你的孩子抱怨：「爸爸都會讓我晚餐前吃糖果！」

不要說：

「喔，爸爸怎麼不太在意你牙齒蛀掉啊，我猜他大概也沒打算幫忙出你看牙醫的費用。聽好囉，媽媽不想聽爸爸對你有多隨便，你在我這裡的時候，就要遵守我的規定，沒得商量！」

- **肯定孩子的感受：**

「住在兩個家裡，規定又不一樣，真的很辛苦，對你也不太公平。」

- **運用想像力實現願望：**

「要是糖果吃了很健康就好了，真希望聽到媽媽說：『記得吃糖果，牙齒才會保持健康唷！』」

嘗試解決問題的流程：邊吃飯邊看電視不行嗎？

這項方法也許無法一勞永逸。你可能會發現得解決其他問題，像是一天哪個時段雙方都能接受給孩子吃糖果，還有什麼零食可以雙方採購，這樣既能滿足孩子的渴望，又能滿足設法提供營養飲食的父母。

我們的意思並不是說，只因為前任的生活方式不同，你就需要改變自己的規定、妥協自己的價值觀。你們雙方在很多問題上都可能有不同的看法，常見的爭執還包括：就寢時間、回家功課、做家事、3C螢幕使用時間等等。關鍵是要接納孩子的感受，幫助孩子應對難題、適應兩套不同規定。如果讓孩子參與尋找可行的替代方案，他們就會更願意接受你設下的底線。

以下的例子，是如何解決邊吃飯邊看電視的衝突：

如果孩子抱怨：「為什麼我只能坐在餐桌上？媽媽都會讓我邊吃晚餐邊看電視啊。」不要說：「聽好了，你在我家就要遵守我的規定！」

- **首先要肯定孩子的感受：**

「你到不同的家，就要遵守不同的規定，感覺真的不公平。你喜歡邊看電視邊吃飯，所以覺得很沮喪／失望／生氣，你真的很想要邊吃邊看吧。」（給予孩子足夠時間來回應和說明這件事有多公平！）

- **再來說出你個人的感受：**

「問題是，我不喜歡渣渣和飲料弄到沙發和地毯上，而且也不想要一直擔心。還有，我真的很喜歡在餐桌上吃飯，這樣就可以和你聊天，畢竟其他時間你都不在嘛。」

- **集思廣益，找到雙方都同意的解決方案：**

「我在想，可不可以找到我們都可以接受的辦法。我不想邊吃飯邊看電視，還是說我們晚餐過後，挑個不會掉屑的零食邊吃邊看呢？想不想寫下可以配電視的零食呢？」

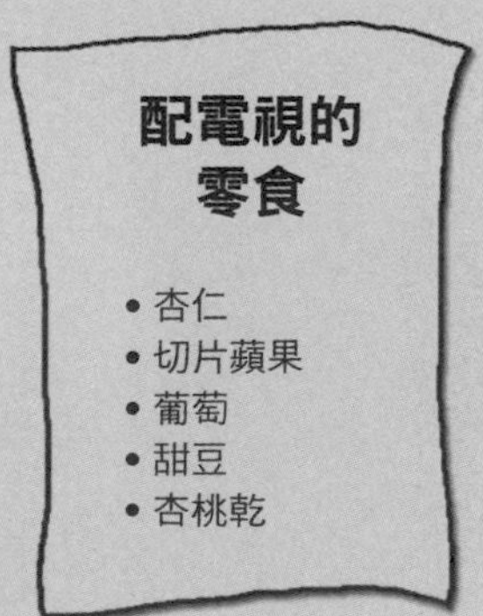

經過這樣的討論後，我們敢打包票，孩子在餐桌吃飯會更開心、更健談。也許你們兩個會在吃飯時，愉快地討論著等等看《海綿寶寶》配什麼零食才好。跑一遍解決問題的流程，可以成為重建親子關係的一種方式。

提升孩子的配合意願

父母之間進行監護交接換手時，可能多半倍感壓力，沒心情去想好玩的方法來提升孩子的配合意願，一心只想快點交接、離開現場，但快速檢視這些方法，其實有助達成目標。

假設你想叫孩子上車，卻遭到孩子拒絕，另一方卻又不來幫忙，畢竟律師也說不要插手。

不要說：「走了啦，現在立刻上車！不可以待在媽媽旁邊了，沒得選擇，你要遵守法院的監護權安排喔！」

- **不妨給予孩子選擇：**

「你比較想用平常的方式上車嗎？還是想要我把後車廂打開，從後面爬進來呢？」

「你比較想要自己走到車上，還是想要我背你上車呢？」

- **或是耍寶一下：**

「你的熊熊在我車上跳來跳去耶，還不讓我幫他繫安全帶，堅持要等你來幫他。麻煩你幫幫忙嘛，熊熊玩太瘋了。」

「我們來搭火車去車上吧。你想要當火車頭還是火車尾呢？（勾起手臂）嘟嘟～～汽鏘汽鏘汽鏘～～嘟嘟！」

父母監護權換手、商量吃甜食、適應兩邊的家庭生活，都透過一些技巧來順利進行。但很有可能，有時孩子依然會情緒崩潰。那該怎麼辦？

凡是不確定怎麼做時，就重新肯定孩子的感受。

有時很難得知孩子不開心的理由，就連他們自己可能也不知道原因。父母離婚時，孩子往往會行為退化或容易鬧脾氣，可能會開始尿床、性格變得暴躁、很容易沮喪、哀哀叫——或這些全都來一輪！你也許只能透過猜測，幫孩子表達他們的感受。

抓狂的孩子

一星期前，我和前夫改變了輪流監護的時段，結果哈維爾一直適應不來。最近只要不順他的意，不到一分鐘，他就可以從略微沮喪變得徹底崩潰。上週末，他想要吃香蕉脆片，硬是要我把整盒都給他吃。我把適量的脆片倒進碗中，沒想到他立刻抓狂。我告訴他：「你可以吃**一點**，但是不能**全部**吃完呀！」他聽了就開始放聲尖叫，拿起一輛玩具卡車想朝我扔來。

我抓住哈維爾，阻止了他的動作，忽然想到可以**幫他表達感受**：「我好

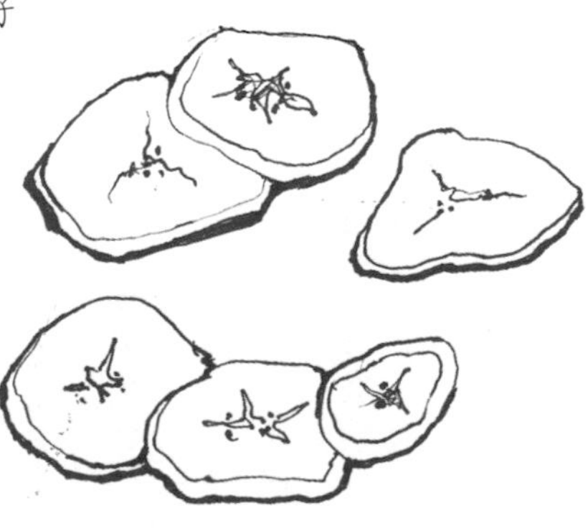

煩喔！真的不知道為什麼不可以吃一整盒！我不要把香蕉脆片放在碗裡，討厭媽媽有時候不能陪我，討厭爸爸有時候不能陪我，討厭有時候爸爸媽媽都不在家，也討厭不知道誰會來陪我！」我又說了幾句類似的話，然後問他：「寶貝，這是你的心情嗎？」他點了點頭，身體放鬆下來，依偎在我的大腿上。

他看似因為香蕉脆片而崩潰，但其實原因沒那麼單純。我本來就想設法多花些時間陪他玩，想說這樣也許可以幫助他適應。但我猜，他真的需要我把他的感受說出來。這星期過到現在，他還沒有情緒崩潰過。

重點整理

離婚

1. 運用詞彙肯定孩子的感受。

「你真的不喜歡搬家吧。」

2. 運用想像力實現願望。

「你不喜歡爸媽住在不同的家，要是能像以前那樣就好了。」

3. 運用畫畫肯定感受。

「我們都好難過喔。我要來畫一張我很難過的圖，你想不想也畫一張呢？」

4. 嘗試解決問題的流程。

「你到不同的家，就要遵守不同的規定，感覺真的不公平。你喜歡邊看電視邊吃飯……」

「問題是，我不喜歡渣渣和飲料弄到沙發上耶。」

「我在想，可不可以找到我們都可以接受的辦法。」

5. 給予孩子選擇。

「你比較想用平常的方式上車嗎？還是想要我把後車廂打開，從後面爬進來呢？」

重點整理

6. 故意耍寶。

「你的熊熊在我車上跳來跳去耶，還不讓我幫他繫安全帶，堅持要等你來幫他。麻煩你幫幫忙嘛，熊熊玩太瘋了。」

小祕訣：

凡是不確定時，就重新肯定孩子的感受。

第二十二章　保護孩子不受可疑人士騷擾

新聞常常出現小朋友遭到性騷擾的報導，家長看了不可能不擔心。但即使大人耳提面命，年幼的孩子可能仍無法分辨哪些肢體的碰觸是「好的」、哪些是「不好的」，尤其是我們又不想把話說得太清楚。孩子要如何理解語意不清的叮嚀呢？畢竟，許多加害者都是先從無傷大雅的碰觸開始，像是擁抱、拍背、摸頭髮等等，可能到很後來才會碰到泳衣覆蓋的私密處；但有時，醫生卻又可以碰觸那些地方。不難想見，這對於孩子來說實在很難理解。

我們是否應該給予更明確的指示？「喔對了，如果參加體操隊比賽，幫你治療腳踝扭傷的醫生偷摸妳的陰道，一定要拒絕喔。」但為了更加滴水不漏，我們還必須提醒每個版本的類似情境。等到我們說完一連串的性騷擾例子，孩子大概已嚇得不知所措了。

首先，我們應該要**調整自身的期待**。運用可怕的警告其實無法保證孩子安全，我們需要仰賴成年人的監督來保護孩子。

除了直接的監督之外，另一項保護孩子的有效方式就是**肯定和接納孩子的感受，即使這些感受很消極，或我們聽了不自在也一樣**（你讀過第一章應該就不陌生）。我們幫助孩子辨認並重視自己的感受時，他們就更容易與值得信賴的成年人吐露自己不舒服的事。

理想上，孩子理應遇到真正重要的問題才會告訴我們，而不會拿瑣碎的牢騷來煩我們。可惜，孩子無法精確分辨兩者的差異。假如時時刻刻接到的訊息是「不可以有負面感受」，日積月累下來就會有深遠的影響。不妨思考以下這些常聽到的回應：

「不要再哭了，根本沒什麼好怕的啊。」
「哀哀叫夠了吧，只不過是擦傷而已。」
「不可以說你討厭阿嬤！我不想再聽到你說這種話。」

其實在街坊鄰里中那些真正安全的孩子，父母並不會灌輸她各種性侵加害者的可怕情境，反而在日常中懂得接納各種感受。這些孩子的父母會說：

「煙火有時候真的很可怕，超大聲的耶。」
「小小的擦傷也可能很痛耶！要爸爸／媽媽呼呼嗎？還是要OK繃呢？」
「感覺你現在很生阿嬤的氣，她做了什麼事情讓你不開心？」

再看看上面最後那句話。想想看，這個孩子正是因為覺得很安全，才願意開口對父母說：「我討厭阿嬤！」「我討厭老師！」或「我討厭教練！」他的父母會說：「感覺你現在很生教練的氣，他做了什麼事讓你不開心吧！」而不會說：「怎麼可以這樣說教練呢！這樣非常沒禮貌，教練很努力訓練你們耶。」

家長要是平時就能接納負面情緒，孩子就不太可能遇到不舒服的情況，還聽對方的話保持沉默，因為孩子曉得自己的感受很重要，自己的父母願意傾聽，就算她口中罵的是備受敬重的成年人或家人也一樣。

我們也想告訴孩子，他們擁有身體的自主權；我們也想讓他們知道，假如他們覺得「不舒服」，就可以與我們聊聊。但除非我們把這件事拓展到孩子的日常經驗中，否則我們只是在扯自己後腿。

如果厄瑪阿姨想要抱抱你五歲的孩子，孩子卻掙扎溜走，不要說：「不可以這麼沒禮貌，給阿姨抱一下嘛，她很愛你呀！」因為對你的孩子來說，這是不舒服的肢體碰觸。你可以對厄瑪阿姨說：「巴基現在沒心情抱抱，他想揮手打個招呼就好。」

一位母親來信說，她都會教導三歲女兒說非常明確的用語，來應對陌生人未經允許就摸她的金色鬈髮，因為這樣的情況實在太常發生了。有次他們在餐廳吃飯時，一位年長女性走了過來，伸手摸起女兒那頭亮麗的鬈髮，女兒就像平時練習那樣，語帶堅定地表示：「請不要碰我的頭髮！」對方嚇了一跳，轉頭看那位母親，希望她糾正女兒的「無禮反應」。但母親也支持女兒：「她不喜歡給陌生人摸頭髮喔。」那位長輩才怒氣沖沖地離開。

這些都是常見的生活經驗，有助孩子相信自己擁有身體自主權。

更重要的是，如果我們給予孩子體罰——打屁股、摑耳光、敲關節、嘴巴咬肥皂——明顯是在告訴孩子，「不好的碰觸」沒關係。我們一方面想教導孩子自己感到不舒服就不能給成年人碰觸，一方面卻又暗示成年人可以傷害他們，這實在難以讓孩子信服。

當然，有時孩子確實得忍受身體的不適，這並非不可以培養的能力。但在這類情況下，我們仍然可以尊重孩子的感受，盡量讓他們感受到身體自主權。

舉例來說，假如某個孩子要抽血，卻躲在角落放聲尖叫：「走開！」我們當然不可能說：「噢，好啦，那我們就不抽血了，去吃冰淇淋吧。」但我們可以**肯定他的強烈感受**，但不要說：「不要這麼膽小，抽血一下子就好了啦。」不妨說：「想到一根針要扎在手臂上，一定很可怕吧。要是不必抽血就好了。」我們可以**給予選擇**：「什麼方法才能幫你撐過去呢？你比較想要捏我的手？還是想要玩遊戲來分散注意力呢？」

或者假如孩子坐在汽車後座上，大聲哀嚎他被哥哥手肘碰到，你當然不可能把自己那輛小轎車丟在路邊，打電話要求廠商立即換車，但不要責備地說：「哥哥這樣哪算碰到你，我等等開車不想再聽你抱怨囉！」不妨尊重他的感受：「啊，長時間和哥哥擠在車上，真的辛苦你了。」（即使車程並不長，對孩子來說也很長！）說不定，你還能**運用想像力實現你做不到的事**：「要是我們開的是加長型豪華禮車就好了，這樣後座就會有很多空間，足夠你們躺下來和丟接球，甚至可以蓋一座游泳池！想想看還可以有什麼呢？」

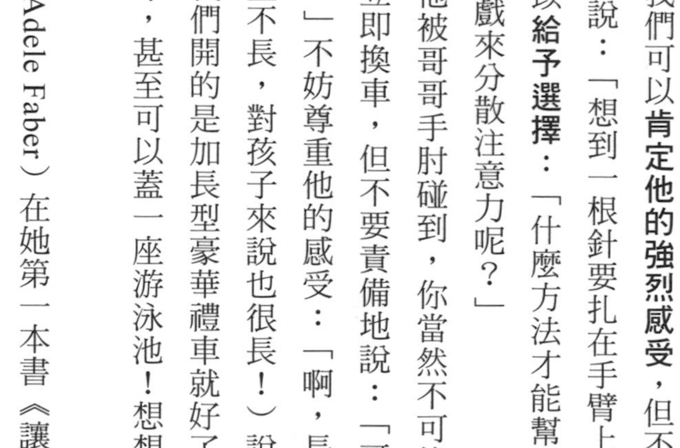

三十五年前，喬安娜的母親艾黛兒·法伯（Adele Faber）在她第一本書《讓親子自由》（*Liberated Parents, Liberated Children*，暫譯）中，闡述了接納孩子負面情緒後伴隨的強大保護力：

> 如果我們否定孩子的主觀感知，就會削弱他察覺危險的能力，進而容易受到有心人士的影響……我們否定了孩子的感受，等於剝奪了他天生的保護機制。不僅如此。我們還會讓孩子不知所措、對周遭環境麻痺。我們強迫孩子建構了虛假的世界，充滿了空泛話語和防衛機制，卻與他真實的心聲脫節。我們把孩子與真實的自我拆散了。[1]

你可能會納悶，艾黛兒在現實生活中遇到加害者時，是否有機會驗證自己的理論。這樣嘛，既然你都問了，我們就來分享一則童年故事。

泳池的恐怖邂逅（喬安娜與茱莉的經驗分享）

我和茱莉八歲時，經常結伴前往鎮上的游泳池。在那個年代，八歲孩子自己騎腳踏車出外遊玩，沒有大人在旁監督，可說是稀鬆平常的事。某天，一個年輕男子開始在池子裡和我們一起玩，還在水中把我們拋來拋去。我以為他是茱莉家的朋友，事後才知道茱莉也以為他是我家的朋友。他這個人很討喜，我們很高興他一直陪我們玩。後來，我們三個人都從游泳池出來，走到旁邊的小攤販買冰淇淋吃。男子卻要我們跟著他進旁邊的小樹林，因為他想舔我們的腳趾。他央求了好久，但被我們拒絕了，因為就覺得很奇怪。我回家後把這件事告訴我媽。多年後，她才告訴我其實她聽完簡直快嚇傻，但當時只說：「妳相信自己的感覺，做了對的決定喔！」

等到孩子長大後可以自己行動，像是走路上學或到公園玩耍，我們都可以**從旁提供資訊**，讓孩子能漸漸替自身安全負責。不過，這些資訊得按照個別孩子的情況調整，我們希望賦予孩子判斷的能力，而不是嚇唬他們或前後矛盾。

我們明白，有些孩子聽到父母叮嚀要小心壞人後，會感受到極為嚴重的焦慮。請記住，在美國被陌生人綁架的機率，甚至低於被閃電擊中的機率[2]。因此，我們要在孩子人身安全與心理健康之間取得平衡。

簡單叮嚀，切勿嚇人

我還記得小時候，老師都會叮嚀我們要小心開車的大人，他們可能會用糖果引誘小朋友，然後加以綁架。我清楚記得放學回家路上，只要有車經過身旁，心跳都劇烈加速，心想說不定車子會減速把我抓走。我們家以前住在治安良好的郊區，所以回想起來，被綁架的風險極低*，但我當時並不曉得。過了好久，我的恐懼才慢慢平息下來。我以前就連睡覺都不安穩，多年來常常做被車子追的噩夢，明明想逃跑但雙腿動彈不得。

因此，之前我女兒的小學宣布要舉行「小心陌生人」的朝會活動時，我決定讓她留在家裡。我的朋友卻很不以為然，提醒我要是不教導女兒避免和陌生人說話，她恐怕會遇到危險。但我覺得這件事一點道理都沒有。我的意思是，我們每天都會和陌生人說到話，像是圖書館員、公車司機、郵差等等。我不希望自己的孩子像我小時候，只要看到陌生人就嚇得半死。假如孩子騎腳踏車摔倒擦傷膝蓋而需要陌生人幫忙，或迷路了一定得問路，或需要和店員說話，那該怎麼辦呢？

但我擔心朋友說的話不無道理——我似乎應該給女兒**一些叮嚀**。

我後來想到這段話：「女兒啊，妳現在已經長大了，可以自己跟朋友出去玩，不必由我在旁邊監

*「……在所有失蹤兒童案件中，遭陌生人或認識的人綁架僅占百分之一，通常孩子是自己跑走、迷路或受傷、被家人帶走（通常與監護權糾紛有關），或單純因為資訊傳達不清而跑到其他地方。」[3]

督妳了。不過，我要告訴妳一條**非常重要**的安全原則：妳在取得爸爸或媽媽的同意之前，絕對不可以跟任何人走喔。如果有人叫妳上他們的車、去他們家玩或去找他們的狗狗，妳一定要先問過我們。就算是阿嬤要你跟她一起去買冰淇淋吃，妳也要先問我們一聲喔！如果有人邀請妳陪他去別的地方，又不願意等妳先問過我，對方就不值得信任喔！妳可以說：『等一下，我要先問我媽媽或爸爸，他們答應了才行。』」

我女兒滿臉從容自若，聽了覺得很有道理，對我說：「不然妳不知道我人在哪裡呀！」

我認同地表示：「我一定會到處找妳，擔心得不得了！」

我覺得自己成功找到了平衡點，即給予足夠資訊確保她人身安全，卻又不至於嚇壞她。

◆◆◆

當然，每位家長都要按照孩子成熟度、環境的相對風險，決定個人監督的多寡與適合分享的資訊，因為保障孩子的身心安全並沒有單一的對話模式，也沒有放諸四海皆準的辦法。

以下是另一位家長的經驗。她懂得提供孩子實用的資訊，又避免讓孩子感到恐懼或困惑：

信心滿滿的踢踏舞者

阿曼達還是青少女時，有次受邀在為期一週的踢踏舞節表演，每天都得隻身搭火車前往紐約。我相信她是有責任感的孩子，但同時也不免擔心，獨自行動的她可能會成為有心人士的目標。我照例提醒她錢不露白，還有遇到搶劫切勿抵抗、直接把錢交給對方。接著，我額外叮嚀，假如她需要旁人幫忙，像是迷路或遇到怪人，可以躲進附近的商家找店員交談。但假如附近沒有商家，她最好找帶著孩子的婦人，因為這通常代表她是幫得上忙的安全人選。阿曼達當時朝我翻了個白眼，但我想她懂我的意思。

前兩天的通勤十分順利，但她第三天前往紐約的途中，本來一個人坐在火車上，忽然有名男子坐到她旁邊、開始騷擾她，不但叫她陪他聊天，還一直朝她擠過來。阿曼達本來置之不理，但男子卻還是不死心，當時她真的很害怕。其他乘客好像都沒發現，車長也不見蹤影。阿曼達站了起來，沿著車廂走道往前走，直到看見一位帶著兩個孩子的母親，便立刻在他們旁邊坐下。那名男子沒有跟過來。

她把這件事轉述給我聽時，我的腦海浮現一段早已遺忘的記憶：十七歲時，有次搭巴士前往德州拜訪親戚。一名男子在我旁邊坐下，在黑夜中偷偷摸起我的腿。我整整忍耐了一個小時，內心充滿恐懼，不斷小心地推開他的手，怕到不敢向車上的陌生人求助。後來他問我幾歲，我也老實告訴他，他才哼了一聲「居然未成年」便走開了。

現在回想起來，我那次向女兒叮嚀的安全守則太重要了，被她翻白眼也沒關係。我很高興自己幫助她採取行動保護自己。

◆◆◆

我們終究要放手讓孩子出去闖蕩。但他們準備好了嗎？

信心滿滿的大學生（一名父親寄來的電子郵件）

五年前，我參加過你們舉辦的工作坊，想與大家分享以下的經驗。

女兒就讀大學的第一天，我幫她把東西搬進宿舍。宿舍本身是男女混宿，大廳亂哄哄。有群年輕人探頭進房間，朝我女兒說：「我們要去夜店，一起去吧！」

我女兒回答：「謝謝邀請喔，不過我整理行李就夠忙了。」

其中一名男生說：「哎唷，幹嘛掃興啦，妳這樣是在潑大家冷水。」

我女兒滿臉鎮靜，毫不遲疑又開朗地說：「是喔，我沒義務要取悅你們耶，不過你們好好玩囉。」

我真的覺得自己在工作坊學會的整套方法，幫助我培養了女兒的自信，如今她才能輕易展現獨立自主的一面。

重點整理

保護孩子不受可疑人士騷擾

1. **調整自身的期待：**光是給予可怕的警語嚇唬孩子，其實無法確保孩子的安全。至於年幼的孩子，我們就得仰賴成年人的監督來保護他們。

2. **肯定孩子的感受**，即使讓我們不舒服的負面感受也一樣。
「感覺你現在很生教練的氣，他做了什麼事讓你不開心吧！」
「你可以跟厄瑪阿姨說你不喜歡抱抱，比較喜歡擊掌。」

3. **提供孩子需要的資訊。**
「假如有人讓你覺得不舒服，可以躲進附近的商家找店員交談，也可以找帶著孩子的婦人，因為這通常代表她是幫得上忙的安全人選。」

第二十三章　性教育：這三個字怎麼這麼難！

前青春期孩子的父母，經常對「談性」感到極度不安。

「我女兒才六歲，她班上同學最近居然在聊小寶寶是怎麼來的，這不會太早了嗎?!」

「我兒子現在二年級。前幾天他幾個同學搭我們便車上學的時候，全都在後座竊竊私語，邊笑邊講『同性戀』。我總覺得自己應該說些什麼，卻不知道該說什麼才好。」

「我兒子現在五年級。上禮拜他們做了一個報告，主題是毒品和性教育。學校寄了一張通知單給家長，表示我們應該看看相關資料，同時找孩子聊一聊，把握『機會教育』。我設法找兒子聊這件事，但他聽了卻嚇傻了眼，還對我大吼大叫，揚言要離家出走。這類資訊搞得他心煩意亂，我覺得是學校害他失去原本的純真。」

針對孩子應該何時接受性教育，社會上並沒有普遍的共識。有些家長想盡量延長孩子「純真童年」的階段，有些家長則信奉「愈早教愈有效」的原則。

根據我們的經驗，青春期的少男少女對於找父母聊生育的奧妙，都會渾身不自在。他們可能會覺得，凡是「性」相關的對話都尷尬得不得了。相較之下，年幼孩子傾向於把性教育當成另一種迷人的知識，藉此更了解這個包羅萬象的奇妙世界。

趁孩子年紀還小就討論性教育的另一項好處是，他們會知道自己長大以後，開始從其他管道得知性的資訊，還可以向我們提出相關問題。如果我們不趁孩子年紀小來「談性」，他們就會誤以為性是禁忌的話題。我們也因此失去提供意見的機會。目前已有研究證實，與年幼的孩子談性可引導他們對行為負責，而且不會導致孩子過早發生性行為[1]。

如果你和孩子提到性與生殖的話題就一陣語塞，不妨參考以下父母的經驗當作靈感：

寶寶之書

我懷上老二時，老大克里斯多福才三歲。我決定不要像自己父母一樣編故事，而是買了攝影師倫納特·尼爾森（Lennart Nilsson）的著作《一個孩子的誕生》（*A Child Is Born*），書中收錄了卵子受精的照片，以及胚胎和胎兒每個發育階段。孕期每過一個月，我們就會看下一張照片，聊聊我體內正在成長的寶寶。克里斯多福從未感到任何不自在，畢竟這可是他最喜歡的主題：科學！

不可思議之旅（茱莉的經驗分享）

我和先生告訴艾許我又懷孕時，他年僅五歲。艾許已具備卵子和精子的知識，便馬上問道：「媽媽，那精子是怎麼從爸爸那裡跑到妳身體裡面呢？」我還沒來得及回答，艾許就自己回答：「我知道了！你們牽手的時候，精子就會從爸爸的手，傳到媽媽的手，然後就自己找到卵子了。」當時真的很想直接說：「哎對啊，差不多就是這樣！」但那陣子剛好有朋友教我如何和孩子聊這件事，所以我已有萬全準備：「不是喔，真正的情況不是這樣。其實是爸爸把他的陰莖放到我的陰道，精子再從他的陰莖出來，進入我的子宮找卵子唷。」

我能理解為什麼家長寧願說起送子鳥的傳說。對著自己的五歲孩子說我和他爸爸發生過性行為，感覺真的有夠奇怪。我以為他會嚇一大跳，但他只「喔」了一聲，然後問寶寶什麼時候出生。

大賣場的啟示（喬安娜的經驗分享）

我和三歲半兒子查克、朋友琳達有次在逛大賣場。我們順路去了趟洗手間，我還在隔間上廁所時，聽到查克問琳達：「那是什麼東西？」他想必是指著衛生棉條販賣機，因為我聽到琳達說：「那叫衛生棉條喔。女生身體每個月都會製作小小的卵子，卵子可以發育成寶寶；但是如果卵子沒有發育，就會從女生兩條腿之間排出來。女生肚子裡面還有為寶寶準備的血液。如果沒有寶寶，這些血液也會排出來，因為身體不需要。衛生棉條就是女生塞在兩條腿中間，用來吸收多餘血液的東西。」

我的朋友簡單又輕鬆地回答了孩子的問題，令我刮目相看。要是我來回答，絕對會不知所措！查克聽了似乎不覺得擔心，但他肯定一直在思考這件事。大約一個月後，他走進廁所剛好撞見我，發現馬桶裡有點血跡，看起來有點驚慌，但隨後便對我說：「媽媽，你的身體可能製造了一小顆卵子，但是並沒有變成寶寶，所以多出來的血液會流出來，不要害怕喔。」他語帶安慰地拍了拍我的手臂。

我以前從沒想過會和三歲男生討論起月經。但事後看來，我認為讓孩子了解男女生理構造真的有其好處，尤其是趁他們年紀還小，往往會當成簡單的事實。

感恩節的奇蹟

我兒子迪倫二年級時，在社區圖書館挑了一部電影，名叫《生命的奇蹟》（*The Miracle of Life*），封面上有張嬰兒的照片，而且歸類在教育電影中，我想都沒想就借回家了。全家人都坐下來觀看，包括就讀幼兒園的孩子和兩歲的學步兒。呃，結果那部電影裡面**包山包海**，運用神奇的光纖科技，展現了卵子從輸卵管釋放出來、精子射出並沿著陰道蠕動，然後撞擊著卵子設法進入，接著是胚胎慢慢發育，最後嬰兒於焉誕生。

迪倫看得目不轉睛，還按下倒帶鍵，把分娩畫面重播很多次。接著他問道，精子是怎麼從男生身體跑進女生身體裡呢？我瞄了丈夫一眼，彷彿在說：「就是你啦，應該由你來告訴兒子吧。」他回看了我一眼，好像在說：「是妳把電影借回家的，當然是妳負責說。」我深吸一口氣，然後對迪倫說：「這個嘛，男生會把陰莖放進女生的陰道裡面，這樣精子就可以進到女生的身體，找到卵子囉。」迪倫睜大了眼睛，對我先生說：「**是爸爸嗎？**」

這下子我先生忽然開口了：「三次喔！」

迪倫又問：「那我想要生小孩的話，要怎麼知道什麼時候才可以像爸爸那樣呢？」

哇，我還真沒準備好要和七歲孩子進行這個對話！但我打起精神說：「到時候，你身體會有一種感覺，但是媽媽現在沒辦法解釋清楚，因為你的身體還沒完全長大，還不能製造精子，但是等你再大一點，就會知道那是什麼感覺囉。」

迪倫十分滿意我的說明，也對於獲得新知興奮不已，等不及要出門昭告天下了。當時正逢感恩節前夕，學校老師出了一個作文題目：「我要感謝的人事物」。迪倫寫道：「我要感謝精子和卵子，因為要是沒有它們，我就不會存在了。」接著，他寫了當時人生最長的一篇作文——文思泉湧整整兩頁，說明他剛學到的受精與生育知識。

我還勸阻迪倫，不要馬上跑到隔壁分享新知給鄰居的孩子。我告訴他，有些家長希望自己的孩子大一點再知道這件事。如果孩子太早知道，他們會不開心。

儘管起初看起來是個烏龍，但事後我真慶幸自己把那部電影借回家。迪倫和弟弟在成長過程中，性知識一點一滴地增加，而不是忽然一次全部灌輸。幸好，他們在學校開始教性病（STD）和約會強暴藥之前，就先以相當正面的方式累積了性知識。

迪倫十二歲時，學校的健康教育課有一個單元就是性教育，也成了累積性知識的機會。他問我為什麼大人需要用到保險套，他說：「如果大人不想要生小孩，避免發生性行為不就好了嗎？」我這才發覺，他固然明白人類的生殖機制，但這不代表他理解其中的脈絡。我進一步說明，根據大自然的原廠設定，性行為的感覺十分舒服，這樣生物才願意繁衍後代；假如性行為感覺不舒服，地球的物種就不可能延續下去。這段話對他來說不好消化，他聽完便走出房間，談話就此結束。隨著他愈長愈大，性相關的話題每隔一段時間就會浮現，有時我們會討論報章雜誌或電影內容，有時會討論到性別政治，這都逐漸拓展了他對性的理解。性教育這個主題真是龐大啊。

小卡車從哪裡來

某次，我、朋友和她那口齒伶俐的兩歲半兒子坐在車上。我們看見一輛拖車正吊起一輛小貨車的前輪。「媽媽妳看！那兩輛卡車在交配耶！」她兒子高興地大喊。

我猜朋友很早就開始家庭性教育了。不過，這孩子還要學的東西可多了。

「雞礎」性教育

我的六歲兒子首次接觸性的話題，是因為有位朋友問，我養的母雞為什麼沒有公雞還

可以下蛋。我向她說明，無論有沒有公雞，母雞都會下蛋。如果有公雞讓蛋受精，蛋就會孵化出小雞；如果沒有公雞，母雞就會產下未受精的蛋。朋友聽了滿臉驚訝，我猜她以前想必不是在農場長大，但一旁的兒子則滿腹疑惑。朋友帶著一打雞蛋回家後，我開始對兒子說明受精的過程。我告訴他，公雞會爬到母雞身上，把生殖器放進母雞體內，精子就從公雞身上排到母雞體內。此時蛋在母雞體內，還沒有形成蛋殼，精子就會讓它受精。接著，母雞就會下蛋，蛋裡有很小的胚胎，慢慢長成小雞，最後孵化出來。

他見證了這一切發生，因為有一陣子，我們家裡養了隻公雞，就會騎在母雞身上，還會在凌晨四點啼叫，不難想像我們當時多麼受到鄰居的注意！

還有一次，他觀察了雞蛋孵化的過程，把我的說明視為另一塊生命繁衍的拼圖。我不得不承認，討論母雞比討論人類容易太多了。我可以理解當初為什麼有人會想出「鳥兒和蜜蜂」來代稱性教育。他早晚會問到人類的性行為，但至少我已先開啟了這個話題。

「親」出麻煩

我兒子一年級時，有次在學校同學鼓動下，親了一名男同學的手。原來，一群小朋友起初都在說親親很噁心，但兒子樂於接受挑戰，說自己一點都不怕親親！結果，同學都開始叫他「同性戀」，其他班級的孩子也紛紛問他是不是同性戀。他們還會故意推他打他，然後迅速跑給兒子追。兒子回家後告訴我這件事，他說雖然不太懂「同性戀」的意思，但因為大家都這麼說，所以很確定自己是同性戀。

我找老師談了這件事，她說這個問題最好置之不理，小朋友自然就會忘了。

我覺得自己無法坐視不管，因為這件事鬧太大了！後來沒有人願意坐在我兒子旁邊，或跟他一起玩。因此，我決定好好找他坐下來談：「你知道男人和女人談戀愛的時候，就會想要抱抱和親親，有時候也會想要住在一起、結婚和生小孩吧？不過有時候啊，男人和**男人**會談戀愛、女人和**女人**也會談戀愛，這就是同性戀。你之前親男同學的時候，其他小朋友以為這就是兩個男生在談戀愛，所以才會叫你同性戀。」我進一步說明，有些人認為同性戀是不對的，所以小朋友才會對他這麼壞。但我認為兩個人談戀愛沒有不對，無論是男人和女人、男人和男人或女人和女人談戀愛都很正常。大家應該愛自己想愛的人呀！我告訴兒子，他不必弄清楚自己是否為同性戀，因為他當時也才六歲。

兒子對於這番說明非常滿意，他說：「喔！**原來**他們的意思是這樣喔。」我還建議他，不要去追鬧他的小朋友，這樣只會讓他們變本加厲。

他獲得了新知識，也重拾了信心，回到學校上課後，同學終於不再騷擾。我也覺得很開心，因為自己不但提供了他當時需要的資訊，還替他打了一劑預防針，因應將來可能遇到或萌生的偏見。

不准再有祕密！

兒子七歲時，我還沒有向說過他出生的由來，因為感覺好複雜又找不到合適的時機。我向朋友提起這件事，他看起來有點驚訝，催促我要盡快告訴兒子。

這位朋友的說服力實在強大，我和先生隔天就找兒子展開「談話」。我告訴他：「爸爸媽媽想要告訴你，你出生之前來自哪裡。」

「為什麼？媽媽妳懷孕了嗎？」

「沒有，別擔心。」

「我不擔心啊，這樣很好！」

我們還沒扯太遠之前，我先提到他和爸爸上次聊過卵子和精子的事，接著說：「你出生之前，我們真的很想要有小孩，但是媽媽一直沒懷孕，所以媽媽和爸爸找了一個阿姨幫我們生小孩。爸爸把他的精子給了這個阿姨，寶寶就在她身體裡長大。你出生的時候，我們全都在那裡陪伴，之後才把你帶回家照顧。」

他說：「我聽不太懂耶，所以我是被收養的嗎？」

「不是喔。」

「可是你們不是我真正的爸爸媽媽吧？」

「我們**是**啊。你的出生證明上有我們的名字，證明我們就是你的爸爸媽媽。」

「就算出生證明寫著你們是我的爸爸媽媽，也不代表你們真的就是啊，因為妳沒有我的基因，我也不是在妳身體裡長大的。」（他聽過基因的知識，因為爸爸就是科學老師。）

「你身上有爸爸的基因呀，而且你出生以後都是我在照顧你唷。」

「是喔……我覺得好累喔。」他窩在我身上，不久便睡著了。

接下來數星期，各種問題不斷湧現：「懷我的那個阿姨還活著嗎？」（「對呀，我們都有保持聯絡。」）

「那萊恩呢？他只有兩個媽媽，**她們**是從哪裡拿到精子啊？」（「他們請一個叔叔提供精子來幫她們呀。」）

「我覺得自己不正常。崔佛是唯一正常的同學，因為他像普通人一般有爸爸媽媽；戴文是被收養的小孩；萊恩有兩個媽媽，只能借一個叔叔的精子；媽媽妳還要找阿姨幫忙懷我。」（「世界上有各式各樣的家庭唷，我們家剛好是請阿姨幫忙懷孕呀。」）

我很後悔自己沒在他年幼時，**就先告訴他**這件事。之後有一年多，他很氣我一直隱瞞這個祕密，所以經常抱怨：「爸爸媽媽可以有祕密，小孩卻不可以有祕密，超級不公平。妳之前都沒說我不是從妳的卵子生出來的！」我覺得，他當時已對自我認同和周遭環境有了部分的理解，這件事宛如投下一顆震撼彈。

那次談話至今已過了兩年，他不時還會提到「妳有祕密瞞著我的那幾年」。隱瞞真相的行為比代孕本身更讓他難受。但他終於接納了代孕這個事實，還和好友萊恩與萊恩媽媽分享這件事。他常常聊到自己很像爸爸，因為他們有相同的基因，但他也會說到自己像我的地方，儘管我們的基因不同。當時他九歲，就釐清了「先天與後天的爭論」。

歷史不能重演

我女兒十歲左右時，我決定不要讓她以後遇到性和生育的話題就不自在。我記得自己的母親曾說，我可以問她任何問題，但不知為何，我知道性是禁忌的話題。性的對話感覺很神祕，老是要等哥哥和父親不在時才會進行。當時的我感受得到母親的不安，實在不想把這樣的感受帶給女兒，卻又不確定自己是否辦得到！

我認為誠實才是上策，所以我對她說：「媽媽小時候，大多數人都避免聊到性，好像覺得這應該是個人隱私，所以只要有人提到相關話題，大家都會一陣尷尬。

但是我覺得，爸媽**應該**要和孩子聊聊性知識，只是我偶爾還是會覺得不自在，因為我的成長背景就是如此。現在妳知道原因了！就算有點不好意思，我還是要跟妳聊。」

這番坦承幫助我大大放鬆，不再感到要當完美母親的龐大壓力。我女兒聽得十分起勁，想必認為我生長在遠古時代吧。面對性的話題，她比我自在多了。數年後她只要出現經痛，都不怕直接告訴家人（包括爸爸、哥哥和弟弟）自己「月經來了」。我完全不敢想像，自己以前有辦法在家中男生面前說這些話！

電影教學

某次，我那十三歲的兒子想租一部電影回家看。從預告片看來，這部電影主角是名英俊瀟灑的情聖，深諳與女人調情之道，目的只是為了和她們上床。之後的轉折不難想見，他八成會愛上同樣風流成性的女人，必須絞盡腦汁才能贏得佳人的芳心。

我對兒子挑這部電影不甚滿意，因為我覺得內容多半是示範不良行為。儘管我知道最後男主角會得到「教訓」，但這個教訓想必無法掩蓋前面一個半小時，包括光鮮亮麗的把妹生活，加上不斷物化女性。

後來我靈機一動，這豈不是一個機會教育，讓我可以順便和兒子談談約會和戀愛的話題嗎？我告訴他，我們可以看這部電影（畢竟是輔導級），但必須等弟弟上床睡覺，因為他們年紀還太小了。

他問我為什麼，我設法簡單回答：「因為電影的男主角沒有好好對待女人，他把約會當成了比賽。只要能夠得到分數，就必須說服女人跟自己上床，但上床後就把人家給甩了，再去釣其他女人。我不希望你和弟弟學會這種待人方式，就是引誘別人和自己發生性行為，把人家當成自己的戰利品。」（然後我不得不解釋戰利品的意思。）「你現在長大了，應該知道電影只是電影，有時候只是要觀眾覺得好笑而已。我敢肯定，男主角終究會學到的教訓是要好好愛護、珍惜上床的對象。」

我兒子聽了很感興趣，我們後來還聊到約會交友。他分享了部分國中同學在談戀愛的事，也問了我和他爸爸初次約會的情況（我整個晚上都叫錯他爸爸的名字，但他一次都沒有糾正過我）。我記得當時自己心想，假如我劈頭就滔滔不絕地訓他話，講述正確對待女生的方式，想必得不到開放又正向的回應，雙方一定都會既尷尬又難受。藉由討論電影劇本，反而拉出了舒適的距離。

◆◆◆

好了，以上供各位參考。找時間和孩子談性說愛，以免日積月累下來，成為避之唯恐不及的怪物。不妨在聊到電影、廣告、動物（或卡車）時，順便提一下相關話題。給予的資訊不要太複雜，同時考量孩子心智發展階段。假如五歲孩子單純好奇寶寶的由來，你就不必一併告知性病和約會強暴的風險，誰都不想突然拋出過多資訊，加重孩子的認知負擔。根據我們的經驗，只要家長用簡單又正面的方式說明，年幼的孩子通常可以消化性知識，甚至往往比哥哥姊姊更容易接納相關資訊。

重點整理

性教育

1. 提供資訊。

「精子往上游到我的子宮尋找卵子。」

2. 描述你的感受。

「我偶爾說起來還是會不太自在，因為從小到大的環境比較保守。」

3. 肯定孩子的感受。

「你不喜歡媽媽藏了一個祕密，也想知道自己怎麼生出來的！」

第二十四章　不要再抱抱了——孩子太親暱的困擾

喬安娜與茱莉好：

我六歲的兒子很喜歡對朋友抱抱又親親；問題是他不懂得自我節制，有時不顧朋友大聲抗議也要抱人家。

我已和他說過要尊重別人的身體自主權，他一副有聽懂的樣子，但依然無法控制自己。我嘗試過沒收他的平板當作懲罰，但也沒效，反而惹他生氣。

目前為止，唯一有效的方法是把他從其他孩子身上（溫柔地）拉開。我在旁邊監督時倒還沒問題，但他在學校時我就管不到了。老師說，這件事應該在家裡就要知道了，但他顯然沒學會，我怎麼可能遠端遙控他的行為呢？

假如問題是他去打別的同學，好像就簡單多了。我們的家教是「絕對」不可以打人，沒得商量！但抱抱和親親就複雜得多，你要怎麼教六歲孩子適當展現肢體的親暱呢？假如對方已受不了了，我們要怎麼教導孩子放手呢？

——進退兩難的家長

進退兩難的家長好：

你解決問題的大方向是對的！擅自處罰和沒收特權無法幫助你兒子學會控制自己。信中看來，你應該努力採取**解決問題的流程**，只可惜錯過了至關重要的第一步驟。

步驟1 肯定孩子的感受

這點我們必須百般強調！多花點時間去談論抱抱和親親的美好，還有他有多喜歡親親抱抱——無論是早上、下午、睡前，對象是父母、師長或朋友。「用力抱抱才舒服呀！你只要開始擁抱別人，就不太想停下來，就算對方說『好了啦』也一樣，因為摟摟抱抱的感覺太舒服了，真的停不下來！」

步驟2 描述問題

再來，只有在肯定孩子的感受之後，你才能提到別人的感受：「問題是，有時候其他人沒有心情抱抱，他們可能會很不高興。如果一個喜歡抱抱的人，遇到一個不太想被抱的人，可以怎麼辦呢？」

步驟3 請孩子提供點子

你兒子說不定能貢獻自己的點子，下列想法可以供你參考：

一、他想要大型玩偶或抱枕，方便他盡情抱抱嗎？

二、他忍不住想抱抱時，能否先雙臂環抱自己的肩膀、親親自己的手肘內側呢？

三、他能否先問別人想不想抱抱呢？假如對方答應了，就直接抱下去囉！

四、要是朋友或老師覺得他抱太久了，他能否想出一句暗號給他們使用呢？

五、你們也許可以來玩抱抱遊戲，這樣他就可以練習何時開始和停止。你先緊緊地抱他，他可以說「再久一點」或「停下來吧」。他一說「停下來吧」，你就誇張地把雙手甩開，然後說：「抱抱結束！」（或是「封印解除！」「火箭發射！」之類的台詞，增添停止抱抱的趣味。）接著，再換他當主動抱抱的一方，也可以找其他家人來練習，順便再買幾隻毛偶，佯裝玩偶的可愛聲音對他說話。

寫下想出的所有點子，再挑選雙方都喜歡的方法。接著要告知學校老師這件事，他們才能站在同一陣線。孩子成功使用了其中一項方法時，記得要給予**描述型讚美**：

「你想抱抱啊，但是你知道愛咪不想抱抱，所以你就抱抱自己。哇，你辦到了！」

如果孩子並沒使用自己的方法，你就可以**採取行動**，溫柔地拯救「受害者」，但切勿責備你的兒子，只要重複說：「愛咪現在沒心情被你抱唷，我們去找其他東西來抱吧！」

最後，想辦法給予孩子渴望的體驗，藉此**滿足他的基本需求**，就可能有不錯的效果。有些孩子渴望大力按壓，特別是那些自閉症或感覺統合特殊的孩子。可以透過要寶的方式來滿足這類需求，像是假裝孩子是一根熱狗（吃素的話就是豆腐熱狗），用毯子（麵包）把他緊緊地包覆，然後在他身上撒上「調味粉」；手指用力塗上長長的「番茄醬」；再用手刀在他背上來回切切當作加「德國酸菜」；輕輕出拳當作敲打芥末；指甲輕輕刮過去，當作撒上鹽和胡椒，再把「熱狗」整個吃完，真的好好吃唷（隨意換成你最愛的配料！）。

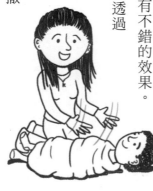

重點整理

不要再抱抱了

1. 肯定孩子的感受。

「抱抱好舒服唷！實在很難停下來。」

2. 跑解決問題的流程。

「問題是，有時候其他人沒有心情抱抱，我們要想些點子。」

3. 運用描述型讚美。

「你知道愛咪不想抱抱，所以你就抱抱自己。哇，你辦到了！」

4. 採取行動但不帶羞辱。

「我們先找東西來抱吧！」

5. 滿足孩子的基本需求：給予孩子渴望的感官刺激。

「我要把你像熱狗一樣包起來囉。」

第八單元

避開對話中的地雷

第二十五章　小心使用「你」

喬安娜和茱莉好：

每當我想要同理女兒的處境，她就會生氣。我都說「你一定覺得很挫折吧」、「你一定很害怕」或「你難過也沒關係喔」之類的話，結果她聽了就大吼：「不要再說了！」「我才沒有！」我很認同要肯定或接納孩子的感受，但這方法好像不適用於我的女兒，感覺反而在火上澆油。

——覺得失敗的家長

覺得失敗的家長好：

想要理解女兒為什麼有這些反應，我們先從來信中挑些句子，對我們自己說說看。想像一下，你正在設法學會用線上試算表輸入新的收支，但因為從來沒用過這個線上軟體，進行得不太順利，只好對另一半大聲求助：「哎，這個線上試算表好難用！討厭死了!!」

另一半卻回答說：「是喔，看起來你被這個試算表搞得很沒轍唷。

你的心情會比較好嗎？還是會覺得有點被瞧不起？好像另一半在指出你的缺點？

句子中的「你沒輸」等於是在傷口上撒鹽，其中含義是大部分的人很快就學會試算表了，但對於（腦袋遲鈍的）你來說，卻是難上加難。

如果另一半把句子中的「你」拿掉，只是大聲說：「哎，這類線上程式真讓人沒輸！」這樣一來，另一半描述的就是這個程式，而不是強調「你」沒輸，感覺比較像換位思考，真正地去同理你的處境，而不是懷疑你的能力。

我們再來看看信中的下一句。這次換個情境，想像你其實很怕在公開場合發表演說，卻又不得不在一大群同事面前進行口頭簡報，老闆注意到你雙手顫抖、臉色發白，就說：「你一定很害怕！」這句話安慰得了你嗎？還是說，他直指你的悲慘狀態，讓你感覺太自以為是，說不定還有點沾沾自喜？他憑什麼自認是心理師？你可沒有付錢叫他說出你的感受啊！

但要是你的老闆發覺你緊張的神情後，開口對你說：「要在整間公司同事面前講話，實在很可怕，第一次更是不容易啊。」

你也許就會覺得沒那麼緊張了，因為老闆明白這次簡報的壓力有多大。他不是在分析你的感受，而是在描述當下的情境，感覺他與你同一陣線。

你可能已注意到這些對話的共同點。在上述兩個情境中，光是說出「你」，就足以破壞想要展現同理心的善意。

當然，平時不可能完全不用到「你」這個字，畢竟它常常都能發揮正常又極實用的功能，又不致於得罪別人。但難就難在，你要覺察這個字可能惹怒別人的時刻。假如「你」這個字讓回答聽起來像在質疑或分析孩子，就應該要避免使用。與其直接點出孩子的感受，不如描述當下的情境或經驗，再說出也許相對應的感受。重點在於同理害怕、傷心、沮喪和憤怒等人類共通的情緒。

參考以下簡易的表格，進行「你」的轉換：

不要說：	這樣說：
「你」看起來真的很害怕。	雷聲有時候好可怕，太大聲了！
就我看來，「你」好像愈寫愈挫折耶。	長除法不太好學喔！太多步驟要記了。
「你」一定很傷心！哭出來沒關係啦。	知道朋友舉辦派對卻沒受邀，真是沮喪。
我懂，你應徵工作沒上，一定很失望。	不會吧，好失望喔！

請注意，表格中有幾個句子聽了更是火上澆油，像是「我懂……」和「就我看來……」都在強調說話的人能敏銳地辨識你的情緒。一般人在愁雲慘霧時，都會希望感受獲得肯定，而不是被人分析。假如你面對的是孩子，他們更可能會因此大叫跑開；假如你面對的是成年人，他們可能會悶悶地走開，但過幾天「莫名其妙」對你發飆。

我們不是要把所有的「你」都拿掉喔！我們完全明白，畢竟對話中「你」常常會派上用場，才有辦法說出條理分明的句子啊！而且許多情況中，「你」這個字是完全不會得罪人，甚至可以用來肯定感受，以下舉例：

「聽起來你很生妹妹的氣耶，她一定做了什麼事情，才會讓你這麼受不了。」

「聽起來你對於參加球隊這件事情很矛盾唷，一方面想參加球隊，另一方面又不確定。」

「你真的很期待去找阿公阿嬤，結果現在你發燒去不了，真的很討厭。」

那究竟哪些時候要避免使用「你」呢？接納感受絕對是一門藝術，而不是科學。孩子（或伴侶、同事、朋友）的反應可看出蛛絲馬跡。假如不確定，可以說給自己聽，看看感覺如何。

另外一項方法，就是思考自己同理朋友心情時會說的話。如果朋友抱怨，被迫在家疲於應付孩子一整天，你應該不會說：「真的喔，就我看來，你真的對帶小孩很沒輸耶，你一定覺得忙不過來，偶爾生孩子的氣沒關係，完全正常啦。」

假如拿掉上面句子裡的「你」，換位思考來同理朋友，你說的話才比較聽得進去：「下雨天最討厭了！孩子玩到後來老愛打架，又沒辦法出去喘口氣！」

◆◆◆

部分讀者可能心想：「作者幹嘛管這麼多，對大家使用的字眼斤斤計較？有夠煩耶！」

很多人其實根本不必擔心這件事。大多數的孩子都喜歡聽到大人表達同情，就算說出口的話不完美也沒關係。然而，如果你努力想接納孩子的感受，但孩子不是暴怒就是排斥，調整回應的內容也許就有所幫助。

第二十六章　小心使用「但是」

喬安娜和茱莉好：

肯定感受對我五歲的兒子完全沒用。他很喜歡幫東西塗顏色，我每天都會列印不同的動物給他塗色。昨天，他說想要幫獵豹塗色，但印表機卡紙，我又搞不定，他就開始大哭。我先肯定他的感受，又提供了一個選擇。

「我知道你很想幫獵豹塗上顏色，但是印表機剛好壞掉了，你可以挑出其他印出來的動物來塗色。」

他聽了反而大鬧脾氣。

也許肯定感受不適合用在所有孩子身上。還是說我得不斷嘗試直到他習慣呢？

——卡關的家長

卡關的家長好：

肯定孩子感受時，一不小心就會加上「但是」兩字，最後再提供務實的建議。

「這樣真的很難過耶，但是你還是不能蹺課呀！下課時間找別人玩不就好了？」

「好氣餒喔！但是你不可以只會發牢騷呀，應該要想想辦法，不然就算了吧。」

「我知道你很想幫獵豹塗上顏色，但是印表機剛好壞掉了，你可以塗老虎呀，看起來差不多嘛，只不過老虎身上有條紋，沒有斑點而已。」

我們覺得自己有責任立刻指出現況，孩子必須學會接受啊！我們也希望孩子盡快釋懷，接受完全合理的替代方案。問題是，孩子仍是愁眉苦臉，還沒有準備好思考不同的選擇或建議。一旦我們說出「但是」兩字，就會抹除原本同理回應的正面感受，最後反而不太像是同情，更像是在責備孩子。這就好像我們對孩子說，我理解你的心情，現在我要告訴你，為什麼不應該有這種感受。

我們不妨說給自己聽聽。要是在情緒低落時，我們聽到「但是」會有什麼感受。

「晚上寶寶動不動就大哭，害你得起來好幾次，真的很累耶。但是你要知道，當初自己決定要生小孩，就應該預料到囉。你可以在寶寶午睡的時候補眠一下，不然就是請岳母／婆婆來幫忙。」

「新冠疫情害得這齣舞台劇被迫取消，真的有夠失望！但是不取消又未免太自私了，你必須為觀眾著想啊。」

「死黨搬到外縣市，一定很煩！但是你會交到新朋友呀，只要多出去認識人就好囉。」

想想看，假如我們直接省略這些句子的後半部，聽起來會有多順耳啊！

「晚上寶寶動不動就大哭，害你得起來好幾次，真的很累人。」

「新冠疫情害得這齣舞台劇被迫取消，真的有夠失望！」

「死黨搬到外縣市，一定很煩！」

這樣聽起來是不是好多了？也許你就願意多分享自己的心路歷程，或因為對方認真傾聽而願意考慮改善現況的建議，又或者單純知道有人懂你，就感到十分寬慰了。

下次遇到印表機卡紙時，對話可以這樣進行：

「啊糟糕！你原本好期待幫獵豹塗顏色，可是印表機現在印不出來東西！」

「不公平！」

「好失望喔！」

「是啊！」

「卡紙的印表機壞壞，我們要你印東西，為什麼不印呢？」

「印表機壞壞！」

「怎麼辦呢？我們是要去找另一隻動物，還是自己畫一隻獵豹？還是要玩其他遊戲？」

如果孩子堅持要列印出獵豹，無法理解你缺乏相關的專業能力，我們很可能就會脫口而出「但是」。以下兩個詞語可以派上用場：

方法1 「問題是……」

「啊糟糕，你原本好期待幫獵豹塗顏色耶！好失望喔！問題是，印表機壞掉了。」

「問題是……」的意思是只要集思廣益，眼前的問題就可以解決。說不定你們可以一起上網搜尋

「印表機卡紙」的解決辦法，或可以把一張紙貼在電腦螢幕上來描獵豹。重點在於不去忽略感受，而是專注於解決問題。

方法2 「雖然你知道……」

「你很期待要幫獵豹塗顏色，結果卻沒有獵豹可以塗，這樣真的很煩耶！雖然你知道印表機壞掉了，還是會覺得好難受唷！」

「雖然你知道……」既是在認可孩子理解狀況，也是在肯定他強烈的感受。

第二十七章 「說對不起」的反作用

喬安娜和茱莉好：

我家孩子只要傷到別人，我都會叫他們「說對不起」，有時卻會出現反效果。常見的狀況是：傑瑞德在屋子裡衝來衝去，結果撞到妹妹海莉，害她跌倒大哭。

我：傑瑞德，不准在走廊跑，你撞到海莉了。說對不起！

傑瑞德（翻了個白眼）：好啦好啦，對不起～～！

海莉（作勢要踹他）：我討厭你！

由此可見，叫孩子「說對不起」在我們家實在不管用。我可以理解當我們逼孩子道歉，他們八成會敷衍了事。但哥哥撞到妹妹了，你該怎麼辦？任由他離開事發現場，假裝什麼都沒發生嗎？逼他道歉到聽得出誠意為止，同時讓妹妹在旁邊踹他嗎？好像找不到好方法耶。

——悽慘的家長

悽慘的家長好：

教導孩子說「對不起」似乎是為人父母的責任。但你也注意到了，命令孩子「說對不起」往往只會讓他臭臉聽話。孩子被逼著道歉時，有時會語帶諷刺，有時則會把「對不起」當成免死金牌，嘴巴上重複這句話，其實內心毫無悔意。

還有孩子拒絕說對不起，而且會大笑跑開，我們因而懷疑自己是否養出了反社會人格的小怪獸（請不用擔心！莫名大笑或跑開，通常反映孩子內心的尷尬或恐懼，不是冷血無情。年幼的孩子通常很難面對弟妹大哭和爸媽發飆的狀況）。

你也發現了，「對不起」這句話往往沒有安撫受害方的效果。我們不禁要問，為什麼我們非得拚命逼孩子說一句「對不起」呢？有沒有更有效的方法，教導孩子在無意（或故意）造成傷害時可以做些補償？

我們建議，「對不起」這句話用在小意外就好，譬如在商店撞到別人的手推車，「對不起」就是適當又有禮貌的回應，讓對方曉得你沒有任何惡意。

但要是你真的傷到別人或損壞東西時，光是「對不起」並不足夠。我們希望做錯事的人可以努力彌補，或至少向我們保證以後一定會改過自新，否則道歉聽起來就會缺乏誠意，或只是求受害方不要生氣。因此，也許我們太過在意「對不起」這句話了，忘了重視相應的行動。不妨思考以下情境：

一位用餐的客人把牛奶打翻了，你希望他再三道歉說：「真的很對不起！都怪我太笨手笨腳了！」還是寧願他說「天哪！」然後拿起抹布就擦呢？

如果妹妹借了你的車去開，結果發生擦撞意外，你希望聽到她說什麼？是語帶哭腔地說：「對不起對不起！你能原諒我嗎？」還是說：「我應該更小心開車的，明天我會把車開去維修，更換新的保險桿。」

如果鄰居的狗狗把你心愛的牽牛花連根挖出來，哪句話有助平息你的怒火？

「好啦好啦，對不起啦！我已經向你說十次對不起了！」還是：「啊糟糕，那是你種的美麗牽牛花！我晚點去買一個全新的牽牛花苗圃，你不介意的話，讓我來種回去吧。不過我得先修好門閂，這樣狗狗就不會亂跑了。」

以上的回答都可以加入「對不起」，但這句話並不是道歉最重要的部分。關鍵在於**主動做出補償**，可以設法改善當前的情況，或向對方說明之後你會如何改善，當然也可以兩者兼顧！

我們把重點放在道歉的**細節**，就有助孩子學會如何在傷害或惹惱別人時補償對方。我們生氣要孩子「說對不起」，他卻嘻皮笑臉或立刻跑開，更惹得我們怒火攻心；但他們有機會用具體的方式贖罪時，往往會有一百八十度的轉變。只要願意給予孩子改過的機會，往往會看到孩子溫柔的一面，父母也會鬆一口氣。

那孩子需要道歉時，我們要如何協助他們採取正確的行動呢？首先，我們可以簡單地描述受害方的感受，再找到適合孩子年齡的方法進行補償，像是可以叫孩子幫忙提供物品。以下範例供你參考：

「伊卓斯在哭喔，剛才玩得太激烈，他的膝蓋受傷了。我們要一片OK繃！你可以去藥櫃拿一片給他嗎？」

「卡蜜拉的氣球被弄破了，她好傷心。你可以找其他東西給她玩嗎？」

「剛才玩疊羅漢害巴特的嘴巴瘀青了！你可以去拿一根冰棒給他吸，這樣會比較舒服。」

孩子一旦掌握了訣竅，我們就可以讓**他們**自行思考辦法。

「傑克看起來垂頭喪氣，有沒有辦法讓他心情好一點呢？」

你至今應該發現了，我們都努力避免使用指責意味濃厚的代名詞「你」。假如我們說：「**你**故意弄破卡蜜拉的氣球，這樣太壞了！」孩子可能就會起戒心而反駁：「我才沒有」或「是她先想弄破我的氣球啊！」

◆◆◆

但如果孩子剛剛用玩具挖土機敲了玩伴的腦袋，你好說歹說，他都拒絕做出補償呢？那是否應該堅持要孩子至少說出「對不起」，再讓他回去假裝挖土呢？

我們主張，敷衍的道歉可能比沒有道歉更嚴重，這不僅對於道歉方不具意義，還對於受害方造成侮辱。不妨示範適當行為並**採取行動**，這樣孩子就不會造成進一步的傷害。也許可以參考下列情境：

「啊糟糕，威威被力力的挖土機打傷了。真是對不起呀，威威，我去拿個冰塊幫你敷頭。」

「力力，我要把挖土機拿走囉，暫時收起來！我不可以讓小朋友被敲腦袋！」

如果力力打上癮了，還拿其他玩具攻擊威威，那就可以結束遊戲時間，或了解力力是否有心事來釐清問題。

如果孩子能輕易脫口而出「對不起」，卻沒有伴隨著行為上的改變，避免直接厲聲對孩子說：「不能只說『對不起』！」這樣只會讓他們一頭霧水（難道我不應該說嗎？）。你可以提點某個方向，讓孩子能做出補償和思考未來如何改進。

◆◆◆

「好，我聽說你打了威威的頭，也說了**對不起**。現在我們可以怎麼做，讓他心情好一點呢？」

「以後我們可以怎麼做呢？我們要想想辦法，讓朋友知道你生氣，但是不包括打人喔！」

親職現場的真實故事

揑手指

我們家中，五歲的艾力克斯老是扮演粗魯的角色。他的妹妹才一歲半，相較之下他當然比較粗魯，我們卻誤以為他是少根筋的硬漢。昨天，妹妹伸手拿他的樂高積木時，艾力克斯就揑了她的手指，妹妹便嚎啕大哭起來。我按捺住罵他的衝動（「你又對妹妹太粗魯囉！」），我說：「艾比手指頭受傷了！我們要想想辦法，讓她舒服一點，你可以幫忙嗎？」艾力克斯說：「我要親她的手指頭！」他開始親妹妹的每根手指，模仿他受傷時我們的反應，結果艾比咯咯笑了出來。這項方法真的讓他展現溫柔的一面呢！

七月的萬聖節（喬安娜的經驗分享）

五歲的山姆和哥哥從外頭玩回家，卻直接哭著跑進房間，砰的一聲把門甩上。七歲的丹丹走進家門，滿臉開心，渾然不覺弟弟正在難過。

我必須承認，自己得努力克制指責的衝動（你對弟弟做了什麼啊？）。我忍了下來，開始描述眼前所見：「丹丹，剛才在外面發生什麼事情，山姆很傷心耶，他躲到自己房間裡哭了。」

丹丹的臉一沉。「喔……我們要玩的時候，他就跑來煩我們。他每次都要搶著玩，我把球從他腳下踢開，然後他就跌倒了，可是我不知道他哭了。」

「我想，要和五歲的弟弟玩真的不簡單吧。我們可以怎麼辦，好讓弟弟心情好一點呢？」我再度壓下批評丹丹行為的衝動，這樣才能讓他自己感到後悔！

「我想到辦法了。」丹丹說，「我可以用一下這把小刀嗎？」

在我的允許下，丹丹拿起一顆蘋果，刻出一張南瓜鬼臉。接著，他倒了一杯果汁，親自端到房間給山姆，釋出善意。山姆十分開心，兩人終於和好……暫時如此。

◆◆◆

肯定孩子沒有惡意，就有機會改善情況。如果我們和孩子說話時，相信他抱持善意，孩子也會有相應的行為。孩子不小心傷害別人或打碎東西時，與其說：「你看看你幹了什麼好事！」不妨說：「啊糟糕，你一定也不希望發生這種事，想必是不小心的。」語帶同情的回應，孩子就比較容易感到後悔、加以補償並改正以後的行為。

池畔驚魂記

朋友邀請我們去他們家的游泳池戲水。我兒子麥奇跳進水裡，但離他們家兒子凱爾太近了，凱爾喝了好幾口水，嗆到哭了出來。他的父母正盯著我瞧，等著我叫麥奇道歉。通常我確實會這麼做，但我知道這樣下去，今天就不用一起玩了，因為我只要設法逼麥奇說「對不起」，他往往會不高興地跑開，或心不甘情不願。

因此，我聽從了兩位的建議，一字不漏地說：「啊糟糕！凱爾嗆到水了！你一定也不希望發生這種事情，想必是不小心的！」麥奇看起來如釋重負，又說了一遍：「我是不小心的！」然後才靦腆地說：「凱爾，對不起。」凱爾說：「沒關係。」兩人又玩在一起了。

◆◆◆

你的孩子得罪成年人時，無論是老師、巴士司機、教練或鄰居，通常很難面對大人，遑論態度有禮地道歉，因為這樣很可怕啊！這正是教他們寫道歉信的大好機會。成年人一般都很喜歡手寫信，樂於肯定孩子的努力。

坐不住的合唱團員

我就讀小學的兒子淚眼汪汪地回到家。

「辛格老師說我不能參加合唱團音樂會了！」「怎麼會，好難過喔！」

「只是因為我們練習的時候，我從梯台上跳下來。」「是喔！聽起來他應該很生氣吧。」

「可是要長時間不動很難啊，我的腿好痛。」

「這樣啊，長時間站著不動真的很辛苦。還是說，你需要休息的話，問老師可不可以坐下呢？」

「也不是，我可以站啊。但是來不及了，他說就是這樣，沒機會了。」

「嗯，聽起來辛格老師很擔心音樂會沒辦法順利進行，所以看到小朋友在排練的時候跳下來，就真的很不開心。他平時是很和善的老師呀。我想，如果你寫封道歉信，說不定他會回心轉意喔。你可以說，當時從梯台上跳下來，是因為站太久了腿在痛，但是你真的想要參加音樂會，之後排練一定會乖乖站好。要不要我在旁邊陪你一起寫信呢？」

「要！」

我們寫了一封道歉信，老師讀了頗為讚賞。在音樂會上，我兒子自信滿滿地唱著歌，還因此明白手寫道歉信的魅力，日後求學過程中還善用了好幾回。

◆◆◆

我們教導孩子如何道歉時，要專注於協助孩子採取簡單的步驟，藉此解決問題或改善對方的心情。

當然，「成熟」的道歉更為複雜細膩，除了做出補償，還要肯定受害方的感受。

這項進階能力最好藉由示範來教導。我們傷了孩子的心時，應該避免要求孩子原諒。

X不要說：「對不起，可以原諒我嗎？過來親媽媽一下嘛！」

◯讓孩子知道，我們理解他們的感受：「真的很對不起，在朋友面前提醒你要帶吸入器，害你很難堪。下次我會私底下跟你說喔。」

如果我們想手把手教導孩子，可以告訴他們哪些話語有助改善心情：「我比較會想聽到你說，你知道自己晚回家，又沒打電話告知去向，讓我很擔心。**這樣**我們才能討論下次怎麼辦。」如果孩子聽到父母示範如何展現同理心，就比較容易接納這個觀念。

回收大烏龍

過去幾個月，我們家中累積了一大堆硬紙板、廢紙、黏土和透明膠帶等大型垃圾，一直積灰塵，整個屋子非常雜亂。

因為 COVID-19 疫情之故，孩子整天都待在家，沒有機會好好丟東西。昨天趁他們在玩，我迅速地把一堆硬紙板作品丟進回收箱。我正要溜出去時，卻被女兒撞見！

八歲女兒薩哈娜滿臉不高興，質問我在做什麼，還開始翻起回收箱，把東西全都拉出來。我連忙解釋，我們好一陣子沒用這些東西，散落得滿屋子都是，差不多要清理了。

她眼眶湧出淚水，拿著一個搶救出來的作品跑上樓，關上房門。我感到十分自責。

最近我們只要遇到意見分歧的時刻，都會寫信給彼此，所以我寫了一封道歉信給女兒，請兒子送到樓上。好笑的是，她居然也正在寫信給我！

親愛的媽媽：

我很不開心，因為我很難過，看到妳丟掉那些我覺得珍貴的東西，卻沒有先問我一聲。換成是妳的話會有什麼感受。

愛妳的薩哈娜敬上

薩哈娜寶貝：

對不起，我沒有先問過妳，就擅自把妳的東西丟掉。要是有人沒先問過我，就把我的東西丟掉，我一定會很生氣。我要怎麼補償妳呢？

愛妳的媽媽

親愛的媽媽：

我們可不可以把一些東西從垃圾堆拿回來呢？我原諒妳囉！我們是好朋友！

愛妳的薩哈娜敬上:)

薩哈娜寶貝：

如果我們把東西拿回來，妳會好好收起來嗎？我也擔心，你們不想丟掉超過一年都沒用到的東西。

愛妳的媽媽

也許我們留下回憶最多的幾樣東西就好了，但是下次還是先問我吧。

愛妳的薩哈娜敬上

那就這麼辦吧。:)

謝謝妳的理解。我準備好整理垃圾和回收囉，妳準備好了再跟我說。

媽媽 <3

「激」蛋

我接到物理老師的電話說，我那十五歲的兒子德魯不尊師重道，拒絕清理「落蛋」實驗中破掉的雞蛋。老師說，德魯平時是個好學生，他不想向校長告狀，但他希望我和兒子談談，因為德魯的行為令人無法接受。德魯回家後，我跟他說物理老師打電話來的事。德魯一臉尷尬，說他們設計了一個落蛋實驗，把生雞蛋丟下樓梯，看看蛋會墜地破掉，還是安全落在學生設計的平台上。德魯對這個實驗極有興趣，整個週末都在忙這件事，熬夜測試不同的平台材料和設計。

令他大失所望的是，他的雞蛋完全沒碰到平台，而是硬生生摔破在地上。假如正確瞄準，必定可以成功！德魯想要有第二次機會，畢竟他耗費工夫精心設計了平台，當天早上還非常期待上學。但老師只是厲聲說：「沒有第二次機會了，快去打掃乾淨！」德魯十分不開心，他沒清理就氣沖沖地離開了。

我同理地表示，實驗結果想必好讓人失望，事前費盡心力卻沒有第二次機會，真是太不公平了，還有他發明的減緩衝擊力裝置有多炫等等。但最後我說：「我擔心，老師很生你的氣，我知道你很喜歡物理課，真的不希望接下來整個學年，老師都覺得你不尊師重道。」

德魯說：「媽媽妳別擔心，我會向老師道歉，妳不用幫忙。」他走到電腦前，打了以下這封信，隔天交給物理老師：

L老師好：

對不起，我昨天太沒禮貌了。我沒注意到其他人都把碎蛋清乾淨了，所以您叫我把蛋清乾淨時，我才會以為是故意刺激我。另外，雖然我很不願意承認，但是我覺得自己有點「討厭權威」，因為只要有人命令我做事，我的腦袋就會對我說：「不要因為有人叫你做就做！」即使我本來打算要做，也會因此故意唱反調。

這當然不是什麼好事，所以我在努力改進。在此，誠摯地為我昨天未清理破蛋就回家的行為道歉。由於我還不知道如何做出補償，因此先送您我們家母雞下的蛋，希望您會喜歡。

德魯敬上

想當然耳，老師收到信十分滿意，師生關係也就此修復。

重點整理

「說對不起」的問題

不要命令孩子「說對不起」，改成採取以下步驟：

1. **描述你的感受**（或受害方的感受），避免指責的口吻。

「啊糟糕，瑪麗莎的手指頭被門夾到了！一定很痛！」

2. 給予孩子機會**補償**，方法包括：

a. 現況的補救

「我們需要 OK 繃喔，你可以去浴室櫃子拿一片過來嗎？」

「你可不可以找個東西，讓她心情好一點？」

b. 未來的改進

「我們要想個辦法，提醒大家不要甩門。門上貼標語如何？我們有硬紙板和蠟筆。」

3. 告訴孩子如何**肯定你的感受。**

「我比較會想聽到你說，你知道自己晚回家，又沒打電話告知去向，讓我很擔心。」

把握任何機會，**示範你想看到的行為**：

4. **肯定受害方的感受，主動表示願意補償。**

「真的很對不起，我在朋友面前提醒你要帶吸入器，害你很難堪。下次我會私底下跟你說喔。」

親職筆記本

以前的媽媽

我最近很努力想改變和孩子的說話方式。因此，九歲女兒麥莉發牢騷時，我不會指正她，而是肯定她的感受。她一臉訝異，露出狐疑的神情。

麥莉：妳只是因為讀了那本書，才會這樣說話啦。

我：對啊，這跟我平時說話方式不一樣。妳比較喜歡以前的我嗎？

麥莉：才怪！

結語：後會有期

「誰有辦法時時做到這些事啊？這些建議真的會累死人。」

你不必成為「完美的父母」，世界上沒有完美的父母！你努力陪著孩子時，務必溫柔、耐心又寬容地對待自己。我們常給孩子一次又一次的機會，別忘了也要給自己機會。

這項育兒方法的鼻祖，是備受敬重的兒童心理學家海姆・吉諾特（Haim Ginott）博士，他過去常說：「你不必堅持正統方法，可以當改革派就好，我們的目標是做到七十％，有時達成率只有五十％，但即使只有十％也可以大幅改善關係。」

「那何必要大費周章呢？影響真的那麼大嗎？」

我們努力的理由有二：現在與未來。

我們使用這些溝通方法時，現在陪伴孩子的生活就更加愉快。孩子也更願意配合，親子之間的爭執減少了，感情也更加穩固。

至於未來，不妨思考你最希望孩子長大後具備的優點。師長無不告訴我們，希望自己的孩子成為善良、體貼、負責、有禮的成年人，可以理解他人觀點並獨立解決問題。

如果我們希望孩子出社會後在乎別人的感受，就必須從在乎他們的感受開始。如果我們希望孩子長大後懂得獨立思考、

負責任地解決問題、可以考量他人觀點，就必須考量孩子的觀點，並且給他們機會練習做決定、承擔責任和解決問題。

我們理想的世界中，充滿著善良、有禮又善於解決問題的人。如果我們可以把孩子養育成這樣的大人，一切的努力就值得了！

原書註

PART 1

第一章

1. Carole Hooven, John Mordechai Gottman, and Lynn Fainsilber Katz, "Parental Meta-emotion structure predicts family and child outcomes," *Cognition and Emotion*, 1995, 9: 229–264.

第二又二分之一章

1. https://www.consumeraffairs.com/news/reading-scores- higher-for-children-who-eat-lunch-021419.html; https:// www.ncbi.nlm.nih.gov/pmc/articles/PMC4824552/#:~:text =Although%20not%20all%20studies%20found,school%20 start%20times%20on%20academics; https://www.npr.org /programs/ted-radio-hour/564577402/simple-solutions.
2. Alfie Kohn, *Punished by Rewards: The Trouble with Gold Stars, Incentive Plans, A's, Praise, and Other Bribes* (Boston: Houghton Mifflin Company, 1993).

第三章

1. Alfie Kohn, *Unconditional Parenting* (New York: Atria Books, 2005), 63–73; https://www.alfiekohn.org/parenting/punish ment.htm.
2. https://www.aappublications.org/news/2018/11/05/discip line110518.
3. https://www.nytimes.com/2018/11/05/health/spanking-harm ful-study-pediatricians.html.
4. https://www.ncbi.nlm.nih.gov/pmc/articles/PMC3447048/.

第四章

1. Carol Dweck, *Mindset: The New Psychology of Success* (New York: Random House, 2006).
2. Alfie Kohn, *Punished by Rewards*.

PART 2

第三章

1. "...the mean correlation between time spent on homework and achievement was not significantly different from zero for elementary school students." Cooper, Harris, Jorgianne Civey Robinson, and Erika A. Patall, "Does Homework Improve Academic Achievement? A Synthesis of Research, 1987–2003," *Review of Educational Research* 76 (2006): 43. Available here: https://www.almendron.com/tribuna /wp-content/uploads/2016/02/Does-Homework-Improve-Academic-Achievement.pdf. For a detailed analysis of the research on homework, see Alfie Kohn, *The Home- work Myth*.
2. John J. Ratey, M.D., *Spark: The Revolutionary New Science of Exercise and the Brain* (New York: Little Brown, 2014), ch 6: 10.

第六章

1. Daniel Kahneman,*Thinking Fast and Slow* (NewYork:Farrar, Straus and Giroux, 2011), 41–42. "A Series of surprising experiments by the psychologist Roy Baumeister and his colleagues has shown conclusively that all variants of voluntary effort—cognitive, emotional or physical—draw at least partly on a shared pool of mental energy. . . . [They] have repeatedly found that an effort of self-control is tiring; if you have had to force yourself to do something, you are less willing or less able to exert self-control when the next challenge comes around. The phenomenon has been named *ego depletion*."

第七章

1. https://drsophiayin.com/blog/entry/dog_bite_prevention_how_kids_and_adults_should_greet_dogs_safely/.

第十三章

1. This game comes from Lawrence J. Cohen, *Playful Parenting* (New York: Ballantine, 2002) 83.

第十四章

1. *Hidden Brain* (podcast),"The Monkey Marketplace," Oct.21, 2019.

第十八章

1. https://www.ncbi.nlm.nih.gov/pubmed/17366333.
2. See endnotes 2, 3, and 4 for Chapter Three: The Problem with Punishment.
3. https://www.nij.gov/topics/corrections/recidivism/Pages /welcome.aspx.

第二十二章

1. Adele Faber and Elaine Mazlish, *Liberated Parents, Liberated Children* (New York: Avon Books, 1974, 1990), 39.

2. Lightning Injures About 1,000 People In The U.S. Each Year. https://web.archive.org/web/20051029004621/http://www .lightningsafety.noaa.gov/resources/Ltg%20Safety-Facts .pdf. “During the study year [2002], there were an estimated 115 stereotypical kidnappings, defined as abductions perpetrated by a stranger or slight acquaintance.” http:// www.unh.edu/ccrc/pdf/MC19.pdf.
3. https://www.washingtonpost.com/opinions/five-myths -about-missing-children/2013/05/10/efee398c-b8b4-11e2 -aa9e-a02b765ff0ea_story.html.

第二十三章

1. https://jamanetwork.com/journals/jamapediatrics/article-abstract/2740229?guestAccessKey=f4c21d39-7699-4bee-94dc-8255e4faf7bf&utm_source=For_The_Media&utm_medium=referral&utm_campaign=ftm_links&utm_content= tfl&utmterm=072919.

這樣說，孩子願意配合與改變：
40年不敗的親職專家心法，100個家庭實證故事，幫你掌握對孩子不暴氣的溝通策略，有效化解哭訴、吵架、崩潰、忤逆等最挑戰的27種教養難題

How to Talk When Kids Won't Listen: Whining, Fighting, Meltdowns, Defiance, and Other Challenges of Childhood

---

作　　者　喬安娜·法伯（Joanna Faber）、茱莉·金（Julie King）
譯　　者　林步昇
美術設計　呂德芬
校　　對　呂佳真
內頁構成　藍天圖物宣字社、高巧怡
行銷企劃　林瑀、陳慧敏
行銷統籌　駱漢琦
業務發行　邱紹溢
營運顧問　郭其彬
責任編輯　張貝雯
總 編 輯　李亞南
出　　版　漫遊者文化事業股份有限公司
地　　址　台北市松山區復興北路331號4樓
電　　話　(02) 2715-2022
傳　　真　(02) 2715-2021
服務信箱　service@azothbooks.com
網路書店　www.azothbooks.com
臉　　書　www.facebook.com/azothbooks.read
營運統籌　大雁文化事業股份有限公司
地　　址　台北市松山區復興北路333號11樓之4
劃撥帳號　50022001
戶　　名　漫遊者文化事業股份有限公司
初版一刷　2022年7月
定　　價　台幣499元
ISBN　978-986-489-661-5

國家圖書館出版品預行編目 (CIP) 資料

這樣說, 孩子願意配合與改變 : 40 年不敗的親職專家心法,100 個家庭實證故事, 幫你掌握對孩子不暴氣的溝通策略, 有效化解哭訴、吵架、崩潰、忤逆等最挑戰的27種教養難題/ 喬安娜. 法伯(Joanna Faber), 茱莉. 金(Julie King) 著 ; 林步昇譯. -- 初版. -- 臺北市 : 漫遊者文化事業股份有限公司, 2022.07
　面；　公分
譯自 : How to talk when kids won't listen : whining, fighting, meltdowns, defiance, and other challenges of childhood.
ISBN 978-986-489-661-5(平裝)
1. 親子溝通 2. 子女教育 3. 親職教育
528.2　　111009299